저출생과의 전쟁

유럽편

저출생과의 전쟁 (유럽편)

2025년 4월 28일 1판 1쇄 발행

지 은 이 (사)행복한출생 든든한미래
발 행 처 (주)기독교텔레비전
주　　소 서울특별시 동작구 노량진로 100(노량진동)
홈페이지 www.happyfuture.kr

I S B N 979-11-85765-37-2 (93330)
　　　　　값 33,000원

일러두기

이 책에서는 '저출생'이라는 중립적인 표현을 사용하자는 권고에 따라 '저출산'을 '저출생'으로 대체했다. 그러나 '출산율'과 같이 개념이 고정된 일반 명사는 그대로 사용했다.

발간사

 "숲은 나무 한 그루로 이루어지지 않으며, 강은 여러 물줄기가 모여야 비로소 흐를 수 있습니다."라는 말처럼 우리가 직면한 저출생 위기를 해결하기 위해서는 연대가 필요합니다. 우리가 당면한 저출생 문제는 한 개인이나 단체의 노력만으로 해결할 수 있는 일이 아니기 때문입니다.

 제가 저출생 위기의 징후를 처음 감지한 것은 아주 오래전의 일입니다. 1990년대 중반부터 출산, 보육, 교육 문제에 관심을 기울이며 사재를 출연해 화곡유아연구소를 설립하고, 최초로 기독교 유아 교육 교재를 출간했습니다. 이어 국내외 장학 사업을 펼치는 과정에서 대한민국의 가장 큰 위기인 출산, 보육, 교육 문제 해결에 한국 교회가 주도적으로 나서야 한다는 생각을 하게 되었습니다. 그러나 그 당시만 해도 저출생 문제를 국가적 위기로 받아들이는 사람은 거의 없었습니다. 일상에 지치고 생계를 유지하기에 바쁜 상황에서는 아직 눈에 보이지 않는 위기를 인식하기가 쉽지 않았습니다. 우리는 늘 그렇듯, 위기가 바로 눈앞에 닥쳐야 비로소 그 심각성을 깨닫곤 합니다.

CTS는 2010년 출산장려운동을 전개했지만, 별다른 호응을 얻지 못했습니다. 20여 년이 지나 인구절벽 시대에 이르고 나서야 비로소 저출생, 인구 감소, 고령화 사회라는 말이 사회 곳곳에서 들려오기 시작했습니다. 다시금 위기감을 느낀 저는 더 이상 가만히 있을 수 없다는 생각으로 2022년 '출산장려국민운동본부'를 '저출생대책국민운동본부'로 재발족했습니다. 같은 해, 사단법인 '행복한 출생 든든한 미래'를 출범하며 저출생 문제 해결을 위한 체계적이고 지속적인 노력을 강화했습니다. 그리고 종교계, 학계, 시민사회, 기업 등 다양한 분야와 협력하며, 정책 제안서 발간, 포럼 개최, 대국민 캠페인 등 다각적인 활동을 전개해왔습니다. 특히 종교시설을 활용한 아동 돌봄 서비스 구축에 관심을 기울였습니다.

2023년에는 종교시설을 영유아 돌봄터로 활용할 수 있도록 법적 기반을 마련하기 위해 100만 명 동참을 목표로 국민 서명운동을 펼쳤습니다. 그 결과, 약 40만 명의 서명이 담긴 청원서를 국회에 전달하며 법 개정 논의를 본격화했습니다. 2025년 현재, 종교시설을 돌봄터로 활용하는 법적 기반이 마련되었고, 이는 저출생 문제 해결과 돌봄 사각지대 해소를 위한 중요한 진전으로 평가받고 있습니다.

이러한 연장선에서 행복한 출생 든든한 미래의 총서를 발행하게 되었고, 2024년, 『저출생과의 전쟁』 국내편과 해외편이 선을 보였습니다. 이어 이번에 『저출생과의 전쟁 - 유럽편』을 출간하게 되었습니다.

이 책은 유럽 각국의 저출생 문제 해결 사례를 심층적으로 분석하며, 한국 사회에 적용 가능한 교훈을 제시합니다. 독일의 부모시간 정책, 프랑스와 헝가리의 출산율 증가 비결, 교회와 종교 단체의 유휴 공간을 활용한 아동 돌봄 시설 사례 등 다양한 접근 방식을 소개하며, 저출생 문제 해결을 위한 창의적이고 실질적인 방안을 모색합니다. 특히, 유럽의 종교단체들이 운영하는 세대 간 돌봄 프로그램은 한국 교회에도 중요한 교훈을 제공합니다.

유럽에서는 교회가 중심이 되어 어린이와 노인을 함께 돌보는 세대 간 돌봄 모델을 운영하며, 지역사회의 연대를 강화하고 돌봄의 질을 높이는 데 기여하고 있습니다. 정부도 이를 위해 재정적으로 지원하고 있습니다. 이러한 사례는 한국 교회가 보유한 유휴 공간을 활용하여 영유아와 고령자를 함께 돌보는 통합적 돌봄 네트워크를 구축하는 데 중요한 방향성을 제시합니다.

저출생 문제 해결은 우리 모두의 협력 없이는 불가능합니다. 물이 흐르다가 웅덩이를 만나면 그것을 채운 뒤에야 다음 단계로 나아갈 수 있듯, 우리는 지금 이 시대의 웅덩이를 채우는 과정에 있습니다.

"생육하고 번성하라." 이 말씀은 오늘날에도 여전히 유효합니다. 저희는 앞으로도 총서를 포함하여 정책 제안서 발간, 방송 제작, 포럼 및 세미나 개최 등을 통해 저출생 문제 해결에 기여할 것입니다. 특히, 종교시설을 활용한 아동 돌봄 서비스 구축과 같은 실질적인 방안을 제시하며, 돌봄 사각지대를 해소하고자 최선을 다할 것입니다.

『저출생과의 전쟁 – 유럽편』이 우리 사회에 새로운 통찰과 영감을 제공하며, 지속 가능한 미래를 위한 작은 씨앗이 되기를 바랍니다.

CTS 회장, 사단법인 행복한 출생 든든한 미래 이사장

감경철

추천사

미리 내다보고 준비하는 사람이 있기 마련입니다. 사단법인 '행복한 출생 든든한 미래'의 감경철 이사장님이 그런 분입니다. 감 이사장님은 오늘날 대한민국이 직면한 '저출생'이라는 국가적 위기 상황을 이미 20여 년 전부터 예견해 왔고, 이를 해결하기 위해 다양한 활동을 해오셨습니다.

2006년 '생명과 희망의 네트워크', 2010년 '출산장려국민운동본부', 2022년 '저출생대책국민운동본부', 2023년 '행복한 출생 든든한 미래'를 발족해 각종 심포지엄 및 포럼 개최, 대국민 캠페인 전개 등을 통해 국민들에게 저출생의 위기를 진작부터 알려왔고, 대안을 모색해 오셨습니다.

저출산고령사회위원회 부위원장으로 취임한 뒤부터 저는 현장에서 감 이사장님을 자주 뵐 수 있었습니다. 오랜 세월 저출생 위기 극복을 위해 부단히 노력해 온 분이 있다는 사실에 감사했고, 미래를 내다보는 혜안과, 위기 극복을 위한 지속적인 실천이 얼마나 중요한지를 새삼 깨달았습니다.

이번에 출판하게 된 『저출생과의 전쟁』 또한 지속적인 실천의 연장선상에 있습니다. 이 책은 저출생에 대한 국내 자료는 물론 해외 저출생 위기 극복의 사례와 대안을 집대성하여 저출생 해법에 대한 혜안과 통찰을 제시하고 있습니다. 저는 이 책이 우리 사회가 직면한 인구 문제 해결에 큰 기여를 할 것이라 확신합니다.

부디 『저출생과의 전쟁』이 우리 사회에 저출생 극복을 위한 건강한 결혼·임신·출산·양육 문화를 확산시키는 소중한 계기가 되길 바라며, 앞으로 중앙정부, 지자체 그리고 기업이 마련할 저출생 대책과 일·가정 양립 문화 확산에 귀중한 참고자료가 되기를 기대합니다.

『저출생과의 전쟁』 출판을 진심으로 축하드리며, 감 이사장님과 사단법인 '행복한 출생 든든한 미래'의 무궁한 발전을 기원합니다. 감사합니다.

저출산고령사회위원회 부위원장

주 형 환

추천사

안녕하세요. 국가교육위원회 위원장 이배용입니다.

CTS 기독교TV가 지난 20여 년간 깊은 관심을 갖고 해법을 모색해 온 저출생 문제를 종합적으로 담은 『저출생과의 전쟁』의 발간을 진심으로 축하드립니다. 이 책은 우리 사회의 가장 시급한 현안인 저출생 문제를 시의적절하게 다루고 있습니다. 국내편에서는 현재 우리나라가 직면한 저출생 문제가 어디서부터 어떻게 시작되었는지, 그리고 앞으로 초저출생 시대가 어떤 모습일지를 보여주고 있으며, 해외편에서는 저출생을 경험한 여러 국가들의 사례를 제시하고 이를 통해 우리나라가 어떻게 저출생 문제에 접근해야 할지에 대해 이야기하고 있습니다.

저출생 문제는 대한민국의 미래와 직결된 사안이라고 해도 과언이 아닙니다. 저출산 문제 해소를 위해서는 근본적 해법이 필요하며, 가장 중요한 것은 당사자인 청년들과 젊은 기혼자들의 목소리를 경청해서 저출생 관련 대안을 마련해야 한다는 것입니다. 젊은 세대의 삶의 방식과 인식이 과거와는 달라졌기에 현장 목소리에 귀를 기울이고 젊은 세대들의 요구가 무엇인지 살피는 것이 중요합니다.

『저출생과의 전쟁』은 현시대를 살아가는 세대들의 관점에서 저출생 문제를 바라보고 있으며, 교육, 보육, 일자리 등 사회 각 분야가 모두 힘을 합쳐 저출생 문제 해결을 위해 노력해야 함을 강조하고 있습니다.

우리 국가교육위원회에서도 저출생 문제를 대한민국 미래교육에 가장 중요한 화두 중 하나로 보고 있으며, 이를 극복하기 위한 다양한 논의들을 이어나가고 있습니다. 위원회 산하에 저출생 교육개혁 특별위원회를 구성·운영하여, 유례없이 빠르게 악화되는 저출생 문제에 대응하여 교육을 통한 완화방안과 저출생 시대에 우리 미래교육이 나아가야 할 방향을 모색하고 있습니다.

저출생 문제 해결을 위해서는 결혼과 출산, 양육에 대한 사회적 인식개선이 무엇보다 중요합니다. 저출생의 심화로 우리 사회의 지속가능성이 위협받는 이 시점에서 "저출생과의 전쟁"은 단순한 현상 진단을 넘어 우리 국민 모두가 저출생 문제에 대해 보다 경각심을 가지고 함께 해결책을 모색해 나가는데 큰 도움이 될 수 있을 것이라 생각합니다. 다시 한번 『저출생과의 전쟁』 발간을 축하드리며, 『저출생과의 전쟁』이 사람들에게 '함께 사는 삶'의 중요성을 다시 한번 깨닫게 해주는 중요한 계기가 될 수 있기를 기대합니다.

발간을 위해 애쓰신 감경철 CTS회장님을 비롯한 저자 여러분의 노고에 감사의 마음을 전합니다.

국가교육위원회 위원장

이 배 용

추천사

> 하나님이 자기 형상 곧 하나님의 형상대로 사람을 창조하시되 남자와 여자를 창조하시고 하나님이 그들에게 복을 주시며 하나님이 그들에게 이르시되 생육하고 번성하여 땅에 충만하라, 땅을 정복하라, 바다의 물고기와 하늘의 새와 땅에 움직이는 모든 생물을 다스리라 하시니라 (창 1:27-28)

하나님께서 사람을 창조하실 때 하나님의 형상으로 지으신 이유는 복을 주시기 위함이었습니다. 사람은 존재 자체가 복입니다. 생육하고 번성하여 땅에 충만하고 땅을 정복하며 모든 생물을 다스리라는 명령을 받은 유일한 존재가 바로 사람입니다. 하지만 우리는 하나님과 함께 하면서 하나님의 형상으로 살아가기보다 세상과 함께하며 하나님의 명령에 불순종하다 보니 언제부터인가 효율성을 따릅니다. 하나님의 말씀보다 세상적인 원리가 삶을 지배하고 있는 것입니다.

저출생 문제는 단순히 대한민국을 살리기 위해서 필요한 것이 아니라 하나님의 창조 질서를 회복하고 하나님의 형상을 회복하기 위해서 반드시 필요한 일이라 생각합니다. 단순한 사회적 현상을 넘어 국가의 미래와 직결될 뿐 아니라 하나님 나라의 실현을 위해서도 중대한 이슈입니다.

지난 20년간 저출생 위기를 깊이 성찰하며 해결책을 모색해 온 감경철 이사장님의 노력은 그 자체로 매우 가치가 있습니다. 오랜 시간 대한민국의 미래를 살리는 일에 앞장서며 헌신해 주신 감경철 이사장님과 (사)행복한출생 든든한미래에 진심으로 축하를 드리고, 이 책을 통해 저출생 문제의 심각성을 깨닫고 그 해결을 위해 온 국민이 함께 힘을 모으는 일이 속히 이루어지길 소망합니다.

이번에 출간된 『저출생과의 전쟁』은 대한민국에 닥친 심각한 위기를 타개하기 위해 구체적인 대안을 제시하는 매우 의미 있는 자료입니다. 특별히 국내와 국외의 저출생 문제와 극복의 현황과 사례를 총망라해서 비교할 수 있도록 국내편과 해외편을 함께 출간함으로써 앞으로 우리의 미래를 예측하고 대비하기 위한 좋은 자료가 될 것이라고 생각합니다.

이 책은 대한민국이 처한 저출생 문제의 근본 원인을 분석하고, 사회적, 경제적, 심리적 요인들을 통합적으로 고려하여 실질적인 해결책을 제시하고 있습니다. 교회가 사회적 기관으로서 어떤 역할을 감당해야 하는지, 그리고 과연 성경적인 해법은 무엇인지에 대한 심도 있는 성찰을 이 책에서 찾을 수 있습니다. 하나님이 세우신 공동체인 가정을 향한 따뜻한 시각과 사회적 책임의식을 성경적 가치관을 바탕으로 담아내며, 한 가정의 소중함과 생명의 존엄성에 대해 다시금 깊이 생각하게 합니다.

저출생 문제는 단순히 인구 감소의 문제가 아니라, 미래 세대와 사회 전반의 지속 가능성 여부에 큰 영향을 미치는 사안입니다. 따라서 이 책은 개인과 가정뿐만 아니라, 정책 입안자와 사회 각계각층의 지도자들에게도 큰 도움이 될 것입니다. 『저출생과의 전쟁』은 문제 해결을 위한 담대한 비전을 제시하며, 우리가 다 함께 고민하고 나아갈 길을 분명히 제시하기 때문입니다. 이 책이 많은 사람들에게 읽히고, 저출생 위기를 극복하는 데 기여할 수 있기를 진심으로 바라며 기쁜 마음으로 이 책을 추천합니다.

한국교회총연합 대표회장

장 종 현

추천사

우리나라의 지난해(2023년) 합계출산율은 0.72명이었습니다. 1970년 100만여 명이던 신생아 수는 지난해 23만 명에 그쳤다고 합니다. 저출산은 우리 공동체의 미래를 암담하게 만듭니다. 국가의 존폐를 가름하는 중요한 잣대가 될 것입니다. 저출산은 곧바로 인구감소로 이어져 노동력은 부족해질 것이며, 이에 따라 경제 상황은 계속 어려워질 수밖에 없습니다. 소비는 감소하고 세수(稅收) 역시 감소할 수밖에 없습니다. 교육과 복지 시스템의 붕괴와 혼란도 상상 이상일 것입니다. 지방소멸은 미래의 문제가 아니라 이제 현재의 문제가 됐습니다.

어려운 국가적 과제에 그동안 기독교계가 보여주신 노력에 깊은 감사를 드립니다. 20년 전 우리 사회에서 '저출산'의 문제를 심각하게 여기지 않을 때 감경철 이사장님은 높은 혜안으로 출산장려운동을 시작했습니다. 출산장려국민운동본부를 출범시켰으며 각종 심포지엄과 전문가와의 논의를 통해 국민적 인식 개선과 사법 개정을 준비하고 진행했습니다. 근래에는 '저출산대책국민운동본부'를 출범해 세미나 포럼과 입법청원 운동을 펼치고 있습니다.

여실지견(如實知見), 문제의 원인을 있는 그대로 진단해야 해법(解法)의 길이 보인다고 했습니다. 그동안의 노력으로 우리에게 저출산의 암담한 높은 장벽은 이제 서서히 극복의 대상이 되고 있습니다. 국민적 합의와 공동의 문제 인식에 너와 나, 옳고 그름이 없어지고 있습니다. 함께 극복해야 한다는 공동(共同)의 공감(共感)이 만들어지고 있습니다.

저출산 문제는 우리만의 문제가 아닌 세계적인 문제가 됐습니다. 각국 정부가 채택한 다양한 출산·양육 지원 정책은 그 실효성이 낮다는 분석이 나왔습니다. 저출산 극복을 위한 각국 정부의 적극적인 자세와 다양한 정책 시도에도 불구하고 그 효과는 기대에 못 미치고 있습니다. 국민적 인식 개선 없이 펼치는 정부 정책의 한계 때문일 것입니다. 이런 점에서 우리의 태도는 다릅니다. 정부는 물론 민간, 시민단체, 종교계가 모두 한마음으로 위기 극복의 공감을 갖고 있습니다.

그동안 (사)행복한출생 든든한미래의 깊은 노고에 감사드립니다. 이 책을 통해 더 많은 사람이 저출산 인구감소의 국가적 위기를 타개하는 데 힘을 모았으면 좋겠습니다.

조계사 주지
담화 스님

추천사

안녕하십니까? 국민의힘 국회의원 인요한입니다.

『저출생과의 전쟁』 출판을 진심으로 축하드립니다.

2024년 대한민국에서 가장 중대하고 시급한 문제는 바로 저출생 문제입니다.

현재의 저출생 상황이 지속된다면 대한민국은 성장동력을 잃고 침체하게 될 것입니다.

현재 K-컬처로 대표되는 대한민국이 지속가능한 성장을 계속하기 위해서는 저출생 문제를 꼭 해결해야 합니다.

그간 저출생 극복을 위해 정부와 국회도 각고의 노력을 해오고 있지만 그 성과가 미미한 것이 사실입니다.

이번 (사)행복한 출생 든든한 미래가 출간한 『저출생과의 전쟁_해외편』에 보면 북미, 유럽, 아시아 등 많은 나라의 저출생 극복을 위한 사례를 잘 분석 요약해 두었습니다.

특히 유럽의 많은 나라에서 교회 유휴공간에 아동돌봄 센터를 운영함으로써 지역사회에 큰 도움을 준다는 사실이 저에게 깊은 울림을 주었습니다.

사실 6만여 한국교회 일천만 성도들은 저출생 문제해결을 위해 그

간 많은 노력을 해왔습니다.

　참 감사한 일입니다.

　2022년 교계 지도자분들이 중심이 되어 저출생대책국민본부가 출범하였고 작년에는 비영리 사단법인인 행복한출생 든든한 미래가 출범 하기도 했습니다.

　대한민국이 저출생을 극복하고 행복한 미래를 만드는 그날까지 저도 국회에서 최선을 다하겠다는 약속을 드립니다.

　다시 한번 『저출생과의 전쟁』 출판을 진심으로 축하드립니다.

　감사합니다.

국민의힘 최고위원

인 요 한

추천사

먼저, 지난 20년간 저출생 위기 문제를 인식하고, 국내외 저출생 현상과 위기 극복 대안을 조사하고 해결하기 위해 노력하고 있는 (사)행복한출생 든든한미래 임직원 여러분께 감사드립니다. 아울러『저출생과의 전쟁』발간을 진심으로 뜻깊게 생각합니다.

여러분!

올해 교육부와 한국교육개발원이 작성한 '2023~2029년 초·중·고 학생 수 추계(보정치)'에 따르면, 앞으로 5년 동안 전국 초·중·고 학생이 85만 6196명(16.7%) 줄어들고, 이 중 초등학생 감소만 약 75만 명에 이를 것으로 추산하고 있습니다. 국가적 재난이라고 해도 과언이 아닐 정도입니다.

현재 우리 사회가 직면한 가장 큰 위기는 저출생입니다. 저출생은 인구가 줄어든다는 단순한 통계학적인 문제가 아닙니다. 경제는 물론 안보, 문화, 복지 등 우리 사회 전반에 걸쳐 막대한 영향을 미치는 중대한 문제입니다.

결국, 저출생은 국가존립과 관련된 가장 중요한 문제입니다.

하지만 역대 정부의 저출생 대책은 실효적 성과를 보이지 못했습니다. 2006년부터 400조 원이 넘는 예산을 출산율 제고를 위해 투입했지만, 저출생 문제를 해결하지 못했습니다. 오히려 악화되고 있습니다.

이제는 발상의 전환이 필요합니다. 그리고 모두의 노력이 있어야 합니다.

"한 아이를 키우기 위해 온 마을이 필요하다"라는 말이 있습니다. 마찬가지입니다. 저출생을 극복하기 위해서는 온 나라의 관심과 역할이 필요합니다. 이런 의미에서 (사)행복한출생 든든한미래에서 발간하는 『저출생과의 전쟁』 책자는 사회적으로 매우 뜻깊은 일입니다.

아무쪼록 『저출생과의 전쟁』이 우리 사회의 저출생 문제에 대한 인식 개선과 위기 극복을 위한 디딤돌이 되길 기원합니다. 감사합니다.

국민의힘 국회의원

윤 상 현

추천사

대한민국은 지금, 초저출생 위기라는 국가적 재난 앞에 서 있습니다. 정부가 '인구 비상사태'를 선언했지만, 실효성 있는 대책은 여전히 부족합니다. 작년 합계 출산율은 0.72명으로 떨어졌고, 현재는 0.6명에 근접하고 있습니다. OECD 국가 중 출산율이 1명 이하인 국가는 대한민국이 유일합니다. 이는 단순한 인구 감소를 넘어, 우리 사회와 경제의 근간을 흔들며 미래 세대의 희망마저 희미하게 만들고 있습니다. 초저출생 문제를 해결하지 못한다면, 국가의 지속 가능성은 심각한 위협에 직면할 것입니다.

"보라 자식들은 여호와의 기업이요 태의 열매는 그의 상급이로다"

(시편127:3)

자녀들은 주님께서 주신 귀한 선물이며, 그들을 통해 우리의 미래에 희망을 주신다고 말씀하셨습니다. 자녀를 통해 하나님의 축복이 이어지기를 바라는 그 뜻을 기억할 때, 초저출생 문제는 단순한 사회적 과제에 그치지 않고, 하나님의 계획 안에서 기도하며 함께 해결해 나가야 할 신앙적 사명입니다.

㈔행복한출생 든든한미래는 이 사명을 다하기 위해 지난 20여 년 동안 저출생 문제를 인식하고, 다양한 활동을 통해 해결 방안을 모색해 왔습니다. 저출생 문제의 본질을 연구하고, 모두가 공감할 수 있는 대안을 제시하려는 CTS의 오랜 노고에 깊은 감사를 드립니다. 이번에 출판된 『저출생과의 전쟁』은 국내외 출산 정책과 주요 국가들의 성공 사례를 포함한 오랜 연구의 결실이 담긴 중요한 자료로, 국가적 위기 해결의 중요한 열쇠가 될 것입니다.

저 또한 국회의원으로서 초저출생 문제의 심각성을 깊이 인식하며, 초당적인 협력 속에서 실질적인 해결책을 찾아가고자 합니다. 우리가 기도하고 실천할 때, 하나님께서 우리에게 지혜를 주시고 이 위기를 극복할 힘을 허락하실 것이라 믿습니다.

주님께서 우리에게 허락하신 이 아름다운 나라와 다음 세대를 위해, 모두가 함께 기도하고 힘을 모으길 소망합니다. 이 책을 접하시는 모든 분들과 그들의 가정, 그리고 주변인들에게 하나님의 크신 은혜와 축복이 가득하기를 기도드립니다.

더불어민주당 국회의원

송 기 헌

목차

발간사 · 5
추천사 · 9
프롤로그 · 28

글로벌 인구

1. 글로벌 인구의 지역별 특징과 도전 과제 · 32
   1) 아시아: 세계 인구의 중심 · 33
   2) 아프리카: 높은 출산율과 청년층 비율 · 33
   3) 유럽: 고령화와 인구 감소 · 34
   4) 북미: 안정적인 인구 성장과 도시화 · 34
   5) 오세아니아: 낮은 인구 비중과 높은 이민 유입률 · 35
2. 세계 상위 10개 국가의 인구 집중 현황과 그 영향 · 37
3. 과잉 인구 증가에서 저출생 위기로의 전환 · 40
4. 인구 감소가 멈춘 국가들과 인구 감소가 재개된 국가들 · 43
   1) 인구 감소가 멈춘 국가들 · 43
   2) 인구 감소가 재개된 국가들 · 45

영국   England

1. 영국의 정치 · 사회 · 문화적 특성과 인구의 상관관계 · 48
   1) 정치 · 48
   2) 사회 · 문화 · 49
   3) 영국의 저출생 문제: 현황과 정책적 도전 · 51
   4) 영국의 저출생 문제가 가구 구성에 미치는 영향 · 53

2. 저출생 극복을 위한 재정지원 정책 · 56

　1) 유니버설 크레딧(Universal Credit) · 56
　2) 아동수당(Child Benefit) · 57
　3) 육아비용 지원 · 59
　4) 육아 보조금(Childcare Support) · 60
　5) 육아 바우처 (현재는 Tax-Free Childcare로 대체됨) · 61
　6) 자녀 세액공제 (Universal Credit으로 통합) · 63
　7) 기타 지원제도 · 64

3. 일 · 가정 양립과 돌봄 서비스 지원 · 67

　1) 일 · 가정 양립 지원 제도 · 68
　2) 30시간 무료 보육 서비스와 방과 후 프로그램 · 80

4. 영국의 세대 간 돌봄과 저출생 극복 · 85

　1) 조부모 돌봄 지원과 관련 정책 · 86
　2) 세대 간 돌봄 센터와 프로그램 · 89
　3) 세대 간 돌봄 프로그램과 공공 캠페인 · 91

5. 저출생 극복을 위한 정부와 교회의 실질적 협력 방안 · 95

　1) 영국 정부와 교회의 협력 프로그램 · 95
　2) 정부와 종교단체의 협력 모델과 사례:
　　 정부의 지원을 받는 교회 어린이집 · 100

프랑스　France

1. 프랑스의 정치 · 사회 · 문화적 특성과 인구 · 120

　1) 정치 · 120
　2) 사회 · 121
　3) 문화 · 122
　4) 인구 · 123

2. 프랑스 가구 구성 변화와 사회적 영향 · 124

　1) 프랑스 가구 구성 변화 · 125
　2) 한부모 가정의 증가 · 126
　3) 이민자 유입과 다문화 가구의 증가 · 127

3. 프랑스의 가족정책(politique familiale) · **129**

  1) 출산 장려 정책(Politiques pour encourager la natalite) · **131**
  2) 육아 및 보육 지원 정책(Politiques de soutien a la garde d'enfants) · **158**

4. 프랑스 영유아 돌봄시설 · **167**

  1) 역사 · **167**
  2) 프랑스 영유아 돌봄시설 · **174**

5. 세대 간 돌봄을 통해 출산율 높이기 · **204**

  1) 세대 간 돌봄과 출산율의 관계 · **207**
  2) 세대 간 돌봄 사례 · **209**
  3) 세대 간 돌봄 정책의 한계와 개선 방향 · **215**
  4) 모든 세대를 잇는 교회 · **216**

독일　Germany

1. 독일의 정치.사회 · 문화적 특성과 주요 현황 · **232**

  1) 정치적 특성 · **232**
  2) 사회 · **234**
  3) 문화적 특성과 인구현황 · **235**
  4) 독일이 직면한 주요 현황 · **236**

2. 독일 가구 구성 변화 · **238**

3. 독일의 저출생 극복 정책 · **240**

  1) 육아휴직수당(Elterngeld) · **240**
  2) 세제 혜택 · **243**
  3) 돌봄 시설 확충 · **252**
  4) 일 · 가정 양립 지원 제도 · **264**

4. 독일의 세대 간 돌봄과 저출생 극복 · **285**

  1) 세대 간 돌봄(Generationenpflege) 정책 사례 · **286**
  2) 독일의 세대 간 돌봄 · **293**

5. 저출생 극복을 위한 정부와 종교단체의 동행 · **306**

  1) 종교단체 가정지원 네트워크 · **308**
  2) 정부와 종교단체의 협력 정책과 프로그램 · **317**

헝가리 Hungary

1. 헝가리의 정치 · 사회 · 문화적 특성과 인구현황 · **326**
2. 저출생 극복을 위한 재정지원 정책 · **329**
   1) 출산 및 자녀 양육 지원 정책 · **330**
   2) 주택 구입 지원 및 세제 혜택 · **333**
   3) 육아 지원 정책 · **336**
3. 일 · 가정 양립과 돌봄 서비스 지원 · **342**
   1) 출산 및 육아휴가 정책 · **342**
   2) 돌봄 서비스 지원 시스템 · **351**
4. 헝가리 정부와 종교 단체의 협력 방안 · **357**
   1) 헝가리 가톨릭 교회의 신앙과 돌봄의 여정 · **357**
   2) 정부와 종교 단체 협력의 필요성 · **360**

이탈리아 Italy

1. 정치 · 사회 · 문화적 특성과 인구현황 · **366**
   1) 정치 · 사회 · 문화적 특성 · **366**
   2) 이탈리아의 저출생 현황 · **368**
2. 저출생 극복을 위한 재정지원 정책 · **370**
   1) 출산과 육아를 위한 재정지원 · **370**
   2) 세금 공제 및 감면 (Detrazioni per figli a carico) · **375**
   3) 주택 지원 정책 · **379**
3. 이탈리아의 가족 중심 문화와 세대 간 돌봄을 통한 저출생 해결 · **386**
   1) 세대 간 돌봄의 당위성 · **386**
   2) 세대 간 돌봄 센터 · **388**
4. 이탈리아 정부와 종교 단체의 협력 · **397**

에필로그 · **403**
참고자료 · **406**
미주 · **408**

프롤로그

이 책은 (사)행복한출생든든한미래의 두 번째 성과물로, 저출생 문제 해결을 위해 유럽 5개국의 정치·사회·문화의 맥락을 소개하고, 저출생 극복을 위한 가족정책을 구체적으로 다루었다.

『해외편』이 십여 개 국가의 정책과 문화를 폭넓게 탐색하는 뷔페식 요리였다면, 『유럽편』은 소수의 국가를 깊이 있게 다룬 코스 요리와 같다. 또 『해외편』이 스케치였다면 『유럽편』은 채색화이다.

이번 편에서는 전편에서 다루었던 내용과 중복되지 않은 새로운 접근법을 시도했다. 이를테면 세대 간 돌봄, 정부의 종교단체 돌봄센터 지원, 독특한 주택 정책, 그리고 정부와 종교 단체 간 협력 모델과 프로그램을 소개했다. 아울러 각국의 정치적 결단과 문화적 대응이 저출생 문제 해결에 어떤 영향을 미쳤는지도 살펴보았다. 또한 도표와 자료를 적극적으로 활용하여 내용을 보다 직관적으로 이해할 수 있도록 구성했다.

이 책의 여정은 세계 인구 문제를 탐구하는 데에서 시작된다. 지구촌 곳곳의 인구의 변화 양상을 조망하며, 아시아의 밀집된 인구 중심지, 높은 출산율과 젊은 인구로 활기찬 아프리카, 고령화와 인구 감소 문제로 고민하는 유럽, 안정적인 성장과 도시화가 특징인 북미, 그리고 이민 유입률이 두드러지는 오세아니아까지 각 지역의 독특한 인구 특성을 살펴본다. 이어서 세계 상위 10개 국가의 인구 집중 현황, 과잉 인구 증가에서 저출생 위기로의 전환 과정, 그리고 인구 감소가 멈춘 국가와 재개된 국가들의 사례를 비교한다.

1장 영국: 유니버설 크레딧, 아동수당, 육아 보조금 등 재정 지원 정책뿐만 아니라, 부모 공유 휴가와 유연근무제, 30시간 무상 보육 서비스와 같은 일·가정 양립 정책, 조부모 돌봄 지원과 세대 간 돌봄, 공공 캠페인의 사례를 소개한다.

2장 프랑스: 가구 구성 변화와 다문화적 접근을 부각한다. 한부모 가정의 증가와 이민자 유입으로 다문화 가구가 확대되었으며, 가족수당법을 중심으로 한 프랑스의 가족정책은 세제 혜택과 육아 지원을 제공한다. 또한, 크레슈와 할트-가르드리 같은 영유아 돌봄시설의 역사와 종교 단체와 연계된 돌봄 모델도 다루고 있다.

3장 독일: 체계적인 정책 체계와 세대 간 돌봄, 부모수당, 세제 혜택, '좋은 돌봄 시설법' 등 재정 지원 정책을 소개한다. 다세대 센터와 가족지원센터, 슈투트가르트 세대 공존의 집 같은 혁신적인 모델, 정부와 종교 단체 간의 협력, 가족 지원 네트워크, 다양한 프로젝트의

성과도 함께 다룬다.

4장 헝가리: 강력한 재정 지원 정책, 즉 출산 보너스, 미래 아기 대출, 주택 지원 정책, 무료 보육과 급식 제도, 공공과 사설 돌봄 서비스, 장애 아동 돌봄 서비스를 소개한다. 또한, 헝가리 가톨릭 교회가 정부와 협력하여 종교 기반 돌봄 활동을 통해 사회적 연대를 확장했다는 사실도 언급한다.

5장 이탈리아: 가족 중심 문화를 기반으로 저출생 문제에 대응하는 독특한 접근법을 제시한다. 출산 보너스, 가족 수당, 육아용품 지원 등 재정 정책이 시행되고 있으며, 주택 지원 정책으로 '1유로 주택 이니셔티브' 같은 창의적인 대안, 밀라노의 "세대의 집"과 피렌체의 가족돌봄 프로그램, 가톨릭 돌봄센터와 정부의 협력 사례를 소개한다.

그리고 각 장 끝부분에 정부와 종교단체의 협력 모델과 프로그램을 소개하며, 특히 정부가 지원하는 종교시설 내 세대 간 돌봄 센터와 어린이집 사례를 상세히 다루었다. 이를 통해 대한민국의 저출생 문제 해결을 위해 정부, 기업, 그리고 한국 교회가 나아갈 방향을 모색하는 데 도움이 되기 바란다.

글로벌 인구

1. 글로벌 인구의 지역별 특징과 도전 과제[1]

　세계 인구는 2050년까지 약 97억 명에 도달할 것으로 예상된다.[2] 이 과정에서 지역별로 아프리카와 아시아의 인구 비중이 더욱 증가하며, 인구 분포의 불균형이 심화될 가능성이 크다. 아프리카는 세계에서 가장 빠른 인구 증가율을 기록하고 있으며, 2050년까지 전 세계 인구 증가의 절반 이상이 이 지역에서 발생할 것으로 보인다. 아시아는 이미 세계 인구의 대다수를 차지하고 있으나, 고령화와 인구 성장 둔화가 지역별로 상이하게 나타날 전망이다.

　2024년 기준, 전 세계 237개 국가의 총 인구는 약 80.9억 명으로 추산된다. 이는 2010년에 세계 인구가 70억 명을 돌파한 이후 2022년에 80억 명 시대에 접어든 것을 반영하며, 전반적인 인구 증가는 지속되고 있다. 그러나 이 증가세는 지역별로 큰 차이를 보인다. 예를 들어, 선진국에서는 인구 증가율이 낮거나 감소하는 반면, 개발도상국에서는 높은 출산율과 기대 수명의 증가로 인해 빠른 인구 성장이 지속되고 있다. (2023년 UN 세계 인구보고서와 Worldometer의 2024년 세계인구 추정 참고)

이와 같은 인구 증가는 세계 각 지역과 국가에 다양한 경제적, 사회적, 환경적 도전을 초래한다. 경제적으로는 노동력 공급과 고령화 문제, 사회적으로는 인구 밀집 지역에서의 주거 및 교육 문제, 환경적으로는 자원 소비와 온실가스 배출 증가가 주요 과제로 떠오르고 있다. 이에 따라 국제 사회는 지속 가능한 발전 목표(SDGs: Sustainable Development Goals) 달성을 위해 협력과 정책 조율을 강화해야 할 필요성이 대두되고 있다.

1) 아시아: 세계 인구의 중심

아시아는 세계 인구의 대부분을 차지하며, 인도와 중국이 중심적인 역할을 하고 있다. 2024년 현재, 두 국가의 인구는 각각 약 14억 명으로, 세계 인구의 36%를 차지한다(UN DESA, 2022). 인구 밀도가 높은 국가들이 많은 아시아는 도시화, 자원 분배, 환경 문제가 심각하게 부각되고 있다. 특히, 인도네시아, 방글라데시와 같은 국가들은 급격한 도시화로 인해 주거 문제와 인프라 부족을 겪고 있으며, 이러한 문제는 기후 변화로 더욱 악화될 가능성이 크다(IPCC, 2021).

2) 아프리카: 높은 출산율과 청년층 비율

아프리카는 세계에서 가장 빠른 인구 증가율을 기록하고 있으며, 출산율과 청년층 비율이 높은 것이 특징이다. 2050년까지 아프리카 인구는 현재의 14억 명에서 25억 명 이상으로 증가할 것으로 예상된다(UN DESA, 2022). 이러한 증가 추세는 경제 개발과 인프라 확충의 필요성을 더욱 강조하고 있다. 특히, 나이지리아와 에티오피아와 같은 국가들은 청년 인구를 경제적으로 통합하지 못할 경우, 높은 실업률과 사회적 불안을 겪을 위험이 있다(World Bank, 2022).

3) 유럽: 고령화와 인구 감소

유럽은 전 세계에서 가장 빠르게 고령화가 진행되고 있는 지역이다. 출산율 감소와 기대 수명 연장은 인구 감소 추세를 심화시키고 있으며, 이로 인해 노동력 부족과 사회 복지비용 증가가 주요 과제로 떠오르고 있다(Eurostat, 2023). 독일, 이탈리아, 일본과 같은 국가들은 이민 정책을 통해 노동력을 확보하려는 노력을 기울이고 있으나, 이러한 접근은 문화적 갈등과 정책적 복잡성을 동반하고 있다.

4) 북미: 안정적인 인구 성장과 도시화

북미는 상대적으로 안정적인 인구 증가율과 높은 도시화율이 특징이다. 미국과 캐나다는 높은 이민 유입으로 인해 지속적인 인구 성장을 유지하고 있으며, 이는 노동 시장의 안정성과 경제 성장에 기여하고 있다(US Census Bureau, 2023). 그러나 도시화로 인한 주거 문제와 교통 인프라 부족은 여전히 해결해야 할 과제로 남아 있다. 또한, 멕시코와 같은 북미 지역 일부 국가들은 빈부 격차와 지역 간 인구 분포의 불균형 문제를 겪고 있다.

5) 오세아니아: 낮은 인구 비중과 높은 이민 유입률

오세아니아는 세계 인구에서 차지하는 비중이 낮지만, 높은 이민 유입률과 지속 가능한 개발이 주목받고 있다. 호주와 뉴질랜드는 이민을 통해 경제 성장을 도모하고 있으며, 이로 인해 다문화 사회로의 전환이 빠르게 이루어지고 있다. 그러나 기후 변화로 인한 태평양 도서국들의 이주 문제가 지역적 도전 과제로 떠오르고 있다(UNHCR, 2023).

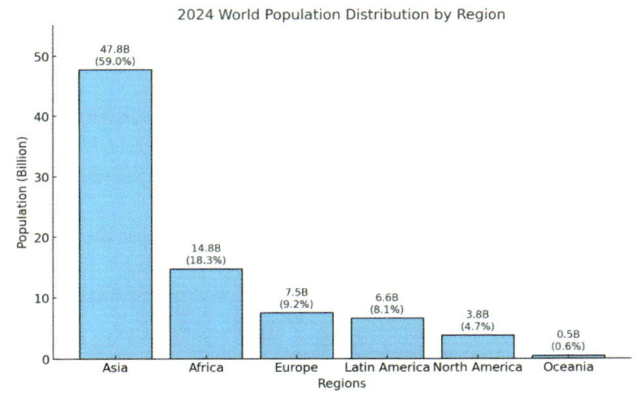

그림 1 2024 지역별 세계인구분포
(Global Population Statistics, 2024과 Worldometer 웹사이트 자료를 근거로 작성한 그래프)

위 그래프에서 알 수 있듯이 세계 인구는 지역별로 큰 차이를 보이며, 아시아가 가장 많은 인구를 보유하고 있다.

아시아: 47.8억 명 (전체의 59.0%)
아프리카: 14.8억 명 (18.3%)

유럽: 7.5억 명 (9.2%)

중남미: 6.6억 명 (8.1%)

북미: 3.8억 명 (4.7%)

오세아니아: 0.5억 명 (0.6%)

아시아와 아프리카는 세계 인구 증가를 주도하고 있으며, 특히 아프리카는 높은 출산율과 젊은 인구 구조로 인해 미래 세계 인구 성장의 핵심 지역으로 주목받고 있다.

2. 세계 상위 10개 국가의 인구 집중 현황과 그 영향

    2024년 현재, 세계 237개 국가 중 상위 10개 국가가 전체 인구의 57.1%를 차지하며 특정 국가에 인구가 집중된 양상을 보여준다. 이러한 인구 집중 현상은 경제적, 정치적, 환경적 문제에서 큰 영향을 미치며, 국제적인 협력과 전략적 접근이 요구되는 중요한 사안으로 떠오르고 있다.[3]

세계 인구 분포에서 상위 10개 국가는 다음과 같다.
인도: 14.4억 명
중국: 14.2억 명
미국: 3.4억 명
인도네시아: 2.8억 명
파키스탄: 2.5억 명
나이지리아: 2.3억 명
브라질: 2.1억 명
방글라데시: 1.7억 명
러시아: 1.5억 명
멕시코: 1.3억 명

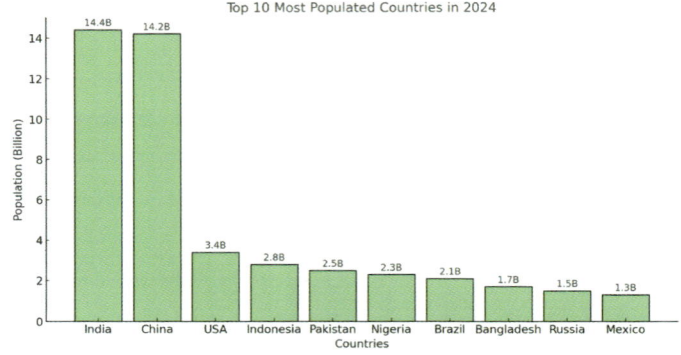

그림 2 인구상위 10개국
(Global Population Statistics, 2024과 Worldometer 웹사이트 자료를 근거로 작성한 그래프)

 이들 국가는 세계 인구의 절반 이상을 차지하며, 특정 지역에 인구가 집중된 특징을 보여준다. 특히, 인도는 2024년 현재 세계 최대 인구국으로 중국을 넘어섰으며, 나이지리아와 같은 아프리카 국가들은 빠른 인구 증가로 상위권에 진입하며 글로벌 경제와 정치의 중심으로 부상하고 있다.

 상위 10개 국가의 인구 집중은 경제적으로 두 가지 주요 효과를 미친다. 첫째, 대규모 인구는 잠재적 소비 시장의 확대로 이어진다. 인도와 중국은 거대한 내수 시장을 기반으로 글로벌 경제의 핵심 역할을 하고 있다(World Bank, 2023). 둘째, 노동력 공급의 확대는 산업 발전과 경제 성장을 촉진하지만, 동시에 실업 문제와 빈부 격차를 심화시킬 위험이 있다. 예를 들어, 나이지리아는 빠른 인구 증가로 인해 청년층 실업 문제가 주요 과제로 대두되고 있다(UN DESA, 2022).

인구 집중은 자원 소비와 환경 문제를 심화시킨다. 중국과 인도는 높은 인구로 인해 에너지 소비와 온실가스 배출량이 세계에서 가장 많은 국가 중 하나이다. 나이지리아와 파키스탄과 같은 국가들은 농업 및 자원 개발이 인구 증가를 따라가지 못해 식량 안보와 자원 고갈 문제가 대두되고 있다(FAO, 2023).

3. 과잉 인구 증가에서 저출생 위기로의 전환

20세기는 전 세계적으로 급격한 인구 변화를 겪은 시기로, 초반에는 과잉 인구 증가에 따른 산아제한 정책이, 후반에는 인구 감소와 저출생 문제를 해결하기 위한 대응 정책이 실행되었다.

20세기 중반은 급격한 인구 증가로 자원 부족과 빈곤 문제가 대두된 시기였다. 이에 따라 많은 국가들은 인구 증가를 억제하기 위한 산아제한 정책을 도입했다. 예를 들어, 인도의 강제적인 가족계획 캠페인과 중국의 한 자녀 정책은 대표적인 사례이다. 이러한 정책들은 인구 과잉 문제를 해결하기 위한 수단으로 채택되었지만, 강압적인 방식으로 인해 개인의 자유를 침해했다는 비판을 받았다(UNFPA, 2021).

한국에서도 1960년대부터 산아제한 정책이 본격적으로 시행되었다. 이 시기의 정책은 인구 억제에 성공적이었다고 평가되지만, 이후 저출생 문제의 기초를 형성한 요인으로도 작용했다(KDI, 2023).

20세기 후반으로 접어들며, 많은 국가들이 인구 감소와 저출생 문제에 직면하게 되었다. 한국은 1990년대 들어 출산율 저하가 급격히 가속화되었으며, 1984년 출산율이 여성 1인당 2.1명을 기록한 후 2000년대에는 1명 이하로 떨어졌다. 2023년 기준, 한국의 합계출산율은 가임여성 1명당 0.721명으로 OECD 34개국 중 최하위를 기록하고 있다(Statistics Korea, 2023). 이에 따라 "자녀는 평생선물, 자녀끼리 평생친구"와 같은 표어가 포함된 출산 장려 캠페인이 진행되며 정책적 전환이 이루어졌다.

유럽의 선진국들 역시 비슷한 과정을 겪었다. 프랑스는 출산율을 높이기 위해 자녀 양육 수당과 세금 감면, 육아 휴직 제도를 강화했으며, 독일과 스웨덴은 가족친화적 정책을 확대하며 출산율 증가를 시도했다(Eurostat, 2022). 영국은 자녀수에 따라 보조금을 지급하는 아동 수당 정책을 운영하며, 출산율 회복을 위한 다양한 사회적 지원을 도입했다. 헝가리는 대규모 세금 감면과 주택 구매 보조금 등으로 다자녀 가구를 지원하며, 출산 장려 정책의 강화를 추진하고 있다. 이탈리아는 출산율 저하로 인해 인구 감소가 두드러져, 육아 지원 정책과 더불어 젊은 세대를 위한 경제적 유인책을 마련하고 있다. 이러한 정책들은 일부 성공을 거두었지만, 저출생 문제를 근본적으로 해결하지는 못했다.

저출생 문제는 각국의 경쟁력 약화와 복지 시스템 붕괴로 이어질 수 있다는 점에서 심각하다. 노동력 감소는 경제 성장률 둔화를 초래하며, 고령화는 연금 제도와 의료 시스템에 막대한 부담을 가중시킨다(IMF, 2023). 한국과 일본은 세계에서 가장 빠른 고령화 속도를 기록하고 있으며, 생산 가능 인구의 감소로 인해 노동 시장이 축소되고 복지비용이 급증하고 있다.

독일과 이탈리아 역시 고령화가 심화되면서 노동력 부족 문제를 해결하기 위해 이민자 수용 정책과 기술 혁신을 도입하고 있으나, 이러한 접근은 정치적, 사회적 논란을 동반하고 있다. 프랑스는 비교적 안정적인 출산율을 유지하고 있으나, 고령화로 인한 복지비용 증가 문제를 해결하기 위해 연금 제도 개혁을 추진 중이다. 이와 함께, 헝가리는 강력한 출산 장려 정책을 통해 인구 감소를 완화하려는 노력을 기울이고 있으나, 단기적인 효과에 그치고 있다는 비판도 제기되고 있다.

4. 인구 감소가 멈춘 국가들과 인구 감소가 재개된 국가들[4]

2024년 현재, 저출산과 고령화로 인한 인구 감소 현상이 전 세계적으로 주요 사회적, 경제적 문제로 대두되고 있다. 그러나 일부 국가들은 인구 감소를 멈추거나 완화하는 데 성공한 반면, 다른 국가들은 여전히 감소세를 벗어나지 못하거나 감소가 재개된 상태에 있다.

1) 인구 감소가 멈춘 국가들

프랑스

프랑스는 가족 지원 정책의 선도적인 사례로 평가받는다. 자녀 양육 수당, 세금 감면, 육아 휴직제도 등 가족친화 정책을 통해 안정적인 출산율(약 1.8명)을 유지하고 있으며, 이는 유럽 국가 중 가장 높은 수준이다. 2024년 현재 프랑스는 인구 감소를 방지하는 데 성공적인 국가로 평가받는다(INSEE, 2023).

독일

독일은 장기간 지속되던 저출산 문제를 해결하기 위해 다양한 가족친화 정책을 도입했다. 부모휴직제와 자녀 보육 지원을 확대하며, 이민자를 적극적으로 수용함으로써 노동력 부족 문제를 완화했다. 2024년 현재 독일의 출산율은 약 1.6명으로 소폭 증가했으며, 이민 유입으로 인해 인구 감소가 멈췄다(Eurostat, 2023).

아일랜드와 스웨덴

아일랜드는 높은 출산율과 이민 유입이 결합되어 인구 증가세를 유지하고 있다. 스웨덴은 유연한 육아 정책과 노동 시장 참여를 촉진하는 제도를 통해 여성의 경제활동과 출산을 동시에 지원하며 인구 감소를 막았다(OECD, 2023).

캐나다와 호주

캐나다와 호주는 대규모 이민자 유입 정책을 통해 노동력과 인구 증가를 유지하고 있다. 특히, 이민 정책은 경제 성장과 문화적 다양성을 동시에 촉진하는 핵심 요소로 작용하고 있다. 호주 또한 이민 유입과 안정적인 출산율(약 1.7명)을 통해 인구 감소를 방지하고 있다(IMF, 2023).

시리아

시리아는 내전을 겪은 이후 난민의 귀환과 출산율 증가로 인해 인구 감소가 멈추는 양상을 보이고 있다. 이는 정치적 안정과 재건 과정의 영향을 받은 결과이다(UNHCR, 2023).

2) 인구 감소가 재개된 국가들

러시아

러시아는 1990년대부터 지속된 인구 감소를 이민 유입과 출산 장려 정책으로 완화했으나, 최근 경제적 불안정과 높은 이민자 유출로 인해 2024년 다시 인구 감소가 가속화되고 있다. 출산율은 약 1.5명으로 하락했으며, 경제 제재와 인구 유출이 주요 원인으로 지목된다(World Bank, 2024).

이탈리아

이탈리아는 세계에서 가장 심각한 저출산 문제를 겪고 있다. 출산율이 약 1.3명으로 낮아졌으며, 고령화가 심화되어 노동력 부족과 사회적 부담이 가중되고 있다. 정부가 다양한 출산 장려 정책을 시행하고 있으나, 효과는 미미한 상태이다(Eurostat, 2023).

스페인

스페인은 2010년대 초반 출산율 반등을 보였으나, 경제 위기와 높은 청년 실업률로 인해 출산율이 다시 감소세로 돌아섰다. 2024년 현재 스페인의 출산율은 약 1.4명으로 감소했으며, 인구 감소가 재개되었다(IMF, 2023).

영국
UNITED KINGDOM

1. 영국의 정치·사회·문화적 특성과 인구의 상관관계

1) 정치[5]

영국은 세계에서 가장 오래된 민주주의 국가 중 하나로, 독특한 정치 체제와 풍부한 사회·문화적 전통을 가진 나라이다. 영국의 정치적 특성은 인구 구조와 밀접한 상관관계를 보인다. 입헌군주제와 의회민주주의를 결합한 정치 체제는 안정성을 유지하며, 다양한 인구 계층의 목소리를 반영하려는 노력을 기울이고 있다. 국왕은 국가의 상징적 수반으로 존재하며, 의회와 총리가 실제 행정권을 행사하는 이 체제는 고령화와 인구 변화 속에서도 정치적 연속성을 유지하는 데 중요한 역할을 한다.

정치 구조 측면에서 보수당(Conservative Party)과 노동당(Labour Party)의 양당제는 인구 구성의 변화에 따라 정책적 우선순위를 조정해 왔다. 예를 들어, 고령화 인구의 증가에 따라 연금 및 의료 서비스 확충이 주요 의제로 부상했으며, 젊은 세대를 대상으로 한 교육 및 취업 지원 정책도 강화되었다. 최근 자유민주당(Liberal Democrats)과 녹색당(Green Party) 같은 소수 정당의 부상은 다문화 사회와 환경 문제에 대한 인식이 높아진 결과로 볼 수 있다.

또한 분권화된 정치 체제는 지역별 인구 특성을 반영한 정책 수립을 가능하게 한다. 스코틀랜드와 웨일스는 고령화와 인구 밀도 감소 문제를 독립적으로 해결하기 위해 교육, 보건, 환경 정책을 조정하고 있으며, 이러한 지역 자치권은 지역 인구의 특수성을 존중하는 방향으로 발전하고 있다. 반면, 런던과 같은 대도시는 이민자 유입으로 인한 인구 밀도의 증가와 이에 따른 주거 및 교통 문제 해결이 중요한 과제로 부각되고 있다.

브렉시트 이후 영국은 이민 정책과 관련하여 새로운 도전에 직면하고 있다. EU 이민자의 감소와 글로벌 이민자의 유입은 노동시장과 인구 구조에 영향을 미치며, 정치적 논쟁의 중심에 서 있다. 이민은 경제적 활력을 제공하는 동시에, 주거비용 상승과 사회적 통합 문제를 야기하기도 한다. 따라서 영국의 정치 체제는 이민자 유입으로 인한 인구 변화와 기존 인구의 요구를 균형 있게 조율하는 정책적 접근이 필요하다.[6]

2) 사회·문화

영국은 다문화 사회로서, 역사적으로 식민지 시대와 대규모 이민의 영향을 받아 다양한 민족과 문화가 공존한다. 이는 영국의 인구 구조에도 큰 영향을 미쳤다. 인도, 파키스탄, 카리브해 출신의 이민자들이 특히 많으며, 이로 인해 다양한 언어, 종교, 음식, 예술이 영국 문화에 통합되었다. 이러한 문화적 다양성은 런던과 같은 대도시의 인구 밀도를 높이고 경제적 활력을 더하는 데 기여했다. 그러나 동시에 이러한 다문화 사회는 사회적 통합과 소속감을 강화하는 데 어려움이 있다.

영국의 복지국가 체제는 인구 구성과 밀접하게 연관되어 있다. 국민보건서비스(National Health Service, NHS)와 같은 보편적 의료 시스템은 고령화 인구 증가와 이민자 유입에 따라 점점 더 큰 부담을 받고 있다. 65세 이상 고령 인구가 전체 인구의 약 19%를 차지하면서, 의료 서비스와 연금 제도의 지속 가능성이 주요 과제로 부각되고 있다.[7]

또한 영국의 고령화는 문화적 전통과 현대적 변화 사이에서의 긴장을 반영한다. 전통적인 가족 중심의 문화는 고령 세대의 삶을 지원하는 역할을 해왔으나, 젊은 세대는 도시 중심의 개인주의적 삶을 선호하는 경향을 보인다. 이로 인해 지역 공동체에서의 연대와 협력이 중요해지고 있다. 이러한 문화적 변화는 인구 이동 패턴과 지역 간 인구 분포에도 영향을 미친다.

이민자 유입은 영국의 인구를 증가시키는 주요 요인으로 작용하고 있다. 이민은 경제적 활력과 노동력 확보에 긍정적 기여를 하지만, 주거 부족과 사회적 갈등과 같은 문제를 동반하기도 한다. 따라서 영국 정부는 다문화 사회와 고령화의 균형을 맞추는 정책을 마련에 고심하고 있다.

3) 영국의 저출생 문제: 현황과 정책적 도전

영국은 2024년 기준 출산율이 약 1.6으로, 유럽 내 다른 국가들과 비교해 상대적으로 높은 수준을 유지하고 있다.(OECD, "Family Database: Fertility Rates and Family Policies", 2023).

영국의 저출생 문제는 경제적, 사회적, 정책적 요인들이 복합적으로 작용하는 결과이다. 유럽에서 두 번째로 큰 인구를 가진 국가인 영국은 1990년대까지 비교적 안정적인 출산율을 유지했으나, 2000년대 초반부터 출산율이 점차 감소세를 보였다. 2023년 기준 합계출산율은 1.6명으로 인구 대체 수준인 2.1명에 크게 미치지 못하며, 이는 20세기 중반 이후 최저 수준으로 기록되었다(ONS, 2024). 이와 같은 저출생 현상은 경제적 지속 가능성과 사회적 안정성을 위협하는 주요 과제로 부상하고 있다.

주요 도시 지역에서 저출생 문제가 특히 심각하게 나타난다. 런던과 같은 대도시에서는 높은 주거비용, 생활비, 그리고 경쟁적인 일자리 환경으로 인해 젊은 세대가 가족을 꾸리는 데 큰 어려움을 겪고 있다. 주거비 상승률이 소득 상승률을 앞지르며, 이러한 경제적 압박은 청년층뿐만 아니라 중산층에게도 부담으로 작용하고 있다(UK Housing Report, 2023). 일자리의 도심 집중화는 높은 임대료와 안정적 일자리 부족 문제를 야기하며, 많은 젊은 부부가 자녀 출산을 연기하거나 포기하는 결과로 이어지고 있다.

반대로 농촌 지역에서는 인구 유출로 인해 노동 인구가 줄어들고 지역 경제가 약화되는 문제가 발생하고 있다. 이와 함께 고령화가 가속화되며, 지역 공동체의 연대감은 약화되고, 사회적 서비스 접근성은 감소하고 있다. 도심과 농촌 간의 이러한 대조적인 인구 문제는 서로 다른 양상으로 나타나지만, 모두 저출생 문제를 심화시키는 공통된 요인으로 작용한다.

사회적 가치관의 변화 또한 저출생 문제를 부추기고 있다. 결혼과 출산에 대한 전통적인 관점이 약화되면서 많은 사람들이 결혼과 자녀 계획을 선택사항으로 여긴다. 개인적인 경력과 자기 실현을 우선시하는 경향이 강해지면서 결혼 연령은 늦어지고, 자녀를 가지지 않는 선택이 늘어나고 있다. 디지털 시대의 도래는 일과 삶의 균형을 중시하는 문화를 확산시켰으며, 이는 가족 형성에 대한 전통적 접근 방식에서 벗어난 새로운 관점을 만들어냈다.

영국의 보육 지원과 가족 정책은 유럽의 다른 복지국가들에 비해 상대적으로 부족한 수준에 머물러 있다. 세계적으로도 높은 수준의 보육비는 많은 부모들에게 재정적 부담을 가중시키며, 자녀 계획을 포기하거나 제한하게 만드는 주요 원인으로 작용하고 있다(OECD, 2023). 특히 농촌 지역에서는 복지 격차로 인해 보육 지원의 접근성이 제한되어 가족들의 어려움이 더욱 가중되고 있다. 이러한 경제적 및 사회적 요인은 저출생 문제를 해결하기 위한 정책적 한계를 드러낸다.

저출생으로 인한 인구 감소는 의료 시스템과 연금 제도에 부담을 증가시키며, 경제적 성장 잠재력을 약화시키는 요인이 되고 있다. 이는 국가의 경제적 지속 가능성을 위협하는 심각한 문제로 부상하며, 정부와 정책 입안자들에게 다각적인 대응을 요구하고 있다.

영국의 저출생 문제는 경제적 환경 개선, 보육 지원 강화, 사회적 가치관 변화에 대응하는 혁신적인 정책적 노력이 결합되어야만 해결될 수 있다는 것이 전문가와 정책입안자들의 의견이다. 따라서 영국 정부는 정책적 격차를 줄이고, 지역 간 복지 차이를 해소하며, 지속 가능한 미래를 위한 가족 지원 체계를 구축하는데 힘을 쏟고 있다.

4) 영국의 저출생 문제가 가구 구성에 미치는 영향

영국은 저출생 문제로 인해 인구 구조와 사회적 패턴에서 중요한 변화를 겪고 있다. 이는 개인의 삶뿐만 아니라 가구 구성의 형태와 특성에도 상당한 영향을 미치고 있다.

2024년 기준 영국의 합계출산율은 약 1.6명으로, 인구 대체 수준인 2.1명을 크게 밑돌고 있다. 출산율 감소는 단순히 인구 수 감소로 끝나지 않고, 가구 구조의 형태와 기능을 변화시키고 있다. 과거에는 부모와 자녀로 구성된 핵가족이 전형적인 가족 형태였으나, 오늘날에는 다양한 형태의 가구가 등장하며 사회적 패턴이 변화하고 있다. 특히 1인 가구와 무자녀 가구의 증가는 개인의 가치관 변화, 경제적 요인,

사회적 환경의 복합적 영향을 반영하고 있다.

핵가족의 감소는 가족 간의 전통적인 상호 지원 구조를 약화시키고 세대 간 연대에도 영향을 미치고 있다. 동시에 1인 가구는 새로운 주거 형태와 소비 패턴을 요구하며, 도시의 경제적, 사회적 구성을 재편하고 있다. 1인 가구는 2023년 기준 전체 가구의 약 30%를 차지하며, 이는 주거 공간의 소형화와 개인 중심의 서비스 수요 증가로 이어지고 있다.[8]

결혼과 출산 연령이 점차 증가하면서 많은 사람들이 독신 생활을 유지하거나 결혼과 출산을 연기하는 경향이 뚜렷해지고 있다. 이러한 변화는 특히 도시 지역에서 두드러지며, 런던과 같은 대도시에서는 높은 생활비와 경쟁적인 직장 환경, 개인 중심의 가치관이 복합적으로 작용해 1인 가구의 확대를 가속화하고 있다. 이로 인해 도시 경제는 소형 주택 수요 증가, 개인 맞춤형 서비스 시장 확대, 도시 계획과 주택 정책에서 새로운 과제를 안고 있다.

경제적 부담, 일과 가정의 균형 문제, 그리고 삶의 질을 우선시하는 사회적 변화로 인해 출산을 미루거나 포기하는 부부가 늘고 있다. 무자녀 가구의 증가는 가족 구성의 전통적인 틀을 변화시키고 있다. 부모 세대와 자녀 세대 간의 상호작용이 감소함에 따라 세대 간 지원 구조가 약화되고 있으며, 이는 노년층의 경제적 안정과 복지 서비스에 대한 의존도를 증가시키는 요인으로 작용하고 있다. 동시에, 주거비 상승 등의 경제적 압박으로 인해 성인이 된 자녀가 부모와 함께 거주하는 "부모-성인자녀 가구"도 증가하고 있다. 이러한 가구 형태는 가족 내 책임과 의무를 재구성하며, 구성원 간의 경제적 협력과 지원 방식에도 변화를 초래하고 있다.

저출생 문제는 경제적, 사회적, 복지적 측면에서 가구 구성과 지역사회에 심대한 영향을 미치고 있다. 자녀가 없는 가구는 일반적으로 소비 성향이 낮아 지역 경제와 주택 시장에 부정적인 영향을 미칠 수 있다. 가족 단위 소비가 감소하면서 소매업과 교육 서비스 산업의 수요도 줄어드는 경향을 보이고 있다.

2. 저출생 극복을 위한 재정지원 정책

1) 유니버설 크레딧(Universal Credit)

유니버설 크레딧은 기존 복지 제도의 복잡성과 비효율성을 해결하기 위해 2013년에 도입된 영국의 주요 복지 정책이다. 여러 복지 혜택을 하나로 통합하여 신청 절차를 간소화하고, 저소득 가정과 실업자들에게 체계적인 지원을 제공한다. 통합된 혜택에는 실업수당(Jobseeker's Allowance), 소득 지원(Income Support), 주택수당(Housing Benefit), 자녀 세액공제(Child Tax Credit), 근로 세액공제(Working Tax Credit)이 포함된다. 이를 통해 일을 하면서도 복지 혜택을 받을 수 있도록 설계되었으며, 사람들이 재정적으로 안정된 생활을 이어갈 수 있는 기반을 마련했다.

도입 초기에는 신청 과정의 디지털화와 소득 변화 반영의 지연 문제가 나타나, 디지털 시스템에 익숙하지 않은 취약 계층이 어려움을 겪었다. 이후 개선 작업을 통해 접근성을 높이고 절차를 간소화하면서 이러한 문제를 일부 해결했다. 특히, 자녀를 둔 가정에는 최대 85%의 육아비 지원이 포함되어 있어, 부모가 안정적으로 가정을 꾸릴 수 있는 환경을 조성하는 데 기여하고 있다. 유니버설 크레딧 자체는 주로 저소득 가정과 실업자에게 재정적 지원을 제공하기 위해 설계된 복지 제도지만 추가적인 개선이 필요한 실정이다.

항목	기존 복지 정책	유니버설 크레딧(UC)
복지구조	개별적으로 분리된 혜택	단일 통합 시스템
신청 절차	복잡하고 혜택별로 다름	하나의 신청서로 모든 혜택 처리
근로 유인	근로시간 증가 시 혜택 급격 감소	점진적 감소로 근로 유인 유지
운영 방식	각기 다른 기관에서 관리	중앙화된 디지털 관리
소득반영 속도	상대적으로 느림	실시간 반영
행정비용	상대적으로 높음	감소

표 1 기존복지 정책과의 차이점

위의 표에서 '근로 유인 항목'을 더 설명하자면, 예전에는 근로시간이 조금만 늘어나도 혜택이 크게 줄어들어, 일을 더 하면 오히려 손해라고 느끼는 경우가 많았다. 하지만 유니버설 크레딧으로 바뀌면서 근로시간이 늘어나도 혜택이 서서히 줄어들도록 설계되어, 일을 더 할수록 경제적으로 유리해졌다.

2) 아동수당(Child Benefit)[9]

영국의 아동수당(Child Benefit)은 모든 가정을 대상으로 제공되는 보편적 지원 정책이다. 2024년 기준, 아동수당은 다음과 같이 지급된다.

항목	내용
지급 금액	첫 자녀: 주당 £24.00 (월 약 £96.00) 두 번째 자녀부터: 자녀 1명당 주당 £15.90 (월 약 £63.60)
지급 대상	모든 부모 또는 법적 보호자 신청 가능 자녀 연령: 16세 미만 또는 18세 이하로 교육/훈련 중인 경우

소득 기반 조정	부모 중 한 명의 연 소득이 £50,000 초과 시 "고소득자 혜택 환수 규정" 적용 £60,000 이상일 경우 전액 환수
신청 및 관리	HM Revenue and Customs(HMRC)를 통해 신청 자녀 출생 신고 후 신청서 제출 필요

표 2 영국의 아동수당(2024년)

이처럼 아동수당은 모든 가구를 대상으로 소득 수준과 관계없이 기본적인 경제적 지원을 제공하여 부모가 자녀 양육에 드는 비용 중 일부를 보전받아 생활비를 관리할 수 있도록 돕는다. 이를 통해 부모는 자녀의 건강과 교육에 투자할 수 있어 안정적인 양육 환경 조성에 기여하며, 특히 저소득 가정에서는 식품, 의류, 교육 관련 비용을 충당하는 데 중요한 재원이 된다. 또한, 아동수당은 자녀 양육을 장려하여 출산율 유지에 긍정적인 영향을 미치며, 가족 중심 정책으로서 부모가 자녀 양육을 더 긍정적으로 받아들일 수 있도록 지원한다.

한편, 고소득자에 대한 환수 규정은 정책의 형평성 문제를 제기하며, 가구 소득이 아닌 개인 소득 기준으로 환수가 결정되기 때문에 부모의 소득 격차가 큰 경우 불합리한 결과를 초래할 수 있다. 또한, 지급 금액이 자녀 양육에 드는 실제 비용을 충분히 보전하지 못한다는 비판과 함께 생활비 상승에 따라 수당 금액의 인상이 필요하다는 지적이 있다. 더불어 디지털 신청 시스템이 보편화되었지만, 디지털 소외 계층이나 정보 접근성이 낮은 부모들에게는 신청 절차가 복잡하게 느껴질 수 있다는 한계가 존재한다.

3) 육아비용 지원

앞서 설명한 아동수당은 보편적 지원 정책으로, 부모의 근로 여부와 관계없이 지급되며, 자녀의 기본 양육비를 지원하는 정책이다. 반면 육아비용 지원은 부모의 근로 상태 또는 구직 상태를 기준으로 특정한 조건에서 보육비를 보조한다.

부모가 공인된 보육 시설에 자녀를 맡길 경우, 육아비용의 최대 85%를 지원받을 수 있다. 이 제도는 부모가 풀타임 또는 파트타임으로 일하거나 적극적으로 구직 활동을 하고 있는 경우에 적용된다. 지원 대상 보육 시설은 공인된 보육원, 유아원, 그리고 정부에 등록된 아동 돌봄 제공자의 시설 및 프로그램을 포함한다.

지원 한도는 자녀의 수와 보육비용에 따라 다르다. 첫 자녀의 경우 월 최대 £950.92까지, 두 자녀 이상은 월 최대 £1,630.15까지 지원한다. 이 지원금은 보육비용의 상한선 내에서 제공되며, 초과하는 금액은 부모가 직접 부담해야 한다.[10]

아동수당과 육아비용 지원의 차이점은 다음과 같다.

항목	아동수당 (Child Benefit)	육아비용 지원
목적	모든 가정을 대상으로 기본적인 경제적 지원 제공.	부모의 일과 육아 병행을 지원하며, 보육비 부담을 줄임.
대상	자녀를 둔 모든 부모(소득 상한 적용 가능).	공인된 보육 시설에 자녀를 맡기고, 풀타임/파트타임 근로 또는 구직 중인 부모.
지원내용	첫 자녀 주당 £24.00, 두 번째 자녀부터 주당 £15.90.	육아비용의 최대 85% 지원. 첫 자녀 월 £950.92, 두 자녀 이상 월 £1,630.15 한도.

신청 조건	신청자는 자녀의 보호자로, 소득이 일정 수준 이상일 경우 일부 혜택 환수.	보육 시설이 공인된 곳이어야 하며, 부모의 근로 상태 또는 구직 활동 여부를 확인.
적용 범위	가정 전체를 대상으로, 양육비 지원에 초점.	공인된 보육 서비스 비용에만 적용되며, 초과 비용은 부모가 부담.
관리 기관	HM Revenue and Customs(HMRC) 관리.	Universal Credit 프로그램 하에 관리.

표 3 아동수당과 육아비용 지원 비교

또한 아동수당과 육아비용 지원은 서로 다른 목적과 지원 구조를 가진 독립적인 정책으로, 두 가지 혜택을 중복해서 받을 수 있다.

4) 육아 보조금(Childcare Support)[11]

영국의 육아 보조금은 앞서 설명한 육아비용 지원(Childcare Costs Support)과 일부 겹치는 점이 있지만 서로 다른 제도이다. 즉 두 정책은 목적과 지원방식에 차이가 있다. 육아비용 지원은 부모가 근로하거나 구직 중일 때만 적용되며, 보육 시설비용에 한정되는 반면, 육아 보조금은 전체 육아비용을 지원하는 더 포괄적인 정책으로, 부모가 근로하지 않아도 자녀 양육비용을 보조받을 수 있다.

또한 육아비용 지원은 실비 정산 방식으로, 보육 시설에 지출한 금액 중 일정 비율(최대 85%)을 보조받는 반면 육아 보조금은 현금 형태로 지급되어 부모가 필요한 곳에 자유롭게 사용할 수 있다. 그 세부사항을 비교하면 다음과 같다.

항목	육아 보조금 (Childcare Support)	육아비용 지원 (Childcare Costs Support)
목적	부모의 육아비 부담을 줄이고, 근로 중단 없이 자녀를 돌볼 수 있도록 지원.	보육 시설비용의 일부를 보조하여 부모의 노동시장 참여를 촉진.
대상	저소득 가구, 특히 Universal Credit 또는 Working Tax Credit 수급자.	Universal Credit 수급자로, 공인된 보육 시설을 이용하는 부모.
지원 방식	자녀 양육과 관련된 다양한 비용에 대해 현금 지원.	실비 정산 방식으로 보육비용의 최대 85% 지원.
적용 범위	보육 시설 이용뿐만 아니라, 자녀 돌봄과 관련된 다양한 경비에 적용 가능.	공인된 보육 시설 또는 아동 돌봄 프로그램의 비용에만 적용.
지원 한도	Universal Credit 하에 자녀수에 따라 추가 금액이 지급됨.	첫 자녀 월 최대 £950.92, 두 자녀 이상 월 최대 £1,630.15 지원.
연계 제도	Universal Credit 또는 Working Tax Credit 수급자가 추가로 받을 수 있음.	Universal Credit 하에 포함되어 있음.

표 4 육아 보조금과 육아비용 지원 비교

육아 보조금과 육아비용 지원도 그 체계와 지급 방식이 다르기 때문에 중복 수급이 가능하다.

5) 육아 바우처(현재는 Tax-Free Childcare로 대체됨)[12]

영국의 육아 바우처(Childcare Vouchers)는 부모가 자녀의 보육비를 절약할 수 있도록 고용주를 통해 제공되던 세금 절감 제도였으나, 2018년에 Tax-Free Childcare로 대체되었다.

Tax-Free Childcare는 부모가 자격 요건을 충족하면 누구나 이용할 수 있다. 부모는 부부 모두 근로 중이어야 하며, 최소 주당 16시간 이상의 유급 노동을 해야 한다. 또한, 각 부모의 연간 소득이 £100,000을 초과하지 않아야 하고, 자녀는 11세 이하(장애 아동의 경우 17세 이하)여야 한다. 지원은 공인된 보육원, 유아원, 방과 후 클럽, 또는 정부에 등록된 아동 돌봄 서비스 제공자를 대상으로 한다.

 정부는 부모가 보육비용으로 지출한 금액의 20%를 추가로 지원한다. 자녀 1인당 연간 최대 £2,000까지, 장애 아동의 경우 최대 £4,000까지 지원받을 수 있다. 지원 방식은 간단하다. 부모가 정부에서 운영하는 온라인 계좌에 자금을 입금하면, 정부는 입금액의 20%를 추가로 지원한다. 예를 들어, 부모가 £8,000을 입금하면 정부는 £2,000을 더해 총 £10,000의 보육비를 충당할 수 있도록 돕는다.

 이 제도는 보육비 지원에서 탁월한 보편성과 유연성을 자랑한다. 자격을 갖춘 부모라면 자녀의 수와 관계없이 각각의 자녀에 대해 지원받을 수 있으며, 등록된 모든 공인 보육 시설에서 사용할 수 있다. 부모는 온라인 계좌를 스스로 관리하며, 보육 시설에 직접 비용을 지불하는 방식으로 간편하게 혜택을 활용할 수 있다.

 Tax-Free Childcare는 부모들에게 보육비 부담을 효율적으로 관리할 수 있는 강력한 도구를 제공하며, 자녀 양육과 경제활동을 병행하는 데 있어 든든한 지원이 된다.

항목	육아 바우처 (Childcare Vouchers)	육아 바우처 (Childcare Vouchers)
운영 방식	고용주를 통해 제공, 월급에서 공제된 금액에 대해 세금 감면.	부모가 정부 계좌에 자금을 입금하고, 정부가 20%를 추가 지원.
대상	고용주가 프로그램에 참여하는 근로자만 가능	고용주와 무관하며 모든 근로 부모 가능.
지원 한도	연간 최대 £933(기본 세율 납세자 기준).	자녀 1인당 연간 최대 £2,000 지원.
제공 범위	공인된 보육 시설비용에 한정.	공인된 보육 시설과 다양한 돌봄 서비스 비용.
사용 종료	2018년 10월 이후 신규 가입 불가.	2018년부터 Tax-Free Childcare로 대체.

표 5 과거 육아 바우처(Childcare Vouchers)와 Tax-Free Childcare의 차이

6) 자녀 세액공제(Universal Credit으로 통합)[13]

자녀 세액공제 (Child Tax Credit)는 자녀의 수와 상태에 따라 다양한 금액을 지원한다. 첫 자녀에게는 연간 최대 £3,235가 제공되며, 추가 자녀의 경우 자녀 1명당 연간 최대 £2,725가 지급된다. 장애가 있는 자녀를 둔 가정에는 추가적인 지원이 이루어지며, 장애 자녀에게는 연간 최대 £3,545, 중증 장애가 있는 경우 연간 최대 £4,815까지 지원된다. 또한, 부모의 소득 수준에 따라 지원 금액이 조정되며, 소득이 일정 수준을 초과하면 지급액이 단계적으로 감소하고, 특정 소득 범위를 넘으면 지원이 중단될 수 있다.

2013년 이전까지 자녀 세액공제는 독립적인 복지 제도로 운영되었으며, 비교적 간단한 신청 절차와 명확한 수급 기준을 가지고 있었다. 그러나 Universal Credit의 도입으로 자녀 세액공제가 Universal Credit 체계 내로 통합되었다. 이는 복지 제도를 단순화하고, 여러 지원을 하나로 묶어 효율성을 높이기 위한 목적이었다.

유니버설 크레딧의 다른 하위 항목과 마찬가지로 자녀 세액공제 역시 통합 이후 몇 가지 문제가 발생했다. 그 문제점은 앞서 언급했듯이 두 세가지로 요약된다. 수혜 요건이 까다로워졌다는 것, 디지털 기반 시스템 운영이 저소득 계층에겐 부담이 되었다는 것, 지원 금액이 자녀 양육에 필요한 실제 비용을 충분히 보전하지 못한다는 것이다.

7) 기타 지원제도

(1) 자녀양육 프리미엄(Child Maintenance Premium)[14]

자녀양육 프리미엄은 영국 정부가 부모 간 양육비 지급을 지원하는 제도로, 이는 가족 정책의 일부이다. 이 제도의 특징은 부모가 별거하거나 이혼한 경우에도 자녀가 경제적 지원을 받을 수 있도록 돕는다는 것이다. 자녀양육 프리미엄은 전통적인 가족 구조 외에도 다양한 형태의 가족(비혼 부모, 이혼 후 재혼 등 다양한 가족 형태)을 지원하며, 자녀가 부모의 관계 상태와 무관하게 재정적 지원을 받을 수 있다.

정부는 중재자로서 부모 간 재정적 의무를 명확히 하여 양육비 분쟁을 줄이고, 자녀 양육에 대한 경제적 책임을 명확히 한다. 또한 양육비를 정기적으로 지원받을 수 있도록 보장하여 자녀를 양육하는 부모가 경제적 안정성을 유지하도록 돕는다.

그림 3
https://encrypted-tbn0.gstatic.com/images?q=tbn:ANd9GcQuieH3elqPP9LUqwAkcYPl8
DhHAor2CiJ2lg&s

(2) 사별 부모 수당(Widowed Parent's Allowance;WPA)

Widowed Parent's Allowance(WPA)는 배우자를 잃은 부모, 즉 배우자 사망으로 인해 혼자 자녀를 양육하게 된 부모를 대상으로 한 영국의 복지 제도이다. 이 제도는 배우자 사망이라는 특정한 상황에 초점을 맞추고 있어, 이혼, 별거, 비혼 출산 등으로 형성된 더 넓은 범위의 '한부모 가족'과는 구분된다. 한부모 가족은 다양한 이유로 자녀를 혼자 키우는 부모를 포함하지만, WPA는 배우자 사망으로 인해 발생한 경제적 어려움을 완화하기 위해 설계된 정책이다.

배우자 사망은 가족의 경제적 안정성을 위협하고, 이는 자칫 가족 해체로 이어질 위험이 있다. WPA는 이러한 위험을 줄이고, 부모가 안정적으로 자녀를 양육할 수 있는 기반을 제공함으로써 긍정적인 미래를 설계할 수 있도록 돕는다. 경제적 지원은 심리적 안정감을 높여, 부모가 추가 출산을 고려할 때 중요한 역할을 할 수 있다. 하지만

WPA는 특정 상황에 놓인 부모를 지원하기 위한 제도이므로, 일반적인 출산율 증가를 목표로 설계된 정책은 아니다.

WPA는 생존 부모를 위한 중요한 제도임에도, 저출생 문제 해결에 있어서 그 기여도가 충분히 인식되지 않는 경우가 많다. 저출생 문제에 보다 직접적으로 기여하기 위해서는 WPA의 수혜 대상을 확대하거나, 자녀수에 따른 추가 인센티브를 도입하는 방안을 고려할 필요가 있다. 이러한 개선을 통해 WPA는 단순히 경제적 지원을 넘어, 가족의 안정과 출산율 증가에 더욱 효과적으로 기여할 수 있을 것이다.

그림 4
(https://www.theukrules.co.uk/rules/employment/benefits/death/widowed-parents-allowance/)

3. 일·가정 양립과 돌봄 서비스 지원

일과 가정의 조화로운 병행은 현대 사회가 직면한 저출생 문제와 노동시장 안정성을 해결하기 위한 필수적 과제이다. 급변하는 사회 구조와 가치관의 변화 속에서, 부모들이 직장과 가정이라는 두 축을 균형 있게 책임질 수 있는 환경을 조성하는 일은 개인의 삶뿐 아니라 국가의 지속 가능한 발전에도 핵심적인 역할을 한다. 이러한 맥락에서 영국은 체계적인 지원 정책과 육아·보육 제도를 통해 성공적으로 대응해 온 대표적 사례로 주목받는다.

저출생 문제 해결을 위해 가장 중요한 전략 중 하나는 부모들이 경제적 부담이나 경력 단절의 두려움 없이 자녀를 양육할 수 있는 여건을 제공하는 것이다. 이는 단지 인구 증가를 넘어, 노동시장에서의 안정성과 연계되며, 결과적으로 사회 전반의 생산성을 높이는 데 기여한다.

현대 부모들은 직장과 가정이라는 두 축을 동시에 책임져야 하는 상황에 직면해 있다. 이 균형이 무너지면 가정의 경제적 안정은 물론, 자녀의 양육 환경에도 부정적인 영향을 미칠 수 있다. 이에 따라, 사회와 국가가 적극적으로 나서야 한다. 유연 근무제 도입, 보육비 지원, 출산 및 육아휴직 제도 강화 등은 부모들에게 실질적 도움을 줄 수 있는 주요 방안이다. 이는 단순히 개인적 편의를 위한 조치가 아니라, 사회적 연대를 강화하고 장기적 지속 가능성을 확보하기 위한 근본적 해법이라 할 수 있다.

영국은 이러한 과제에 체계적으로 접근하며 일 · 가정 양립의 성공 모델로 자리 잡았다. 영국의 육아 · 보육 정책은 노동시장 참여를 촉진하고 저출생 문제에 대응하기 위해 역사적으로 발전해 왔다. 무료 보육 서비스 제공, 육아휴직 및 유연 근무제 도입, 세제 혜택 확대와 같은 정책은 부모들이 직장과 가정을 원활히 병행할 수 있도록 돕는 데 중점을 두고 있다. 이러한 정책들은 단기적 실행에 그치지 않고, 일관성과 장기적 관점을 바탕으로 설계된 것이 특징이다.

1) 일·가정 양립 지원 제도

(1) 엄마 휴가 및 휴가급여(Maternity Leave and Pay)[15]

영국의 엄마 휴가는 총 52주로 구성되어 있으며, 이 중 26주는 기본 휴가로, 나머지 26주는 추가 휴가로 제공된다. 출산 예정일 11주 전부터 휴가를 시작할 수 있으며, 출산 후 최소 2주(공장 근로자의 경우 4주)는 반드시 사용해야 한다. 이러한 휴가 기간은 엄마와 아기의 건강을 보호하기 위한 필수적인 제도로 자리 잡고 있다.

엄마 휴가급여는 최대 39주 동안 지급되며, 첫 6주는 평균 주급(Average Weekly Earnings, AWE)의 90%를 제한 없이 받을 수 있다. 이후 33주는 평균 주급의 90% 또는 주당 최대 £172.48 중 더 낮은 금액으로 지급된다. 추가로 제공되는 13주는 무급으로 운영된다. 휴가급여를 받으려면 근로자는 출산 15주 전까지 동일한 고용주와 최소 26주 이상 연속적으로 근무해야 하며, 평균 주급이 £123 이상이어야 한다. 만약 이 조건을 충족하지 못하면, 고용주가 아닌 정부로부터 출산수당(Maternity Allowance)을 받을 수 있다.

영국의 엄마 휴가 정책은 여성의 경제적 자립을 지원하고 저출생 문제를 해결하기 위해 꾸준히 발전해 왔다. 1975년 "고용 보호법(Employment Protection Act)" 제정을 계기로 처음 도입된 이 정책은 이후 여성의 노동시장 참여를 촉진하는 중요한 역할을 해왔다. 1990년대에는 더 포괄적이고 접근 가능한 방향으로 점진적으로 확대되었으며, 특히 2010년 이후 부모 공유 휴가(Shared Parental Leave) 제도가 시행되면서, 부모 모두가 육아에 동등하게 참여할 수 있는 기회가 크게 늘어났다. 이는 가정 내 성평등을 촉진하고 부모의 양육 책임을 균형 있게 분담하도록 하는 데 중요한 전환점이 되었다.

(2) 아빠 휴가 및 휴가급여(Paternity Leave and Pay)[16]

영국은 부모 모두가 자녀 양육에 동등하게 참여할 수 있도록 아빠 휴가 및 휴가급여(Paternity Leave and Pay)를 법적으로 보장하고 있다. 아빠 휴가는 전통적인 가부장적 양육 관행에서 벗어나 부모 간 양육 책임을 균등하게 나누려는 움직임의 일환이다.

영국의 법정 아빠 휴가는 최대 2주 동안 제공된다. 이는 자녀가 출생한 날부터 8주 이내에 사용해야 하며, 부모가 초기 양육 과정에 적극적으로 참여할 수 있도록 설계된 제도이다. 이 휴가는 아버지가 생애 초기의 중요한 순간에 자녀와 유대감을 형성할 수 있도록 기회를 제공한다. 아빠 휴가는 단순한 복지 혜택을 넘어, 가정 내 양육 책임을 균등하게 분담하고 아버지의 역할을 강화하기 위한 중요한 사회적 장치로 작동한다.

근로자는 아빠 휴가를 1주 또는 2주 단위로 사용할 수 있다. 이는 가족의 상황과 근로자의 필요에 따라 유연하게 일정을 조정할 수 있도록 설계된 것이다. 사용 날짜는 고용주와 협의하여 정할 수 있으며, 이는 근로자와 고용주 간의 원활한 소통과 협력을 촉진한다. 이러한 유연성은 근로자가 직장 내 업무 부담과 가정 내 역할을 조화롭게 병행할 수 있도록 돕는다.

아빠 휴가를 사용하는 근로자는 세전 평균 주급의 90% 또는 주당 최대 £172.48 중 낮은 금액을 지급받는다. 아빠 휴가급여를 받기 위해서는 근로자는 현재 고용주와 최소 26주 이상 연속적으로 근무한 상태여야 한다. 이는 근로자의 고용 안정성을 보장하고, 제도를 악용하려는 시도를 방지하기 위한 기준이다. 출산 15주 전에 근로자의 평균 주급이 £123 이상이어야 한다. 이는 근로자의 경제적 기여도를 고려한 기준으로, 지원의 형평성을 확보하기 위한 조건이다. 요건을 충족하지 못하는 경우, 근로자는 국가에서 제공하는 출산수당(Maternity Allowance)을 신청할 수 있다. 이는 고용 기간이 짧거나 평균 주급이 기준에 미치지 못하는 근로자들에게도 양육 지원을 받을 수 있다.

근로자는 자녀 출생 예정일 최소 15주 전에 고용주에게 휴가 계획을 통보해야 한다. 이는 고용주가 근로자의 부재로 인해 발생할 수 있는 업무 공백을 계획적으로 대비할 수 있도록 돕는다. 통보 시에는 휴가의 시작일과 종료일을 명시하며, 필요한 경우 출생 예정일을 증명할 수 있는 서류를 함께 제출한다. 고용주는 근로자의 휴가 요청에 대해 승인 여부를 결정하고, 정당한 이유가 있을 경우 대안을 제안할 수 있다. 또한 근로자는 자녀 출생 후 출생 등록 증명서를 제출해야 한다.

(3) 부모 공유 휴가 및 휴가급여[17]

영국의 부모 공유 휴가 및 휴가급여(Shared Parental Leave and Pay, SPLP) 제도는 부모가 출산 후 직장과 가정의 균형을 유지하면서도 양육 책임을 공유할 수 있도록 설계되었다.

영국의 SPLP 제도는 2015년 4월 도입되었다. 이 제도는 가정 내 양육 책임을 균등하게 분배하고 노동시장 내 성평등을 촉진하기 위해 설계되었다. 제도가 도입된 배경에는 여성의 경력 단절 문제와 아버지의 낮은 양육 참여율이라는 현실적 과제가 있었다. 또한 전통적인 성 역할 고정관념을 해체하고, 보다 가족 친화적인 정책을 도입해야 한다는 사회적 요구가 점차 커진 점도 중요한 계기가 되었다. SPLP는 이러한 필요를 바탕으로 2010년 Equality Act와 2013년 Children and Families Act의 연장선상에서 개발된 정책이다.[18] 정책의 목표는 기존의 모성 휴가 중심 제도를 개편하여 부모 모두가 일정 기간 동안 자녀 양육에 참여할 수 있는 선택권을 부여하는 데 있다.

부모는 모성 휴가 중 의무 사용 기간(최소 2주)을 제외한 최대 50주의 휴가를 공유할 수 있다. 이 중 최대 37주의 기간 동안 급여를 지급받을 수 있으며, 급여 수준은 세전 평균 주급의 90% 또는 주당 최대 £172.48 중 낮은 금액으로 설정되어 있다. 부모는 이 휴가를 연속적으로 사용할 수도 있고, 여러 기간으로 나누어 분할 사용할 수도 있다. 또한 동시에 휴가를 사용하는 것도 가능하며, 이는 부모가 가정과 직장 간의 균형을 보다 유연하게 조정할 수 있도록 돕는다.

근로자는 휴가를 시작하기 최소 8주 전에 고용주에게 신청서를 제출해야 하며, 사용 계획은 고용주와의 협의를 통해 결정된다. 이 과정에서 각 가족의 상황에 맞춰 휴가 사용 방식을 조정할 수 있는 개인화된 접근이 가능하며, 부모가 휴가를 어떻게 분배할지 상호 협력하여 결정하도록 장려된다. 이러한 제도는 가족 구성원 간의 협력을 촉진하고, 자녀 양육에 부모 모두가 동등하게 참여할 수 있는 환경을 제공한다는 것이 의미 있다.

그러나 이 제도가 도입된 지 10여년 밖에 안 되었기에 정책 변화와 제도 개선에 대한 목소리가 높아지고 있다. 다음은 영국의 부모 공유 휴가의 혜택과 한계에 대한 BBC("Shared parental leave skewed against lower earning families, analysis shows", 2024.12.02.) 기사를 토대로 재구성한 것이다.

영국 정부가 부모 공유 휴가(Shared Parental Leave)를 도입한 지 10년이 지났지만, 이 제도는 여전히 낮은 사용률과 불평등한 혜택 분배로 비판받고 있다. 이 정책은 아버지의 육아 참여를 확대하고, 부모가 양육 책임을 균등하게 나누도록 돕기 위해 설계되었다. 그러나 최근 분석에 따르면, 이 제도가 상대적으로 높은 소득층 가정에만 유리하게 작용하고 있어, 낮은 소득층 부모들은 혜택을 제대로 누리지 못하고 있는 실정이다.

공유 부모 휴가는 최대 50주의 휴가와 37주의 급여를 부모가 나누어 사용할 수 있는 제도로, 출산 또는 입양 후 자녀와 시간을 보내기 위한 선택권을 제공한다. 하지만 데이터에 따르면, 이 제도를 사용하는 사람들 중 상위 20% 소득 계층이 전체 사용자의 60%를 차지하고 있다. 반면, 하위 50% 소득 계층에서는 단 5%만이 이 혜택을 활용했다. 특히, 런던 지역 가정들이 공유 부모 휴가 급여의 대부분을 차지하며, 정부 지원금 중 4천만 파운드가 런던 지역 가정에 지급된 반면, 북동부 지역에는 10분의 1도 미치지 못하는 금액이 사용되었다.

정부 조사에 따르면, 아버지의 약 45%가 공유 부모 휴가의 존재를 알지 못했으며, 지난해 출생한 아이들의 부모 중 2% 미만만이 이 제도를 사용했다. 이는 제도의 복잡성과 낮은 인지도, 그리고 많은 남성이 육아휴가를 사용하는 데 느끼는 심리적 부담 때문으로 분석된다.

"대부분의 남성은 배우자의 휴가를 대신 사용한다는 점에서 불편함을 느낀다"고 아빠 권리 운동 단체인 'The Dad Shift'의 공동 설립자인 조지 가브리엘은 지적한다. 그는 공유 부모 휴가의 이용률을 높이기 위해 "복잡성을 줄이고, 남성이 편안하게 사용할 수 있는 환경"을 마련해야 한다고 강조한다.

공유 부모 휴가를 사용한 아빠들은 제도의 긍정적 영향을 인정하지만, 그 과정에서의 어려움도 토로하고 있다. 런던에 거주하는 피트 타겟은 9개월 된 아들을 돌보기 위해 9주간의 육아휴가를 사용했지만, 정부 지원 기간을 초과한 휴가 동안 급여를 받지 못했다. 그는 "우리는 재정적 손실을 감당할 수 있어서 운이 좋았다"며 "더 많은 아빠들이 이 제도를 사용할 수 있도록 개선이 필요하다"고 말했다.

반면, 21세의 조시 위보그는 쌍둥이 딸의 출생 후 경제적 이유로 공유 부모 휴가를 사용할 수 없었다. 그는 "첫 몇 주 동안 딸들과의 유대감을 거의 느낄 수 없었다. 그 상황은 정말 끔찍했다"고 회상한다.

그림 5 조시 위보그 부부와 쌍둥이 딸
(https://www.bbc.com/news/articles/ckg7k24j8ywo)

현재 영국 정부는 부모 휴가 정책 전반에 대한 검토를 진행 중이며, 특히 아빠의 법적 휴가 사용 권리를 강화하려는 움직임을 보이고 있다. 현재 법정 아빠 휴가는 주당 184.03파운드 또는 평균 주급의 90% 중 낮은 금액으로 제한되며, 2주간만 제공된다. 이마저도 26주 이상 근무한 근로자에게만 해당되어, 많은 아빠들이 배제되고 있다. 노동당의 일부 의원들은 더 포괄적이고 관대한 휴가 제도를 도입해야 한다고 주장하며, 국가가 더 많은 지원을 제공해야 한다고 강조한다. 중소기업 경영자인 폴 보웬은 소규모 기업은 재정적 이유로 직원들에게 추가적인 휴가 혜택을 제공하기 어렵다며, 정부가 재정적 부담을 분담해야 한다고 주장했다.

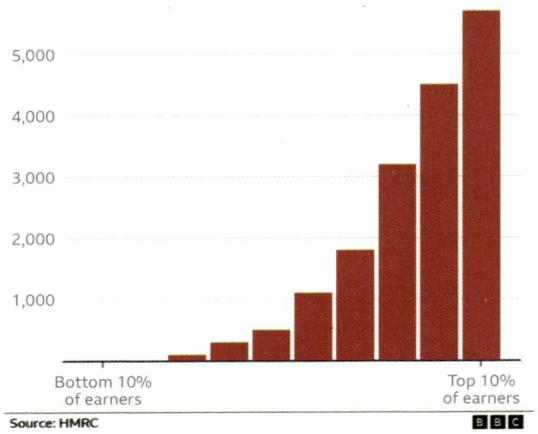

그림 6 소득 계층별 부모공유 휴가 신청 건수(2023년 고소득자 5,000명 이상이 신청했음.)

(4) 무급 육아휴가(Unpaid Parental Leave)

영국의 무급 육아휴가(Unpaid Parental Leave) 제도는 근로자가 자녀를 돌보기 위해 일정 기간 직장 업무를 잠시 내려놓을 수 있도록 돕는 중요한 정책이다. 이 제도는 부모들이 직장 생활과 가정 생활 사이에서 균형을 잡고, 자녀 양육에 보다 적극적으로 참여할 수 있도록 설계되었다.

이 제도를 이용하려면 몇 가지 자격 요건을 충족해야 한다. 우선, 근로자는 현재 고용주와 최소 1년 이상 연속적으로 근무해야 하며, 자녀가 5세 미만일 경우 대상이 된다. 장애 아동을 둔 부모는 자녀가 18세 미만일 때까지 이 혜택을 누릴 수 있다.

무급 육아휴가의 총 사용 가능 기간은 자녀 한 명당 최대 18주로, 이를 연간 최대 4주씩 나누어 사용할 수 있다. 만약 더 긴 휴가가 필요하다면, 고용주와 협의를 통해 승인을 받아야 한다. 대부분 1주 단위로 휴가를 사용하는 것이 일반적이지만, 필요에 따라 더 짧은 기간으로 나눠 사용할 수도 있다.

휴가를 신청하려면, 근로자는 최소 21일 전에 고용주에게 서면으로 통지해야 한다. 고용주는 근로자의 요청을 검토하며, 자녀의 출생증명서나 입양 증명서와 같은 관련 서류를 요구할 수 있다.

무급 육아휴가를 사용하는 동안, 근로자의 권리는 법적으로 보호된다. 휴가 후에는 이전과 동일한 직무나 그와 동등한 조건의 직무로 복귀할 권리가 있으며, 휴가 사용을 이유로 불이익을 받는 것은 법으로 금지되어 있다. 또한, 휴가 기간 동안에도 근로자의 연차 휴가는 계속해서 적립되며, 근속 연수에 포함되므로 퇴직금 산정 시 불이익이 발생하지 않는다.

이 제도는 부모들이 자녀와 함께 더 많은 시간을 보내며 중요한 성장 순간들을 함께할 수 있도록 돕는다. 동시에, 직장과 가정 사이의 균형을 맞추는 데 기여하며, 보다 가족 친화적인 근로 환경을 조성하는 데 중요한 역할을 한다.

그림 7 "무급 육아휴가 권한 변경 사항"에 대한 HR기사 중, 2020.11.29.)
https://betterhr.com.au/wp-content/uploads/2020/11/Paid-Parental-Leave-2.jpg

(5) 유연근무제(Flexible Working)

영국의 유연근무제는 법적으로 모든 직원이 유연근무를 요청할 수 있는 권리를 보장하는 제도이다. 직원은 입사 후 26주가 지나면 유연근무를 요청할 수 있으며, 고용주는 합리적인 근거 없이 이를 거부할 수 없다. 요청 절차는 비교적 간단하며, 고용주는 이를 검토한 후 3개월 이내에 답변을 제공해야 한다. 거부 시에는 경영 효율성 저하, 추가 비용 발생, 고객 요구 충족 어려움 등 명확한 이유를 제시해야 한다.

유연근무제는 시간제 근무, 재택근무, 근무 시간 변경, 압축 근무제 등 다양한 형태를 포함하는 제도이다. 2014년부터는 부모나 간병인에 국한되지 않고 모든 직원이 유연근무를 요청할 수 있도록 제도가 확대되었다. 이는 영국 유연근무제의 포괄적이고 실용적인 접근 방식을 보여주는 사례이다.

이 제도는 2003년에 처음 도입된 것으로, 초기에는 5세 이하 자녀를 둔 부모나 간병인을 대상으로 했지만, 이후 점차 모든 근로자로 확대되었다. 이를 통해 근로자는 근무 시간, 패턴, 또는 장소의 변경을 요청할 수 있으며, 고용주는 명확한 이유 없이 이를 거부할 수 없도록 규정되어 있다.

　유연근무를 신청하려면 근로자는 고용주와 최소 26주 이상 연속 근무했어야 하며, 서면으로 변경을 요청해야 한다. 신청서에는 변경 사항과 예상되는 업무 영향, 이를 해결할 방안이 포함되어야 한다. 고용주는 이를 신중히 검토한 뒤 3개월 이내에 결과를 서면으로 통보해야 하며, 거부 시 상세한 이유를 명시해야 한다.

　영국의 유연근무제는 근로자와 기업 모두에 긍정적인 영향을 미치는 제도이다. 2012년 기준으로 기업의 약 88%가 이 제도를 시행하고 있는 것으로 나타났다. 이는 근로자의 일과 생활 균형을 지원하는 동시에 기업의 유연성을 높이는 데 기여하는 제도이다. 최근에는 주 4일 근무제 도입 및 퇴근 후 업무 연락 제한 등 근로자의 권리를 강화하는 방안도 논의되고 있다.

국가	유연근무제 도입 현황 및 특징
프랑스	- 법적 근로시간: 2000년부터 주당 근무시간을 35시간으로 제한하고 있으며, 12주 평균 근로시간이 주 44시간을 넘지 않도록 규제함. - 근로시간 규제 예외 제도: 탄력적 근로시간 단위 기간을 최대 3년까지 설정할 수 있도록 허용함.
독일	근로시간 저축계좌제 연장근로시간을 근로시간 계좌에 저축하고, 필요 시 휴가나 휴식으로 활용할 수 있는 제도를 운영하며, 500인 이상 사업장의 85%가 도입함. - 탄력근로제: 단위 기간을 최대 1년까지 설정하여 근로시간을 유연하게 조절함.

영국	- 도입률: 2012년 기준 88%의 기업이 유연근무제를 시행하고 있음. - 법적 지원: 2016년 '일과 가족법'을 통해 육아 대상 범위를 확대하고, 남성의 출산 휴가를 최대 4주까지 확대함. - 주 4일제 시범 운영: 2022년 하반기 61개 기업이 주 4일 근무 시범 프로그램에 참여하여 긍정적인 결과를 도출함.

표 6 프랑스 · 독일 · 영국의 유연근무제 현황을 비교(이 책의 내용을 토대로 작성함)

2) 30시간 무료 보육 서비스와 방과 후 프로그램

(1) 30시간 무상 보육 서비스(30 hours free childcare)[19]

영국의 무상 보육 서비스는 일하는 부모들에게 "생명줄"로 불릴 만큼 큰 호응을 얻고 있다. 영국 정부는 저출생 문제를 해결하고 여성의 경제활동 참여를 촉진하기 위해 모든 3~4세 아동에게 주당 15시간의 무료 보육 서비스를 제공하고 있다. 여기에 부모가 근로 중인 경우 추가로 15시간을 더 지원하여, 총 30시간의 무상 보육 혜택을 받을 수 있는 제도를 시행 중이다. 이 서비스는 연간 38주 동안 제공되며, 저소득층 가구의 경우, 지원 대상이 2세 아동까지 확대되어 더욱 포괄적이고 실질적인 지원이 이루어지고 있다.

영국의 30시간 무료 보육 서비스는 육아 휴직 후 직장으로 복귀하는 수천 명의 부모들을 지원하기 위해 설계된 혁신적인 정책이다. 자녀의 나이에 따라 주당 15시간에서 30시간의 정부 지원 보육 서비스를 제공하며, 이를 통해 보육비용 부담을 덜어주고 조기 아동 발달을 촉진한다. 2023년 봄 예산안에서 재무장관이 발표한 바와 같이, 이 제도는 2024년 4월부터 더 많은 가족들에게 확대될 예정이다.

현재 잉글랜드에 거주하는 3세와 4세 아동을 둔 부모나 보호자는 주당 30시간의 정부 지원 보육 서비스를 받을 수 있다. 그러나 보육 제공자는 반드시 공인된 시설이어야 하며, 조부모와 같은 비공식적인 돌봄 제공자는 해당되지 않는다. 이 지원은 아동이 초등학교 접수반(리셉션 클래스)에 입학할 때까지 제공된다. 자격 요건은 부모의 근로 여부, 소득, 자녀의 나이와 상황, 그리고 이민 상태 등 여러 요인에 따라 결정된다. 일부 제공자는 식사, 기저귀, 견학 등 추가 비용을 요청할 수 있다. 자세한 자격 요건은 영국 정부의 공식 웹사이트에서 확인할 수 있으며, 스코틀랜드, 웨일스, 북아일랜드는 별도의 보육 지원 제도를 운영하고 있다.

3세와 4세 아동을 둔 모든 부모는 주당 15시간의 무료 보육 서비스를 이용할 수 있으며, 소득이나 근로 시간과 관계없이 혜택을 받을 수 있다. 또한, 유니버설 크레딧과 같은 소득 지원을 받고 연 소득이 15,400파운드 이하인 2세 아동 부모도 주당 15시간의 보육 서비스를 받을 수 있다. 2024년 4월부터는 2세 아동을 둔 근로 부모도 이 혜택을 받을 수 있다.

영국 정부는 보육 제공자들이 증가하는 수요를 충족할 수 있도록 점진적으로 혜택을 확대할 계획이다. 2024년 9월부터는 9개월 이상의 모든 아동이 주당 15시간의 정부 지원 보육 서비스를 받을 수 있다.

2025년 9월부터는 5세 미만 아동을 둔 근로 부모가 주당 30시간의 무료 보육 서비스를 받을 수 있다. 이 새로운 혜택에 대한 신청은 앞으로 몇 달 내에 가능해질 예정이다.

3세와 4세 아동을 둔 부모가 주당 15시간의 무료 보육 서비스를 이용하려면 별도의 신청이 필요하지 않다. 보육 제공자가 자동으로 처리하며, 부모는 자녀의 출생증명서 사본과 선언서를 작성하면 된다. 30시간 무료 보육 서비스를 원하는 부모는 온라인 신청서를 작성해야 한다. 신청이 승인되면 보육 계정과 고유 코드가 제공되며, 이를 보육 제공자에게 제출해야 한다. 2세 아동의 경우, 별도의 플랫폼을 통해 신청할 수 있으며, 2024년 4월부터 이용이 가능하다. 부모는 3개월마다 자격을 재확인해야 하며, 이를 이행하지 않을 경우 코드는 만료된다.

연중 언제든지 신청할 수 있지만, 코드를 제때 받을 수 있도록 충분히 여유를 두고 신청하는 것이 좋다. 특히 3세 아동의 경우, 자녀의 나이에 따라 적합한 신청 시점을 결정하는 것이 중요하다. 2세 아동 부모는 1월 중순에서 2월 말 사이에 신청하는 것이 권장되며, 이를 통해 자격 재확인 없이 서비스를 시작할 수 있다.

영국의 30시간 무료 보육 서비스는 일하는 가족을 지원하고 조기 아동 교육을 장려하기 위한 핵심적인 정책이다. 부모의 경제적 부담을 완화하고 아이들에게 양질의 보육 및 교육 기회를 제공함으로써, 이 제도는 가족과 사회 전반에 긍정적인 영향을 미치고 있다. 정책이 지속적으로 확대됨에 따라, 더 많은 가족들이 이 혜택을 누리게 되어 직장과 육아라는 이중 과제를 헤쳐 나가는 부모들에게 포괄적이고 지원적인 환경을 제공할 것이다.

(2) 방과 후 서비스(after school services)[20]

영국의 방과 후 서비스(after school services)는 초등학교 연령의 아동을 대상으로 하며, 학교 수업 종료 후부터 부모가 퇴근할 때까지의 돌봄 공백을 메우는 데 중점을 두고 있다. 이 서비스는 학습 보조, 스포츠 활동, 예술 프로그램 등 다양한 활동을 통해 아동의 전인적 발달을 지원하며, 부모가 안심하고 경제활동에 전념할 수 있도록 돕는다. 특히, 이러한 서비스는 학교, 지역 커뮤니티 센터, 비영리 단체 등의 다양한 주체와 협력하여 제공된다.

한 예로 런던 모닝턴 초등학교(Mornington Primary School)는 자체적으로 방과 후 클럽을 운영하여 학생들에게 안전하고 창의적인 환경을 제공하고 있다. 이 클럽은 주중 매일 운영되며, 학부모들은 자녀를 오후 6시까지 맡길 수 있다. 프로그램에는 숙제 지원, 축구, 미술, 요리 교실 등이 포함되어 있어 학생들이 다양한 활동을 경험할 수 있다.

버밍엄 지역에서는 학교와 커뮤니티 센터가 협력하여 방과 후 서비스를 운영하고 있다. 이 프로그램은 특히 저소득층 가구를 대상으로 하며, 비용 부담을 줄이기 위해 정부 보조금과 지역 기금을 활용하고 있다. 활동은 아동의 사회적 상호작용을 촉진하는 팀 스포츠, 창의력을 기르는 공예 워크숍, 그리고 기본 ICT 기술을 배우는 디지털 학습 세션 등으로 구성된다.

또 맨체스터에서는 비영리 단체인 "Bright Futures"가 학교와 협력하여 방과 후 서비스를 제공하고 있다. "Bright Futures"는 맨체스터에서 활동하는 비영리 단체로, 지역 학교와 협력하여 방과 후 서비스를 제공하는 데 중점을 둔 단체이다. 이 단체는 특히 취약 계층의 아동들을 지원하며, 학업 성취도를 높이기 위한 학습 보조와 심리적 안정을 돕는 상담 서비스를 포함한 다양한 프로그램을 운영하고 있다.

4. 영국의 세대 간 돌봄과 저출생 극복

영국의 세대 간 돌봄(intergenerational care)은 아동, 부모, 고령자를 대상으로 한 통합적 돌봄 모델로, 이러한 문제를 해결하기 위한 중요한 전략으로 주목받고 있다. 조부모 돌봄은 영국 가정에서 비공식적으로 이루어지고 있으며, 조부모 중 약 63%가 손자녀를 정기적으로 돌보며 부모의 경제활동을 지원하고 있다.

그러나 제도적 지원이 부족하여 돌봄 부담이 가정 내에서 해결되어야 하는 문제가 존재한다. 세대 간 돌봄 센터는 일부 지역에만 국한되어 있어 접근성이 제한적이며, 이러한 시설은 고령자와 아동의 상호 교류를 촉진하지만 전국적 확산이 이루어지지 못하고 있다.

현재 조부모 돌봄은 비공식적으로 이루어지는 경우가 많아 체계화가 필요하다. 세금 공제 확대와 연금 혜택 강화 등의 정책적 지원이 요구된다. 세대 간 돌봄 센터와 같은 시설을 전국적으로 확산하기 위한 정부의 지원도 필수적이며, 공공 자금 투입과 민간 협력을 통해 인프라를 확대할 수 있다. 세대 간 돌봄의 중요성을 사회적으로 인식시키기 위해 공공 캠페인과 교육 프로그램이 필요하며, 세대 간 교류의 가치를 홍보하여 사회적 유대를 강화할 수 있다. 조부모의 돌봄 참여는 부모의 경제적 부담을 줄이고 출산율을 증가시키는 데 기여할 수 있다.

1) 조부모 돌봄 지원과 관련 정책

영국에서 조부모 돌봄은 전통적으로 가족 내 돌봄의 핵심적인 부분을 차지하며, 부모의 경제활동을 지원하는 중요한 역할을 한다. Grandparents Plus와 같은 비영리 단체에서 수행한 연구 연구에 따르면, 영국 조부모의 약 63%가 정기적으로 손자녀를 돌보고 있으며, 이는 가정 내 돌봄의 큰 비중을 차지한다. 이러한 역할을 지원하기 위해 영국 정부는 조부모 돌봄을 제도적으로 보완하고 강화하기 위한 다양한 정책과 지원 방안을 도입하고 있다.

(1) 조부모 돌봄 세제 혜택

영국에서는 조부모가 손자녀를 돌볼 때 특정한 세금 공제 혜택을 직접적으로 제공하지 않는다. 그러나 조부모가 손자녀를 실제로 부양하는 경우에는 인적 공제를 받을 수 있는 제도가 마련되어 있다.

손자녀가 20세 이하이고 연간 소득 금액이 100만 원 이하인 경우, 조부모는 인적 공제 150만 원을 받을 수 있다. 이 혜택을 받기 위해서는 손자녀를 실제로 부양하고 있음을 입증해야 한다. 예를 들어, 한 시골 지역에 거주하는 조부모는 맞벌이 부모를 대신해 초등학교에 다니는 손자녀의 등하교를 책임지고, 방과 후 숙제를 돕는 등 실질적인 돌봄 역할을 수행하며 이 공제를 받는다.

(2) 가족 돌봄 크레딧(Specified Adult Childcare Credits)[21]

가족 돌봄 크레딧 정책은 영국에서 조부모와 다른 가족 구성원이 근로 부모를 위해 정기적으로 보육을 제공하는 역할을 인정하고 지원하기 위해 마련된 중요한 제도이다. 가족 돌봄 크레딧은 이 정책은 12세 미만 아동을 돌보는 조부모와 가족 구성원이 국가 보험(NI) 크레딧을 받을 수 있도록 돕는 제도이다. 이 크레딧은 국가 연금을 받을 자격을 유지하는 데 필요하며, 돌봄으로 인해 연금 혜택이 줄어들지 않도록 보장한다. 이를 통해 근로 부모가 비공식적인 보육에 의존하는 상황에서 재정적 부담을 덜고 돌봄 책임을 나눌 수 있도록 지원한다.

가족 돌봄 크레딧을 받으려면 몇 가지 조건이 충족되어야 한다. 우선, 돌봄 제공자는 근로 중인 부모를 대신해 무급으로 아이를 돌보는 가족 구성원이어야 한다. 또한, 아이는 12세 미만이어야 하며, 자녀수당을 받고 있는 부모가 자신에게 할당된 국가 보험 크레딧을 돌봄 제공자에게 양도하는 데 동의해야 한다.

Grandparents Plus의 2023년 연구에 따르면[22], 영국에서 약 230만 명의 조부모가 손자녀를 정기적으로 돌보고 있다. 이들은 부모, 특히 어머니들이 직장에 복귀하거나 경력을 쌓을 수 있도록 돕는 중요한 역할을 한다. 예를 들어, 런던에 거주하는 조부모 중 일부는 주당 20시간 이상 손자녀를 돌보는 것으로 나타났다. 그러나 이러한 무급 돌봄은 공식적으로 인정되지 않는 경우가 많아, 많은 조부모가 국가 보험(NI; National Insurance) 크레딧 공백으로 인해 연금 혜택 감소를 겪을 위험에 처해 있다. 이 문제는 조부모의 경제적 안정과 가족 전체의 지속 가능성에 부정적인 영향을 미칠 수 있다.

가족 돌봄 크레딧은 여러 방면에서 조부모와 가족 구성원들이 겪는 문제를 해결하고 있다. 무엇보다도, 이 정책은 돌봄 제공자가 공식적인 고용 공백에도 불구하고 국가 연금 자격을 유지할 수 있도록 보장함으로써 재정적 안정을 제공한다. 또한, 비공식적인 가족 중심 보육의 중요한 경제적, 사회적 기여를 공식적으로 인정함으로써 이들의 노고를 가치 있게 평가한다. 마지막으로, 돌봄 제공자의 재정적 부담을 줄이고 세대 간 가족 네트워크를 강화하여 가족 구성원들이 서로를 더 잘 지원할 수 있는 환경을 조성한다.

그러나 이 정책에는 여전히 몇 가지 한계가 존재한다. 많은 돌봄 제공자가 이 제도의 존재를 잘 알지 못해 정책 이용률이 낮은 것이 큰 문제로 지적된다. 또한, 부모가 근로 중이고 자녀수당을 받고 있어야 한다는 조건은 일부 돌봄 상황을 배제할 가능성이 있다. 이러한 한계를 해결하기 위해 정책 인지도를 높이는 캠페인이 필요하다. 예를 들어, 조부모와 가족을 대상으로 한 타겟 캠페인을 통해 혜택 이용 가능성을 알릴 수 있다. 더불어, 실업 상태나 학업 중인 부모의 아이를 돌보는 경우도 포함하도록 자격 요건을 확대할 필요가 있다. 고령 돌봄 제공자가 디지털 플랫폼을 사용하는 데 어려움을 겪지 않도록 신청 절차를 간소화하는 것도 중요한 개선 방안이다.

　가족 보육 크레딧을 신청하려면 영국 정부의 공식 웹사이트를 방문하거나 서류 신청서를 제출해야 한다. 신청 과정은 비교적 간단하다. 먼저, 돌봄 제공자는 신청서(CA9176)를 작성해야 하며, 자녀수당을 받는 부모가 국가 보험 크레딧을 양도하는 데 동의해야 한다. 마지막으로, 돌봄 약정에 대한 간단한 확인 절차를 완료하면 된다.

그림 8 Specified adult childcare credits(2024.05.17)
https://www.thepayrollcentre.co.uk/news/specified-adult-childcare-credits/

2) 세대 간 돌봄 센터와 프로그램

　영국의 세대 간 돌봄 센터(intergenerational care centers)는 아동과 고령자를 동시에 지원하는 혁신적인 공간이다. 세대 간 돌봄 센터는 대도시와 농촌 지역 각각의 필요와 특성에 맞게 운영되고 있다.

런던과 같은 대도시에서는 세대 간 돌봄 센터가 주로 인구 밀도가 높은 지역에 자리 잡고 있다. 한 예로 런던 남부의 브릭스턴(Brixton)에 위치한 "애플 트리 커뮤니티 센터(appletree community center)"는 어린이집과 고령자 케어 시설을 통합하여 운영하며, 세대 간 교류의 허브 역할을 하고 있다. 이 센터는 다양한 활동을 통해 아동과 고령자 간의 상호작용을 촉진하는 데 중점을 두고 있다. 정원 가꾸기, 미술 교실, 음악 시간뿐만 아니라 공동 요리 수업과 이야기 나누기 세션도 정기적으로 운영된다. 이곳에 있는 한 어르신은 "아이들과 함께 시간을 보내며 젊음을 되찾는 기분이다"라고 말한다.

또 요크셔 골든 필드 커뮤니티 센터(Yorkshire golden field community center)에서는 아이들과 어르신이 아동과 고령자가 함께 지역 농작물을 재배하고 요리하는 프로그램을 운영한다. 대도시와 농촌 지역의 세대 간 돌봄 센터는 운영 환경과 프로그램에 차이는 있지만 목표는 같다. 즉 고령자에게는 정서적 안정과 소속감을, 아동에게는 안전하고 지지적인 환경을 제공하는 것이다.

영국의 세대 간 돌봄센터는 공공 자금과 민간 협력을 통해 시설을 확대하고 다양한 프로그램을 개발하여 더 많은 가족들이 혜택을 받을 수 있도록 할 예정이있다. 특히 디지털 기술을 활용한 원격 세대 간 교류 프로그램이 도입으로 물리적 거리의 한계를 극복하여 더 많은 지역사회를 연결을 꾀하고 있다.

3) 세대 간 돌봄 프로그램과 공공 캠페인

(1) 영국의 돌봄자 주간(Carers Week)[23]

영국의 돌봄자 주간은 매년 6월에 열리는 전국적인 캠페인으로, 가족이나 친척, 친구 등 비공식적으로 돌봄을 제공하는 사람들의 노고를 인정하고 지원한다.

돌봄자들에게 실질적인 지원을 제공하기 위해 다양한 활동이 진행된다. 워크숍과 상담 세션, 네트워킹 기회 등이 마련되어 돌봄자들이 필요한 도움을 받을 수 있도록 돕는다. 또한 돌봄자들의 권익을 보호하고, 정부와 기업이 돌봄자 지원을 확대하도록 촉구하는 정책 옹호 활동도 이루어진다. 이를 통해 돌봄자들의 중요성을 널리 알리고, 돌봄의 가치를 재조명하는 대중 인식 제고의 효과를 얻고자 한다.

그림 9 2024.05.29.일자 "Inspire"에 실린 홍보물
(https://www.inspireculture.org.uk/be-inspired/news/2024/05/29/carersweekatinspire/)

(2) '타임뱅크(Timebank)' 프로그램[24]

영국의 타임뱅크(Timebank)는 원래 자원봉사와 지역사회 참여를 촉진하기 위해 설계된 독특한 제도이지만, 저출생 극복 프로그램으로 포함할 가능성도 크다. 타임뱅크는 개인이나 단체가 서로의 시간을 교환하며 다양한 서비스를 제공하도록 설계된 시스템이다. 참여자들은 자신이 제공한 시간만큼의 도움을 다른 사람으로부터 받을 수 있으며, 이를 통해 상호 의존적인 사회적 관계를 형성한다. 이 제도는 세대 간 돌봄은 물론 다양한 사회적 지원 활동으로도 이어지며, 지역사회 중심으로 운영된다.

타임뱅킹 UK는 영국 전역에서 타임뱅크 활동을 지원하는 대표적인 조직으로, 약 268개의 타임뱅크를 통해 43,500여 명의 개인과 3,000개의 단체가 참여하여 550만 시간의 교환 기록을 달성했다. 이러한 활동은 단순한 시간 거래를 넘어 사회적 고립을 줄이고 지역 사회의 결속력을 강화하는 데 크게 기여하고 있다.

특히 리스(Leith) 타임뱅크는 208명의 회원이 11,135시간에 달하는 서비스를 교환하며, 가사 지원, 정원 가꾸기, 간단한 수리 작업 등 실질적인 도움을 제공하는 성공적인 사례로 꼽힌다.

러시 그린(Rushy Green) 타임뱅크는 의료 기관과 협력하여 환자들과 지역 사회를 연결하는 데 중요한 역할을 하고 있다. 서튼 타임뱅크(Sutton Time Bank)는 기술, 아이디어 등을 교환하며, 타임 크레딧(time credit)을 통해 다양한 활동과 행사에 참여할 수 있는 기회를 제공한다.

타임뱅크는 저출생 문제의 주요 원인 중 하나인 부모의 육체적, 정신적 부담을 완화할 수 있는 방안이다. 지역사회에서 자녀 돌봄 시간을 제공하거나 부모 교육, 상담, 재충전 시간을 지원함으로써 이러한 문제를 해결할 수 있다. 시간 기부를 통해 부모가 무료로 부모 교육 워크숍이나 자녀 발달 프로그램에 참여할 수 있도록 하는 것도 가능하다. 영국에서도 다문화 가정이나 사회적 취약 계층이 양육에서 어려움을 겪는 경우가 많아 타임뱅크를 통해 언어 문제나 문화적 차이를 겪는 부모를 지원하는 멘토링 프로그램을 운영하면 다문화 가정의 자녀 양육 환경을 개선하고, 가족들이 지역사회에 더 잘 통합되도록 돕는 것이 가능하다.

또한 타임뱅크는 돌봄과 가사 노동에 대한 부담을 분담하고, 지역사회의 협력을 통해 양육 친화적인 환경을 조성하는 데 기여한다. 이는 부모 세대가 자녀를 양육하는 데 필요한 실질적, 정서적 지원을 제공하며, 나아가 출산과 양육의 장애 요소를 완화함으로써 저출생 문제를 해결하는 데 중요한 역할을 할 수 있다. 영국 정부는 타임뱅크 프로그램과 연계하여 육아 관련 자원봉사 활동에 참여한 시민들에게 세제 혜택이나 공공서비스 우선권을 제공하는 방안을 검토할 수 있다. 또한, 일본이나 프랑스처럼 출산율 증가를 목표로 한 다양한 사회적 돌봄 프로그램과의 연계를 통해 그 효과를 더욱 확장할 수 있다.

위의 사례들은 타임뱅크가 영국에서 세대 간 돌봄과 지역 사회의 연대를 강화하는 데 핵심적인 역할을 하고 있음을 명확히 보여준다. 타임뱅크는 저출생 문제 해결에 중요한 함의를 제공하며, 부모 세대와 지역사회 모두에게 실질적이고 정서적인 도움을 줄 수 있는 잠재력을 지니고 있다.

그림 10 서튼 타임뱅크
(https://www.sutton-cambs-pc.gov.uk/Sutton_Time_Bank_36482.aspx)

5. 저출생 극복을 위한 정부와 교회의 실질적 협력 방안

1) 영국 정부와 교회의 협력 프로그램

영국의 보육, 노인 돌봄, 지역 사회 지원 서비스의 수요는 날로 증가하고 있다. 한편, 많은 종교 시설, 특히 교회는 유휴 공간을 보유하고 있지만 시설 유지와 보수에 필요한 재정적 부담으로 어려움을 겪고 있다. 2022년 내셔널 처치스 트러스트(National Churches Trust)가 실시한 설문조사에 따르면, 응답자의 73%가 교회 건물이 영국의 유산과 역사에서 중요한 부분이라고 생각하며, 절반 이상(54%)이 지난 1년간 교회를 방문한 경험이 있다고 밝혔다. 또한, 절반에 달하는 응답자는 교회 건물 유지와 보수에 정부 지원이 필요하다고 답했다.

이러한 결과를 보건대 교회는 단연 지역 사회의 중심지로 인식되고 있다. 실제로 많은 교회가 푸드뱅크, 노숙자 쉼터, 주민 모임 장소 등으로 활용되며 지역 주민들에게 중요한 사회적 지원을 제공하고 있다. 이러한 활동은 교회가 지역 사회의 구심점으로서 큰 잠재력을 가지고 있음을 잘 보여준다.

영국 정부는 이러한 잠재력을 활용하여 교회 유휴 공간을 가족 정책과 통합하기 위한 혁신적인 접근 방식을 채택했다. 기존 교회 구조물을 활용함으로써 새로운 인프라 투자의 필요성을 줄이고 공공 자금을 절약할 수 있다는 경제적 이점을 확인했기 때문이다. 또한, 교회가 지역 사회에서 접근성과 구심점 역할을 강화할 수 있는 중요한 자원으로 여겨지기 때문이다. 이를 위해 영국 정부는 지역 의회와 교회 간의 협력을 적극 권장하고 있다.

실제로 교회 공간은 어린이 보육, 노인 돌봄뿐만 아니라 직업 훈련 장소로도 사용되고 있다. 예를 들어, 버밍엄의 성 마가교회 (St. Mark's Church)는 교회는 유휴 공간을 개조하여 돌봄 및 사회 복지 분야의 직업 훈련 센터로 활용하고 있다. 이 교회는 지역 주민들이 기술을 배우고 요양사 및 사회 복지사와 같은 직업을 준비할 수 있도록 실습 시설과 강의실을 제공하고 있으며, 프로그램 운영비는 정부 보조금과 지역 사회 기부금으로 충당하고 있다.

이처럼 영국 정부는 교회를 포함한 종교단체의 공간을 포괄적인 정책 틀에 통합하여 필수 가족 서비스를 제공하고, 문화 유산을 보존하며, 지역 사회 결속을 강화하겠다는 목표를 가지고 있다. 이는 단순히 공간 활용을 넘어 가족 복지와 사회적 연대, 그리고 역사적 유산 보존을 아우르는 통합적 접근을 시도하고 있다.

그 가운데 정부가 지원하는 교회의 가정 및 육아 지원 프로그램을 살펴 보기로 한다.

(1) 교회 기반의 육아 지원 프로그램

교회 기반의 육아 지원 프로그램은 영국 정부가 출산율을 증가시키기 위해 추진하는 여러 정책의 중요한 부분이다. 성공회는 'Parenting for Life'라는 프로그램을 통해 부모들에게 육아에 필요한 정보와 지원을 제공한다.

'Parenting for Life' 프로그램

이 프로그램은 영국 성공회가 부모들에게 자녀 양육에 필요한 교육을 제공하고, 부모들 간의 네트워킹 기회를 만들어 사회적 지원망을 강화한다. 프로그램은 부모들이 자녀 양육에 대한 지식과 기술뿐만 아니라, 자녀를 돌보는 과정에서의 어려움을 공유하는 커뮤니티를 형성한다. 이를 위해 육아 관련 워크숍과 세미나를 정기적으로 개최한다.

정부의 육아 지원 정책이 종종 경제적 지원에 집중되는 반면, 또한, 이 프로그램은 사회적 연대와 공동체 중심의 지원에 주력한다. 이 프로그램을 운영하기에는 교회가 가장 적합하다. 대다수의 교회가 지역사회와 밀접하게 연관되어 있기 때문이다.

Family and Childcare Trust에 따르면, 육아에 대한 사회적 지원과 교육은 부모들이 자녀를 가지려는 의욕을 높이고, 지속 가능한 출산율을 증가시키는 중요한 요소로 작용한다고 한다 (Family and Childcare Trust,

2022). 육아에 관한 다양한 주제를 다룬 온라인 자료와 교육 콘텐츠도 제공된다. 부모들은 언제 어디서나 자녀 양육에 필요한 정보를 얻을 수 있으며, 이는 특히 바쁜 일정을 가진 부모들에게 유용하다.

2023년 4월 26일, 성공회는 'Love Matters'라는 보고서를 발표하여 가족과 가정의 중요성을 강조하였다. 이 보고서는 Archbishops' Commission on Families and Households가 작성하였다. 그 내용을 요약하면 다음과 같다.[25]

이 보고서는 모든 형태의 가족을 존중하고, 정부의 정책과 지역 사회 생활에서 가족의 복지를 중심에 두어야 한다.

모든 사람이 사랑과 돌봄의 관계를 발전시키고 유지하며, 갈등을 잘 관리하고 개인과 가족의 번영을 촉진할 수 있도록 해야 한다.

독신과 1인 가구 또한 사랑받는 관계를 중요하게 여겨야 한다.

아동과 청소년이 관계 기술과 지식을 개발하고 그들의 가치와 능력을 인식하며, 해로움으로부터 보호받고 최고의 시작을 할 수 있도록 해야 한다.

차별, 분열, 깊은 불평등을 없애고 친절하고 공정하며 용서하는 사회를 구축해야 한다.

구세군의 패밀리 허브(Family Hub)

패밀리 허브 프로그램은 취약 가정을 대상으로 맞춤형 지원을 제공하는 프로그램이다. 주요 활동으로는 양육 교육 워크숍, 무료 유아용품 제공, 양육 문제 해결을 위한 개별 상담 등이 있다.

2021년부터 영국 정부는 구세군과 협력하여 패밀리 허브와 같은 프로그램 운영에 매년 약 5백만 파운드를 지원하고 있다. 이 협력으로 약 3만 가정이 주거 안정, 양육 교육, 심리 상담 등의 혜택을 받았으며, 참여 가정의 78%는 서비스 만족도를 "매우 높음"으로 평가했다. 같은 기간 해당 지역의 출산율이 전국 평균 대비 1.8% 증가한 것으로 보고되었다. 이는 구세군의 지역 네트워크와 정부 재정 지원의 성공적인 결합 사례로 평가된다.

구세군의 2022년 연례 보고서에서는 패밀리 허브 서비스가 제공된 지역에서 출산율이 전국 평균 대비 2% 증가했으며, 양육 지원을 통해 경제적 부담이 감소했다고 응답한 가정이 68%에 달했다.

또한 영국 보건사회복지부의 2023년 정책 만족도 조사에 따르면, 구세군 프로그램 참여 가정의 75%가 둘째 이상 자녀를 계획 중이라고 응답했으며, 참여 가정 중 83%는 "프로그램이 양육 결정을 내리는 데 중요한 역할을 했다"고 평가했다.

2023년 기준, 패밀리 허브 프로그램에 참여한 약 1,500가정 중 85%

가 양육 스트레스 감소와 가족 간 소통 향상을 경험했다고 보고했다. 또한, 주당 평균 20건 이상의 주거 지원 상담을 통해 실질적인 주거 안정도 제공되었다.

그러나 해결해야 할 과제도 존재한다. 구세군 프로그램은 정부 보조금에 크게 의존하고 있어 장기적인 재정 안정성이 필요하다. 또한, 서비스 제공 지역 간 편차로 인해 일부 지역에서는 프로그램 접근성이 낮아 지역 간 불균형 문제가 지속되고 있다. 아울러, 일부 가정에서는 종교적 배경에 대한 부담감으로 인해 프로그램 참여를 꺼리는 경향이 있다는 점도 과제로 남아 있기 때문이다.

2) 정부와 종교단체의 협력 모델과 사례: 정부의 지원을 받는 교회 어린이집

정부와 교회가 협력하는 방법은 여러 가지가 있지만, 그중 가장 중요한 것은 교회가 운영하는 보육시설에 대한 재정 지원이다. 정부는 저소득층 가정을 돕기 위해 무상 보육 프로그램을 제공하고 있으며, 교회가 운영하는 보육시설도 이 지원을 받을 수 있다. 세인트 메리 교회(St. Mary's Church), 세인트 피터 교회(St. Peter's Church), 유니온 교회(Union Church), 성공회(Church of England)등을 예로 들 수 있다. 여기에 리버풀의 세인트 앤드류 교회(St. Andrew's Church)[26]를 덧붙일 수 있다. 이들 교회는 정부 보조금을 활용해 보육 교사를 채용하고 시설을 현대화했다.

(1) 세인트 메리 교회(St. Mary's Church)

구체적인 사례로 런던의 세인트 메리 교회(St. Mary's Church)를 들 수 있다. 이 교회는 영국 사회보장부(Department for Work and Pensions)로부터 연간 약 5만 파운드의 지원금을 받아 어린이 돌봄 센터를 운영하고 있다.(세인트 메리 교회 운영 보고서, 2023) 해당 센터는 주간 돌봄 서비스뿐만 아니라 부모 교육 프로그램, 양육 워크숍 등을 제공하며, 저소득층 가정과 다문화 가정을 주요 대상으로 하고 있다.

만 2세에서 5세 사이의 아이들을 대상으로 주간 돌봄 서비스를 통해 맞벌이 가정과 경제적으로 어려운 가정에 실질적인 도움을 제공한다. 특히, 다문화 가정과 저소득층 가정에겐 보육비용을 저렴하게 책정하거나 무료이다. 이 외에 다문화 가정을 위한 언어 지원 및 문화 적응 프로그램도 함께 운영한다.

세인트 메리 교회는 정부와 종교 단체가 협력하여 지역사회의 문제를 해결할 수 있음을 보여주는 성공적인 사례이다. 세인트 메리 교회의 사례는 다른 지역 사회에서도 적용 가능한 협력 모델로 평가받고 있다. 정부의 재정 지원과 종교 단체의 지역 기반 시설 및 네트워크가 결합하면, 한정된 자원으로도 큰 효과를 낼 수 있음을 보여준다.

그림 11 세인트 메리 교회 돌봄센터 (http://www.stmarydaycare.ca/)

(2) 세인트 피터 교회(St. Peter's Church)

영국 정부는 세인트 피터 교회에 연간 약 4만 파운드의 정부 보조금을 제공하고 있다.(세인트 피터 교회 지역사회 프로그램 리포트, 2023). 교회는 이러한 지원을 바탕으로 유아교육과 상담 프로그램을 운영하고 있다.

만 3세에서 5세 사이의 아동을 대상으로 놀이 기반 학습 프로그램을 운영하며, 이 프로그램은 매주 월요일부터 금요일까지 오전 9시부터 오후 3시까지 진행된다. 프로그램의 주요 활동으로는 창의적 놀이, 동화 읽기 시간, 기초 숫자와 문자 학습이 포함되며, 매주 금요일에는 부모와 자녀가 함께 참여하는 예술 워크숍이 열린다. 이는 부모와 자녀 간의 관계를 강화하고, 아동의 사회적, 정서적 발달을 지원할 뿐만 아니라 부모들에게도 자녀 교육에 대한 실질적인 가이드를 제공한다.

　다문화 가정을 대상으로 심리적, 정서적 지원을 제공하며, 특히 자녀 양육과 관련된 문제를 해결할 수 있도록 돕는다. 이 프로그램은 매주 화요일과 목요일 오후 2시부터 6시까지 진행되며, 심리 상담 세션과 언어 장벽을 극복하기 위한 다중 언어 지원을 포함한다. 또한, 매월 마지막 주 금요일에는 다문화 가정 부모를 대상으로 한 문화 적응 워크숍이 열린다. 이 워크숍은 지역 사회 통합을 촉진하기 위한 실질적인 조언과 사례 공유를 제공한다. 상담 서비스는 현장뿐만 아니라 온라인으로도 제공되어 접근성을 높이고 있다.

　또한 지역 자선 단체인 맨체스터 커뮤니티 네트워크(Manchester Community Network)와 협력하여 다문화 가정을 위한 상담 프로그램과 유아 교육 지원 서비스를 운영하며 이러한 협력의 성공적인 사례로 주목받고 있다.

　상담 프로그램은 매주 화요일과 목요일 오후 2시부터 6시까지 진행되며, 다중 언어 상담과 심리적 지원을 제공한다. 또한 매월 마지막 주 금요일에는 다문화 부모를 위한 문화 적응 워크숍이 열린다. 유아 교육 지원 서비스는 만 3세에서 5세 사이의 아동을 대상으로 매주 월요일부터 금요일 오전 9시부터 오후 3시까지 운영되며, 주요 활동으로는 창의적 놀이, 동화 읽기, 기초 학습, 그리고 매주 금요일 예술 워크숍이 포함된다.

그림 12 세인트 피터 교회 돌봄센터
(https://childcare.center/directory/st-peters-child-care-centre)

(3) 영국 유니온 교회(Union Church)

영국 정부는 유니온 교회가 운영하는 다양한 프로그램에 연간 약 6만 파운드의 지원금을 제공하고 있다. 이 지원금 덕분에 유아 돌봄 프로그램, 부모 지원 세션, 커뮤니티 행사와 같은 주요 활동의 지속 가능성을 보장하며, 특히 저소득층 및 다문화 가정을 지속적으로 지원할 수 있다.

또한 이 지원금은 교회 시설의 유지와 개선, 추가적인 보육 교사 고용, 그리고 프로그램 참여자들에게 필요한 교재와 자원의 구입에 사용된다. 또한, 지역사회의 요구를 충족시키기 위해 매년 지원 예산의 일부가 프로그램의 확장 및 새로운 서비스 개발에 할당된다. (Union Church 운영 보고서, 2023) 유니온 교회는 다음과 같은 프로그램을 운영하고 있다.

유아 돌봄 및 교육 서비스 ("브라이트 퓨처 프로그램: Bright Futures Program")

만 1세부터 5세까지의 아동을 대상으로 하여 부모들이 일과 가정을 병행할 수 있도록 돕고, 경제적 부담을 덜어준다. 이 프로그램은 매주 월요일부터 금요일까지 오전 8시부터 오후 5시까지 운영되며, 활동은 다음과 같이 세분화된다.

오전 8시부터 10시까지는 자유 놀이와 언어 학습 시간이 진행되고, 오전 10시부터 12시까지는 창의적 미술과 음악 활동이 포함된 교과 시간이 이어진다. 점심 후 오후 1시부터 3시까지는 기초 수학 학습과 사회적 상호작용을 촉진하는 팀 활동 시간이 있으며, 오후 3시부터 5시까지는 부모 참여 워크숍이나 개별 상담 시간이 제공된다.

특히 프로그램은 무료로 제공되거나 소득에 따라 저렴한 비용으로 책정되어 저소득층 가정에 실질적인 도움을 준다. 이러한 일정은 아이들의 전인적 발달을 지원하고 부모들의 시간 관리와 양육 부담을 경감하는 데 효과적이다.

부모 지원 프로그램 ("Parenting Together Workshops")

매주 수요일 저녁 7시부터 9시까지 진행되며, 양육 기술, 스트레스 관리, 가족 내 갈등 해결에 주안점을 두고 있다. 이 워크숍은 전문 심리학자와 가족 상담가의 참여로 부모들에게 실질적인 도움을 제공하며, 참여자 중 85%가 스트레스 완화와 기술 향상을 경험했다고 응답하였다. (Union Church 만족도 설문조사, 2023)

가족 커뮤니티 행사("Family Connect Saturdays")[27]

매월 마지막 주 토요일 오전 10시부터 오후 4시까지 개최되며, 가족들이 함께 즐길 수 있는 다채로운 프로그램으로 구성된다. 오전 10시부터 12시까지는 부모와 아이가 함께 참여하는 공동 놀이 활동이 진행되며, 점심시간에는 지역 자원봉사자들이 준비한 음식을 나누며 친목을 도모하는 음식 나눔 행사가 열린다.

오후 1시부터 2시까지는 다문화 배경을 가진 가족들이 각자의 문화와 전통을 소개하는 교류 시간이 포함되어 있으며, 가족들은 음식, 전통 의상, 음악을 통해 서로의 문화를 배우는 기회를 가졌다. 마지막으로 오후 2시부터 4시까지는 온 가족이 참여하는 음악과 예술 활동으로 마무리된다.

특히, 2023년 6월 행사에서는 참가자들이 함께 제작한 대형 벽화가 커뮤니티 센터에 전시되어 큰 호응을 얻었다. 이러한 프로그램은 참여자들이 지역 사회에 대한 소속감을 느끼고, 다양한 문화적 배경을 가진 가족들이 서로의 경험을 공유하며 긍정적인 유대를 형성하는 데 기여하고 있다. 이 행사는 매번 평균적으로 50가구 이상이 참여하며, 특히 2023년 6월 행사에서는 지역 자원봉사자와 다문화 가족들이 함께한 음식 나눔 시간에 70가구가 참여하여 큰 호응을 얻었다.

한 다문화 가정 부모는 "처음으로 다른 부모들과 교류하며 우리 아이가 친구를 사귈 수 있는 환경을 제공받았으며, 이 행사를 통해 우리 가족이 지역사회와 더욱 가까워졌고, 다른 문화에 대해 배울 기회가 되었다"고 밝혔다.

2023년 실시한 유니온 교회 설문조사에 따르면 교회 프로그램에 참여한 부모들 중 약 35%는 서비스를 이용한 후 추가 출산을 고려하게 되었다는 조사 결과가 있다. 특히 "브라이트 퓨처 프로그램(Bright Futures Program)"의 참여 가구 중 40%는 양육 부담 완화와 직장 복귀 가능성을 이유로 프로그램 만족도를 '매우 높음'으로 평가했다. 또한 부모 워크숍에 참여한 부모들 중 85%는 양육 스트레스가 감소했다고 답했다.

(4) 성공회(Church of England)

영국 정부와 성공회(Church of England)는 수 세기 동안 긴밀한 협력 관계를 유지해 왔다. 이러한 관계는 정치, 사회, 문화 전반에 걸쳐 깊은 영향을 미쳤으며, 현대에 들어서는 저출생과 같은 사회적 문제를 해결하기 위한 협력으로 확장되고 있다.

영국 국왕은 성공회의 최고 통치자로서의 지위를 갖는다. 이는 1534년 헨리 8세가 로마 가톨릭 교회로부터 독립하여 영국 교회의 수장이 된 이후 확립된 전통이다. 국왕은 즉위 시 성공회의 교리를 준수할 것을 맹세하며, 성공회 성직자들은 국왕에게 충성을 서약한다. 이러한 구조는 종교와 국가의 유기적 협력을 상징적으로 보여준다.

성공회의 주요 성직자, 특히 주교들의 임명은 총리의 추천을 바탕으로 이루어지며, 국왕의 승인을 받는다. 주교들은 영국 상원의 비선출직 의원으로 활동하며, 입법 과정에 참여함으로써 교회가 국가의 법률과 정책에 영향을 미칠 수 있는 구조를 형성한다. 성공회는 영국의 국교로서 왕실과 국가 행사의 중심에 서 있다. 대관식, 결혼식, 장례식과 같은 주요 국가 의식은 성공회 전통에 따라 진행된다.

성공회는 공립학교와 자선 기관을 운영하며, 교육과 복지 분야에서 중요한 역할을 담당한다. 이를 통해 취약 계층을 지원하고, 지역사회의 발전과 통합을 돕는다. 최근 영국 정부와 성공회는 심각한 사회적 문제로 대두되고 있는 저출생 문제 해결을 위해 협력하고 있다.

성공회는 지역 사회 내에서 가족 중심의 프로그램을 운영하며, 부모와 아이들을 위한 돌봄 서비스와 상담 프로그램을 제공한다.

성공회는 정부와 함께 자녀 양육 및 돌봄과 관련된 법률과 정책 개발에 참여한다. 특히 성공회 소속 학교와 자선 단체를 통해 육아 부담을 줄이는 데 기여하고 있다. 예를 들어, 성공회는 유아 교육 및 보육 시설을 확장하여 부모가 직장과 가정을 병행할 수 있도록 지원하고 있다. 성공회는 생명 존중과 가정의 중요성을 강조하는 캠페인을 통해 저출생 문제의 심각성을 알리고, 사회적 인식을 변화시키는 데 노력하고 있다. [28]

물론 현대 영국은 세속화와 다문화화의 흐름 속에서 종교의 역할이 변화하고 있다. 그럼에도 불구하고 성공회와 정부는 종교의 사회적 책임을 재정립하기 위해 지속적으로 협력하고 있으며, 저출생 극복을 위한 구체적인 프로그램과 캠페인을 개발하고 있다.

맨체스터 성공회 교구의 '패밀리 퍼스트(Families First)' 프로그램[29]

패밀리 퍼스트 프로그램은 맨체스터 교구에서 운영하는 포괄적 돌봄 서비스로 한부모 가정과 이민자 가정을 주요 대상으로 한다.

돌봄 서비스는 월요일부터 금요일까지 오전 8시부터 오후 6시까지 운영되며, 6개월부터 10세까지의 아동을 대상으로 한다. 유아기 아동에게는 놀이 중심의 교육과 발달 지원을 제공하며, 초등학생에게는 방과 후 학습 지원과 미술, 음악, 스포츠와 같은 창의적 활동을 포함한 프로그램을 운영한다. 아침, 점심, 간식을 포함한 균형 잡힌 식사를 제공함으로써 영양 결핍 문제를 해결하고 있다.

부모 교육 프로그램은 양육 기술 향상, 스트레스 관리, 재정 관리 및 가계 운영 방법, 이민자 부모를 위한 영국 사회와 법률 이해를 주제로 한다. 이러한 교육은 주 1회, 2시간 동안 그룹 워크샵 형식으로 진행되며, 필요에 따라 개별 맞춤형 세션도 제공된다.

심리 상담 서비스는 스트레스와 심리적 어려움을 겪는 부모와 자녀를 대상으로 한다. 전문 자격을 갖춘 심리 상담사가 정기적인 상담 세션을 제공하며, 개인 상담과 가족 구성원 간의 소통을 강화하는 가족 상담이 포함된다.

커뮤니티 지원 네트워크는 부모들이 서로 경험을 공유하고 지지할 수 있는 자조 그룹을 형성하고, 분기별로 가족 축제, 워크샵, 소풍과 같은 커뮤니티 이벤트를 통해 지역 사회의 결속력을 강화하고 있다.

이 프로그램에 대한 지역 사회의 반응은 긍정적이다. 프로그램을 이용한 부모들은 양육 스트레스가 크게 감소하고 자녀와의 관계가 개선되었다고 평가하며, 특히 이민자 부모들은 영국 사회에 대한 이해와 적응도가 높아졌다고 보고하고 있다. 프로그램 개시 이후 매년 15% 이상의 이용자 증가율을 기록하며, 지역 사회에서 큰 호응을 얻고 있다.

재원 마련은 정부 지원, 교회 기부금 및 펀드레이징, 그리고 지역 자선 단체 및 비영리 기관과의 협력을 통해 이루어진다. 영국 정부의 보육 및 가족 복지 정책과 연계하여 주요 운영비를 충당하며, 특히 30시간 무료 보육 제도를 적극 활용하고 있다.

교회 구성원과 지역 기업의 기부를 통해 추가 재원을 확보하며, 연례 기금 모금 행사(예: 자선 콘서트, 경매)를 통해 약 20%의 예산을 마련한다. 또한 지역 기업들이 돌봄 시설 개선과 프로그램 자료를 제공하는 방식으로 후원하고 있다. 이러한 다양한 재원 확보 방법을 통해 프로그램의 지속 가능성을 유지하고 있다.

다음은 영국 성공회 공식 웹사이트에 실린 기사를 요약한 것이다.

2023년 7월 27일, 영국 성공회는 어린이, 청소년, 가족을 대상으로 한 사역을 지원하기 위해 약 1,300만 파운드(한화 약 213억 원)의 지원금을 각 교구에 배정했다. 이번 지원은 유아 그룹부터 청소년 사역 훈련생까지 포괄하며, 교구 내 새로운 회중 형성과 지역 교회 부흥을 목표로 하고 있다.

존 스펜스(John Spence) 성공회 전략 사역 투자 위원회 의장은 이 지원금이 다양한 교구에서 성공적인 프로젝트를 기반으로 새로운 회중과 어린이, 청소년, 가족을 더 많이 연결할 수 있을 것으로 기대한다고 밝혔다. 특히, 맨체스터의 Children Changing Places 프로젝트와 같은 사례는 이미 8,000명 이상의 청소년에게 긍정적인 영향을 미쳤다며 성공적인 프로젝트의 확장을 강조했다.

이번 지원은 교회가 현대 사회에서 어린이와 가족을 위한 사역에 중점을 두고, 미래 세대를 위한 지속 가능한 교회 모델을 구축하는 데 기여할 것으로 예상된다.

그림 13 맨체스터 성공회 교구의 Child Changing Places(돌봄 센터)
(https://www.manchester.anglican.org/content/images/original/t8i4yezcprsqk3lm1vnga6fhuj5bd092wx7.png)

(5) 구세군(The Salvation Army)[30]

구세군은 영국 정부의 아동 복지 정책과 긴밀하게 협력하면서 아동 보호와 돌봄 서비스를 제공하고 있다. 구세군의 프로그램은 종종 정부의 아동 복지 정책의 일환으로 운영되며, 정부는 이 단체와 협력하여 아동들이 필요한 지원을 받을 수 있도록 돕고 있다. 구세군은 특히 아동 보호와 양육에 관한 중요한 역할을 하고 있다. 예컨대 아동과 그들의 가족에게 안전한 환경과 함께 보호와 지원을 아끼지 않는다.

특히 구세군의 아동 관련 프로그램은 정부의 아동 복지 정책을 보완하며, 취약한 아동들에게 실질적인 도움을 주는 것으로 평가받고 있다.

그림 14 구세군에서 운영하는 유치원
(https://www.salvationarmy.org.uk/early-years)

(6) 세인트 폴 교회(St. Paul's Church)

세인트 폴 교회는 영국 전역에서 다양한 아동 돌봄 서비스를 제공하고 있다. 런던 도크 스트리트에 위치한 St. Paul's Nursery와 해링게이의 세인트 폴 센터에 위치한 Little Jewels Pre-School을 소개한다.

세인트 폴 유아원(St. Paul's Nursery)

세인트 폴 유아원은 영국 런던의 세인트 폴 교회와 연계하여 운영되는 아동 돌봄 기관이다.

1970년대에 설립되었으며 초기에는 교회 커뮤니티 내 취약 가정의 아이들을 위한 지원 공간으로 출발했다. 시간이 지나면서, 세인트 폴 유아원은 전문적이고 포괄적인 아동 돌봄 서비스를 제공하며 명성을 쌓게 되었다.

언어 및 의사소통 능력을 키우기 위해 책 읽기, 노래 부르기, 언어놀이와 같은 활동 등 프로그램이 다채롭다. 또한, 미술과 공예, 음악 활동, 실내외에서 균형 잡힌 신체 활동을 진행한다. 계절별 테마 활동, 자연 탐험도 빼놓을 수 없다.

세인트 폴 유아원은 주 5일, 오전 8시부터 오후 6시까지 운영된다. 부모들은 필요에 따라 전일제 또는 부분 시간제 프로그램을 선택할 수 있다. 이곳은 한 번에 약 50~60명의 어린이를 수용할 수 있다. 3개월부터 5세까지 연령대별로 반을 나누어 운영한다.

교사 대 아동 비율은 영아반이 1:3, 유아반이 1:5이다. 이는 영국의 법적 기준을 간신히 만족시키는 수치이다. 최근 리모델링을 통해 밝고 넓은 실내 공간과 안전한 야외 놀이터를 갖추었다.

2023년에 실시된 설문조사 결과에 따르면 약 92%의 부모가 시설과 교사들의 역량을 "매우 만족"으로 평가했다. 85%의 부모는 아이들의 사회적 상호작용과 언어 발달이 눈에 띄게 향상되었다고 응답했다. 많은 부모들은 "아이들이 매일 다양한 활동을 통해 배우고 성장하고 있다"며 만족을 표현했고, 특히 맞벌이 가정은 긴 운영 시간과 유연한 스케줄 옵션을 높이 평가하며, "일과 가정의 균형을 맞추는 데 큰 도움을 주었다"고 밝혔다.[31]

그림 15 세인트 폴 유아원
(https://www.stpaulsnurseryschool.co.uk/_site/data/files/images/slideshow/4ED983B0BD159C33C7B6C489D00B7F1A.jpg)

프랑스
FRANCE

2000년대 초반, 프랑스는 출산율 상승과 함께 '미니 베이비붐'이라 불리는 독특한 현상을 경험했다. 당시 신생아의 울음소리는 그 어느 때보다 활기를 띠었고, 이 배경에는 프랑스의 적극적인 가족 정책이 자리 잡고 있었다. 보육 지원, 유아교육의 보편화, 가족수당 등 다양한 정책이 결합되며 프랑스는 합계출산율 2.0명 이상을 기록, 유럽에서 가장 높은 수준을 자랑했다. 2004년에는 약 79만 7,400명의 신생아가 태어나 전년 대비 3,500명이 증가하는 성과를 보이며, 가족 친화적인 나라로 자리매김했다.

그러나 이 상승세는 영원하지 않았다. 2010년대 후반, 출산율은 다시 하락세로 돌아섰고, 2023년에는 출생아 수가 70만 명 이하로 떨어지며 사회적으로 큰 충격을 주었다. 경제적 불확실성과 청년 실업, 주거비 상승 등의 사회·경제적 요인들이 주요 원인으로 작용했다. 그럼에도 불구하고, 프랑스의 합계출산율은 여전히 유럽 평균(1.53명)을 상회하는 1.68명으로, 비교적 높은 수준을 유지하고 있다. 이는 프랑스가 오랜 시간 가족 친화적 정책에 힘써온 결과로 평가된다.

에마뉘엘 마크롱 대통령은 "더 강한 프랑스"를 위한 비전을 제시하며, 인구 재정비 계획을 포함한 새로운 가족 정책의 필요성을 강조했다. 2024년 기준, 프랑스의 GDP 대비 가족 혜택 공공지출 비중은 2.9%로, OECD 38개국 중 상위권에 해당한다.[32] 이처럼 프랑스는 재정적으로도 지속 가능하고, 사회적 합의를 기반으로 가족 지원 체계를 강화해왔다.

프랑스 가족 정책의 핵심은 "보편성과 맞춤형 지원"의 조화에 있다. 모든 가정이 기본적인 혜택을 받을 수 있도록 하면서도, 개별 가정의 필요에 맞춘 세부 지원을 제공한다는 점에서 프랑스의 접근 방식은 독창적이다.

대한민국 정부가 저출생 문제 해결을 위한 모범 사례로 프랑스를 주목하는 이유도 여기에 있다. 프랑스는 실질적인 가족 지원을 통해 출산율을 비교적 안정적으로 유지하며, 저출생 문제를 완화해왔다. 이러한 경험은 대한민국에 중요한 교훈을 제공하며, 지속 가능한 가족 정책의 설계에 있어 방향성을 제시한다.

1. 프랑스의 정치·사회·문화적 특성과 인구 [33]

1) 정치

프랑스의 현대 정치 체제는 1958년 제5공화국 헌법 제정을 통해 시작되었다. 이 체제는 대통령과 총리가 권력을 나누는 이원집정제(semi-presidential system)로 설계되었으나, 좌우동거(cohabitation)로 인한 정책 혼란이 빈번했다. 이를 해결하기 위해 2008년 개헌이 이루어졌으며, 개헌 이후 대통령의 권한이 강화되어 사실상 대통령 중심제로 전환되었다. 대통령은 내각 구성과 국가 주요 정책 방향 설정에서 강력한 권한을 가지며, 이는 정치적 안정성과 정책 실행력을 높이는 데 기여했다.

프랑스 의회는 상원(Sénat)과 국민의회(Assemblée Nationale)로 구성된 양원제를 채택하고 있다. 상원은 간접 선거로 선출되며 지방 대표성을 강조하는 역할을 하고, 국민의회는 국민의 직접 선거를 통해 구성되며 입법 과정의 중심적인 역할을 한다. 그러나 대통령 권한의 강화로 국민의회의 영향력은 약화되었다.

프랑스의 정당 정치도 변화하고 있다. 전통적으로 온건 우파 정당과 사회당 간의 경쟁 구도가 중심을 이루었으나, 유럽연합(EU) 통합과 같은 초국가적 이슈가 등장하며 정치 지형이 복잡해졌다. 유로존 위기, 난민 문제는 프랑스 정치에 새로운 갈등과 논의를 촉발시키며 기존의 좌우파 대립을 약화시키는 동시에 정치적 다양성을 확대하는 요인으로 작용하고 있다.

2) 사회

프랑스는 "자유, 평등, 박애(Liberté, Égalité, Fraternité)"라는 국가 이념을 통해 독특한 사회적 정체성을 형성해왔다. 이 국가 이념은 개인의 자유와 평등을 중시하면서도 공공의 이익을 우선시하는 공화주의(republicanism) 원칙에 기반하고 있다.

프랑스 사회의 중요한 특징 중 하나는 공화주의에 기반한 다양성 존중이다. 다문화적 사회로의 전환이 이루어지며 이민자 공동체와 다양한 문화적 배경의 사람들이 프랑스 사회를 구성하고 있다. 그러나 이러한 다양성은 사회적 긴장과 경제적 불평등을 초래하기도 한다. 특히 이민자 배경의 가정은 경제적 기회 부족과 사회적 통합의 어려움을 겪는 경우가 많다.

프랑스 정부는 이러한 문제를 해결하기 위해 세속주의(laïcité)를 강화하며, 공공 영역에서 종교적 표현을 제한하는 정책을 추진하고 있다. 대표적인 예로 2004년 공립학교에서의 종교 상징 금지법이 있다. 이 법은 공공 교육 환경에서 종교적 중립성을 유지하려는 의도로 시행되었으며, 다문화 사회로 전환 중인 프랑스가 종교적 갈등을 완화하려는 노력을 보여준다. 또한, 2011년 부르카 착용 금지법은 여성의 인권 보호와 공공의 중립성 강화를 목표로 하지만, 종교적 자유와 세속주의 원칙 간의 충돌을 야기하며 지속적인 논쟁을 불러일으켰다.[34]

프랑스는 의료와 교육 등 사회 복지 시스템을 통해 평등을 실현하려 노력해왔다. 프랑스의 의료 시스템은 보편적 의료 서비스를 제공하며, 유럽 내에서 가장 효율적인 시스템 중 하나로 평가받고 있다. 교육 분야에서도 무상교육과 공교육 강화를 통해 사회적 이동성을 촉진하고 있으나, 지역 간 교육 격차와 이민자 배경 학생의 학업 성취도는 여전히 해결해야 할 과제로 남아 있다.

3) 문화

프랑스는 유럽 문명의 중심지로서 문학, 철학, 예술 등 다양한 분야에서 세계적으로 중요한 영향을 끼쳐왔다. 계몽주의 시대의 사상가들인 루소와 볼테르는 현대 민주주의와 인권 사상의 기틀을 마련하는 데 기여했다. 프랑스의 문화적 영향력은 언어를 통해서도 드러나며, 프랑스어는 국제 외교와 예술 분야에서 중요한 위치를 차지하고 있다.

프랑스 문화는 고급 문화와 대중 문화를 동시에 포용한다. 미술, 패션, 영화 산업은 세계적으로 높은 평가를 받고 있으며, 특히 칸 영화제와 같은 국제 행사는 프랑스가 문화적 선도국으로 자리 잡는 데 기여하고 있다. 동시에 현대 대중 문화를 통해 글로벌 문화 흐름에 적극

적으로 참여하며, 음악, 영화, 스포츠 분야에서 활발히 활동하고 있다.[35]

4) 인구

프랑스는 2024년 기준으로 약 6,654만 명의 인구를 보유하고 있으며, 이는 유럽연합(EU) 내에서 두 번째로 많은 규모이다. 평균 수명은 여성 85.7세, 남성 80세로 연장되면서 고령화가 진행되고 있으며, 이는 경제적, 사회적 부담을 가중시키고 있다. 프랑스 인구의 약 20%는 65세 이상의 고령 인구로 구성되어 있다. 이러한 다문화적 인구 구성은 프랑스 사회의 중요한 특징 중 하나이다.

프랑스의 인구 구조는 출산율 감소와 고령화라는 두 가지 요인이 병행되며 변화하고 있다. 합계출산율은 2024년 기준으로 1.847명으로, 대체 출산율인 2.1명에 미치지 못하고 있다.

2. 프랑스 가구 구성 변화와 사회적 영향

프랑스의 인구와 가구 구성은 지난 수십 년간 지속적으로 변화해 왔다. 이는 출산율 감소, 기대수명 증가, 그리고 사회적, 경제적 요인의 영향을 받은 결과로 볼 수 있다.

2024년 1월 기준, 프랑스의 인구는 약 6,840만 명으로 전년 대비 0.3% 증가했다. 2023년 프랑스의 출생아 수는 678,000명으로 2022년 대비 7% 감소하였으며, 합계출산율은 1.68명으로 2022년의 1.79명보다 하락하였다. 그러나 이는 한국의 출산율보다 약 2배 높은 수준이다. 같은 해 사망자 수는 631,000명으로 감소하였으며, 출생 시 기대수명은 남성 80.0세, 여성 85.7세로 집계되었다.[36]

프랑스 국립통계경제연구소(INSEE)의 예측에 따르면, 2018년부터 2050년까지 프랑스의 가구 수는 연평균 약 0.42% 증가할 것으로 보인다. 2018년의 2,980만 가구에서 2050년에는 약 3,400만 가구로 증가하며, 인구 증가가 활발할 경우 최대 3,590만 가구까지 늘어날 가능성도 제기되고 있다. 이는 과거 데이터에서도 확인되며, 프랑스의 가구 수는 1990년 2,200만 가구에서 2020년 3,000만 가구를 돌파하며 약

800만 가구가 증가했다. 이는 인구 증가뿐 아니라 동거 형태와 인구 구조의 변화에 기인한 것이다.

프랑스의 가구당 평균 구성원 수는 1968년 3.1명에서 2018년 2.2명으로 감소하였다. 이는 가족 형태의 변화, 고령화, 독신 생활의 증가 등 구조적 요인에 따른 것이다. INSEE에 따르면, 2008년부터 2018년까지는 인구 증가가 가구 수 증가의 주요 요인이었으나, 2018년 이후에는 동거 형태와 인구 구조 변화가 주요 동력으로 자리 잡고 있다.

그렇다면 프랑스의 가구 구성의 변화를 살펴보기로 한다. 가구구성의 변화를 통해 사회적 변화를 읽을 수 있기 때문이다. 무엇보다 1인 가구가 증가했다. 1990년 전체 가구의 27%를 차지했던 1인 가구는 2020년 37.4%로 크게 늘었다. 2050년까지 1인 가구의 비율은 28%에 이를 것으로 예상된다. 주요 원인으로는 독신 생활의 증가와 고령화, 이혼 및 배우자 사별을 꼽을 수 있다.

또 한부모 가정이 증가했다. 한부모 가정은 꾸준히 증가하고 있다. 이는 전통적 가족 구조가 약화되고 있음을 보여준다.

1) 프랑스 가구 구성 변화

프랑스는 지난 수십 년간 가구 구성 변화의 흐름 속에서 독특한 사회적 특징을 드러내고 있다. 인구 증가와 함께 동거 형태의 다변화, 1인 가구 증가, 다문화 가구 확대 등이 사회 전반에 걸쳐 중요한 영향을 미치고 있다. 이러한 변화는 프랑스의 주택 정책, 복지 시스템, 그리고 사회적 통합에 큰 영향을 미치며, 그 분석은 현대 사회 연구에서 필수적이다.

프랑스에서 1인 가구는 지속적으로 증가하고 있다. 1990년 전체 가구의 27%를 차지했던 1인 가구는 2020년에는 37.4%로 증가하였으며, 2050년까지 약 40%에 이를 것으로 예상된다. 이는 독신 생활을 선호하는 문화적 변화, 이혼율 상승, 그리고 고령화가 주요 원인으로 작용한 결과이다(INSEE, 2023)

1인 가구의 증가는 프랑스 사회의 생활 방식 변화를 반영하며, 주택 수요 증가, 소비 패턴 변화, 그리고 사회적 고립 문제가 부각되고 있다. 특히, 고령 1인 가구의 경우, 의료와 복지 시스템의 부담을 가중시키는 요소로 작용하고 있다.

2) 한부모 가정의 증가

한부모 가정은 1990년대 이후 꾸준히 증가하고 있으며, 이는 전통적 가족 구조의 약화와 이혼율 증가, 그리고 배우자 사망 등이 원인으로 분석된다. 2020년 기준, 전체 가구 중 한부모 가정의 비율은 약 16%에 달하며, 이 비율은 계속 증가할 것으로 예상된다(OECD, 2023).

한부모 가정의 증가는 자녀 양육과 경제적 지원에 대한 복지 제도의 필요성을 강조한다. 프랑스는 이를 해결하기 위해 자녀 양육 보조금, 공공 보육 서비스 강화, 그리고 한부모 가정을 위한 세제 혜택 등을 도입하고 있으나, 여전히 정책적 개선의 여지가 남아 있다.

3) 이민자 유입과 다문화 가구의 증가

프랑스는 이민자를 대규모로 수용하는 유럽 내 대표 국가로, 이러한 이민자 유입은 프랑스 사회에 다방면에서 중대한 영향을 미치고 있다. 다문화 가구의 증가는 프랑스의 경제적 활력을 높이는 동시에 사회적 통합 문제를 두드러지게 한다.

프랑스는 유럽에서 가장 많은 이민자를 수용하는 국가 중 하나로, 매년 약 30만 명 이상의 이민자가 프랑스에 정착한다(INSEE, 2024). 이들은 주로 북아프리카, 사하라 이남 아프리카, 그리고 중동 지역에서 유입되며, 프랑스 노동 시장과 사회 구조에 중요한 영향을 미치고 있다.

다문화 가구는 프랑스 가구의 약 15%를 차지하며, 문화적 다양성을 확대하는 데 기여한다. 이민자 가구는 전통적인 프랑스 가족 모델과는 다른 형태의 가족 구조를 보여주며, 이는 교육, 언어, 종교 등 다양한 차원에서 프랑스 사회에 새로운 도전과 기회를 동시에 제공한다.

이민자들은 농업, 건설업, 서비스업 등 다양한 분야에서 프랑스 경제에 필수적인 노동력을 제공한다. 특히, 인구 고령화로 인해 줄어드는 노동력을 보완하며 특정 산업의 지속 가능성을 유지하는 데 중요한 역할을 하고 있다. 예를 들어, 이민 노동자들은 프랑스의 농업 생산성 증가와 도시 기반 시설 유지에 핵심적이다

다만, 이민자와 기존 프랑스 시민 간의 경제적 불균형은 사회적 긴장을 초래하기도 한다. 이민자 가구는 대체로 낮은 소득 수준과 주거 환경 문제를 겪고 있으며, 이러한 경제적 격차는 사회적 통합의 장애물로 작용하고 있다.

이처럼 이민자와 기존 주민 간의 문화적 차이는 사회적 갈등을 유발하기도 한다. 종교적 차이와 언어 장벽은 이민자들이 프랑스 사회에 완전히 통합되기를 어렵게 만드는 주요 요인 중 하나이다. 특히, 일부 지역에서는 이민자 밀집으로 인해 공공 서비스 과부하와 지역 사회 간의 긴장이 나타나고 있다.

3. 프랑스의 가족정책(politique familiale)

프랑스에서는 '저출생 정책'이나 '출산 정책'이라는 용어 대신 '가족정책(Politique Familiale)'이라는 표현을 주로 사용한다. 이는 출산을 장려하는 데만 집중하지 않고, 자녀의 출산과 양육을 지원함으로써 가족의 경제적 부담을 줄이고 가정의 생활 수준이 저하되지 않도록 설계된 포괄적인 정책임을 의미한다. 이러한 접근은 자녀를 둔 모든 가정이 안정적이고 균형 잡힌 생활환경을 유지하도록 돕는 데 초점을 맞추고 있다.

프랑스 가족정책의 핵심은 가족의 생활 안정성을 높이는 동시에 사회적 평등과 경제적 지속 가능성을 추구하는 데 있다. 이를 실현하기 위해 프랑스의 가족정책은 크게 가족혜택과 가족세제 혜택이라는 두 축으로 나뉘어 운영된다. 두 분야 모두 가족의 경제적 부담을 완화하고 실질적인 지원을 제공하는 것을 목표로 한다.

가족혜택은 다양한 가족 구성원을 대상으로 하며 다음과 같은 세부 지원을 포함한다. 첫째, 일반 부양 수당은 자녀를 둔 모든 가정을 대상으로 지급되며, 기본적인 생활비를 지원한다. 둘째, 출산 및 보육 지원은 출산 비용 보조금, 보육 시설 이용 지원금, 가정 보육 보조금 등을 통해 부모가 경제적 부담 없이 출산과 양육을 이어갈 수 있도록 돕는다. 마지막으로, 특수 할당은 한부모 가정, 저소득층, 장애 아동 가정 등 취약계층을 대상으로 추가적인 재정 지원을 제공한다. 이처럼 프랑스의 가족혜택은 모든 가정을 포괄하면서도 더 많은 도움이 필요한 가정에 맞춤형 지원을 제공하는 데 중점을 둔다.

한편, 프랑스 가족정책의 또 다른 중요한 축은 가족세제 혜택이다. 이 혜택은 세제 감면을 통해 가족의 경제적 부담을 줄이는 데 주력한다. 특히 가족 분할 세제(Quotient Familial)는 프랑스 가족정책의 대표적인 사례로 꼽힌다. 이 제도는 가족 구성원의 수에 따라 소득세를 조정하는 방식으로, 자녀가 많을수록 세금 부담을 줄여준다. 이를 통해 다자녀 가정의 경제적 부담을 효과적으로 완화하고, 가족의 생활 수준을 유지하는 데 기여한다.

이 장에서는 이러한 프랑스 가족정책의 역사적 배경, 주요 내용, 그리고 그 정책이 실제로 어떤 변화를 가져왔는지를 분석한다. 프랑스가 가족을 위한 정책을 어떻게 사회적 우선순위로 삼고 실천했는지 살펴보며, 그 과정에서 얻은 성과와 교훈을 담아냈다. 또한, 저출생 문제가 심각한 다른 국가들에 시사점을 제공하고자 한다.

프랑스의 경험은 출산 장려를 넘어서 모든 가족이 안정된 환경에서 삶을 영위하도록 지원하는 포괄적 접근이 얼마나 중요한지를 보여준다.

1) 출산 장려 정책(Politiques pour encourager la natalite)

(1) 가족정책의 역사[37]

프랑스 가족정책의 탄생은 1932년으로 볼 수 있다. 이 시기 프랑스는 다자녀 가구를 지원하기 위해 가족수당 제도를 도입하였다. 이는 국가 차원에서 자녀 양육의 경제적 부담을 덜어주는 정책의 시작이었다. 이어 1939년에는 가족 및 출산법을 제정하여 친출산주의적 가족정책을 본격적으로 시행했다. '친출산주의적 가족정책'이란 출산율을 높이기 위해 국가가 가정에 대한 제도적이고 체계적인 지원을 제공하는 정책을 의미한다. 즉 단지 출산을 장려할 뿐만 아니라 자녀 양육으로 인한 경제적 부담을 줄이고, 출산과 양육이 가정의 생활수준을 저하시키지 않도록 설계된 포괄적인 접근이다.

1945년에는 가족수당 기금이 사회보장제도에 통합되면서 더 체계적인 지원이 이루어졌다. 가족계수(Quotient Familial)를 통해 자녀 양육의 경제적 부담을 세금 감면으로 보상하는 체계가 구축되었고, 이는 이후 프랑스 가족정책의 근간이 되었다. 가족계수란 가구의 소득세를 가구 구성원의 수에 따라 나누어 산정하는 세금 제도를 의미한다.

1970년대 중반 이후, 프랑스 여성의 임금근로 참여가 지속적으로 증가하면서 가족정책은 중요한 전환점을 맞이하게 되었다. 이전까지의 정책이 전업주부를 전제로 했다면, 이제는 일하는 부모의 일·가정 양립을 지원하는 방향으로 변화하게 된 것이다.

1978년, 전업주부 수당이 폐지되었고, 1985년, 3명 이상의 자녀를 둔 부모를 대상으로 육아휴직수당이 도입되었다. 1994년, 육아휴직수당이 2명의 자녀가 있는 부모까지 확대되었다. 이 시기는 전업주부에서 워킹맘으로의 대전환 시대로 볼 수 있다. 프랑스는 출산과 양육이 여성의 고용에 미칠 수 있는 부정적 영향을 완화하고자 일·가정 양립 지원에 집중했다. 그 결과, 1990년대 말부터 출산율이 점진적으로 증가하기 시작했으며, 2000년대 이후에는 유럽에서 가장 높은 출산율을 기록하게 되었다.

프랑스의 가족정책은 양성평등의 가치를 중심에 두고 지속적으로 발전해왔다. 특히 2014년에는 실질적 양성평등법이 도입되었는데, 이는 가족 내 돌봄 역할이 특정 성별에만 집중되지 않도록 양성평등적 돌봄 문화를 제도화하려는 시도였다. 이러한 법은 여성뿐만 아니라 남성도 돌봄의 주체로서 참여하도록 장려하며, 가족 구성원 모두의 균형 잡힌 역할 분담을 목표로 했다.

이어 2015년에는 육아분담수당이 도입되었다. 이 정책은 아버지의 육아휴직 사용을 적극적으로 권장함으로써 어머니의 노동시장 복귀를 보다 원활하게 지원하고자 했다. 당시 여성의 경력 단절이 사회적으로 큰 문제가 되었기에, 정부는 이러한 지원을 통해 부모 모두가 자녀 양육에 균등하게 참여할 수 있는 환경을 조성하려 했다.

결국 이 시기의 정책들은 양성평등을 실질적으로 구현하는 방향으로 나아가면서, 일과 가정의 양립이 가능하도록 돕는 중요한 토대를 마련했다. 이는 여성의 경제적 독립을 강화하고, 가족 전체의 안정성을 높이는 데 크게 기여했다.

2021년에 접어들면서 프랑스의 가족정책의 전체적인 윤곽이 분명해졌다. 그러나 이러한 정책에도 불구하고 출산율이 급격하게 감소하자, 2024년 1월 16일, 마크롱 대통령은 프랑스의 인구 재정비를 위해 새로운 정책을 발표했다.(The Telegraph, 2024.01.16.) 그 주요 내용을 간추려 본다.[38]

> 기존 프랑스 여성들은 둘째 자녀까지 산전 6주와 산후 10주, 총 16주의 출산휴가를 사용할 수 있었다. 마크롱 대통령은 이를 부모 모두가 산후 6개월의 출산휴가를 사용할 수 있도록 연장하고, 해당 기간 동안의 지원금도 인상하겠다고 발표했다.
> 현재 최대 3년까지 가능한 육아휴직 제도는 실효성이 낮다. 여성 14%, 남성 1%만이 이용(2023년 기준)하고 있으며, 보조금(월 약 60만 원)이 부족하기 때문이다. 이에 마크롱 대통령은 출산 후 6개월간의 출산휴가와 함께 지원금을 늘리는 대안을 제시했다.

최근 남성과 여성 모두 불임 문제가 급격히 증가하고 있다는 지적에 따라 대대적인 불임 퇴치 계획을 추진하겠다고 밝혔다.

(2) 프랑스 가족수당법(Allocations Familiales Act)의 역사

프랑스 가족수당법은 1932년 도입 이후 가족 복지를 위한 중요한 제도로 자리 잡았다. 이 제도는 시대적 요구에 따라 발전하며 가족의 경제적 안정과 출산율 유지, 그리고 사회적 평등을 강화하는 데 기여해왔다. 현재에도 프랑스 가족수당법은 복지국가의 핵심 요소로 작용하며, 변화하는 사회적 요구에 맞춰 지속적으로 개선되고 있다.

19세기 말과 20세기 초 프랑스는 저출산 문제와 노동자 계급의 생활 안정 문제로 인해 심각한 사회적 도전에 직면했다. 특히, 1870-1880년대부터 출산율이 감소하면서 정부는 노동력 유지와 국가 경쟁력 강화를 위해 가족 지원 정책의 필요성을 인식하게 되었다. 이러한 요구는 1914년 제1차 세계대전 이후 더욱 심화되었으며, 급격한 인구 감소와 전쟁의 사회적 여파로 인해 가족에 대한 재정적 지원이 필수적이라는 사회적 합의가 이루어졌다.

1932년에 제정된 가족수당법(Loi des Allocations Familiales)은 프랑스 복지 정책의 전환점을 마련한 중요한 제도로 평가받는다. 이 법은 두 가지 주요 목적을 가지고 도입되었다. 첫째, 출산율 증가를 도모하는 것이었다. 저출산 문제는 노동력 부족과 국가 경쟁력 약화로 이어질 위험이 있었으며, 가족수당법은 다자녀 가정의 경제적 부담을 완화하여 자녀 출산을 장려하는 데 초점을 맞췄다. 둘째, 사회적 평등을 강화하는 것이었다. 이 법은 경제적 약자와 노동자 계층의 삶의 질을 향상시키고, 이를 통해 사회적 안정성을 확보하고자 했다. 가족수당은 경제적 계층 간 격차를 줄이며 모든 가정이 자녀를 양육하는 데 필요한 최소한의 재정적 지원을 받을 수 있도록 설계되었다.

법 시행 초기에는 두 자녀 이상을 둔 가정에 수당이 지급되었으며, 기업이 자율적으로 기금을 조성하여 직원들에게 지급하는 방식으로 운영되었다. 이는 노동자 계층의 생활수준을 개선하고, 다자녀 가정의 빈곤 문제를 완화하는 데 기여했다.

프랑스 가족수당법은 현대 복지국가의 기반을 형성하는 데 있어 중요한 역할을 했다. 이 법은 단순히 가족 복지를 위한 재정적 지원을 넘어, 프랑스 사회의 경제적 안정과 사회적 연대를 강화하는 데 기여하며, 오늘날에도 지속적으로 발전하고 있다.

(3) 가족수당법의 발전과 확장[39]

프랑스 가족수당법은 1932년 제정 이후, 여러 차례의 개정을 거치며 점진적으로 발전하고 확장되었다. 시대적 변화와 사회적 요구에 맞춰 가족 복지를 강화하고, 보다 포괄적인 지원 체계를 구축하는 방향으로 진화해왔다.

가장 중요한 변화 중 하나는 1945년 복지국가 체제의 도입이다. 제2차 세계대전 이후, 프랑스는 국가가 가족수당 제도를 직접 관리하는 체계를 구축했다. 1945년 설립된 프랑스 가족수당기금(CAF, Caisse d'Allocations Familiales)은 가족수당의 운영과 지급을 전담하는 기관으로 자리 잡았다. 이 시기에 가족수당의 재원이 사회보험료에 통합되었고, 초기에는 특정 직업 계층에 한정되었던 지원 대상이 모든 직업 계층으로 확대되었다. 이러한 변화는 가족수당법을 프랑스 복지국가의 중심축으로 자리매김하게 했다.

1970년대 들어, 프랑스 사회는 급격한 사회적 변화를 겪었다. 여성의 경제활동 참여가 증가하면서 전통적인 가족 구조가 변화하기 시작했다. 한부모 가정의 증가와 비혼 출산 등 다양한 가족 형태가 나타나면서, 가족수당법 역시 이와 같은 변화를 반영하도록 개편되었다. 이 시기의 개혁은 가족 형태와 소득 수준에 따라 맞춤형 지원을 제공하는 방향으로 가족수당법을 진화시켰다. 특히, 여성의 노동시장 참여를 지원하면서도 자녀 양육에 대한 경제적 부담을 완화하려는 정책적 노력이 강화되었다.

1990년대에는 프랑스 정부가 출산율 감소 문제에 대응하기 위해 다자녀 가정을 위한 지원을 크게 확대했다. 이 시기에는 세 번째 자녀부터 지급되는 가족수당의 금액이 대폭 증가했고, 가족수당 외에도 출산 보조금과 육아휴직 지원 등 다양한 가족 복지 정책이 포함된 포괄적 지원 체계가 강화되었다. 이러한 변화는 다자녀 가정의 경제적 부담을 완화하고, 더 많은 자녀를 가질 수 있는 환경을 조성하는 데 중점을 두었다.

(4) 현황과 난제

그러나 이러한 가족수당법도 몇 가지 도전 과제에 직면해 있다. 프랑스의 출산율은 2024년 기준으로 1.83명으로 유럽 평균인 1.53명을 상회하고 있지만, 여전히 인구 감소를 막기에는 부족하다. 특히 출산율이 장기적으로 하락세를 보이는 상황에서 가족수당이 출산율 증가에 충분히 기여하고 있는지에 대한 의문이 제기되고 있다.

가족수당 지급에 필요한 재정 부담은 매년 증가하고 있으며, 이는 프랑스 복지 시스템의 효율적 운영에 큰 도전 과제가 되고 있다. 고령화와 같은 인구 구조의 변화는 사회보험료 재정에 추가적인 압박을 가하고 있으며, 이에 따라 가족수당 제도의 장기적인 지속 가능성을 보장하기 위한 개선책이 요구된다.

프랑스 대도시와 지방 간의 생활비 차이로 인해 가족수당의 실질적인 효과는 지역마다 다르게 나타난다. 대도시에서는 높은 주거비와 생활비로 인해 가족수당이 양육비 부담을 충분히 완화하지 못하는 반면, 지방에서는 상대적으로 더 큰 경제적 효과를 발휘한다. 이러한 지역 간 불균형은 가족 복지 정책의 형평성과 효과성에 대한 논의를 불러일으키고 있다.

프랑스의 가족수당법은 가족 복지를 위한 중요한 제도로서 오늘날에도 사회적 안정과 출산율 유지에 기여하고 있다. 하지만 저출산 문제, 재정적 지속 가능성, 지역적 불균형과 같은 도전 과제를 해결하지 못한다면, 제도의 효과가 제한될 수 있다. 따라서 프랑스 정부는 가족수당법을 더욱 효율적이고 형평성 있게 운영하기 위해 개혁 방안을 모색해야 하며, 변화하는 사회적 요구를 반영한 새로운 접근 방식을 도입할 필요가 있다.

(5) 프랑스 가족수당의 종류

출생 수당(Prime à la Naissance)

프랑스 정부는 다양한 가족수당을 통해 출산율 유지와 자녀 양육 지원에 힘쓰고 있다. 특히, 출생 수당(Prime à la Naissance)은 자녀 출산에 따른 초기 경제적 부담을 덜어주어, 부모가 안정된 환경에서 출산 준비를 할 수 있도록 지원하는 핵심적인 정책이다. 출생수당은 가족 정책 전반과 연결되어 있으며, 다른 수당(예: 자녀수당, 학교 입학 지원 수당)과 함께 부모의 전 생애 주기에 걸쳐 지원을 제공한다.

즉 포괄적 가족 지원 시스템으로 부모와 자녀의 생애 전반에 걸쳐 경제적 안정과 복지를 지원하며, 출산부터 양육, 교육, 그리고 주거 지원에 이르는 다양한 필요를 포괄한다. 또한, 가족 구성원의 생애 주기 변화에 따라 지원 방식이 조정되어, 가족이 직면하는 다양한 상황에 유연하게 대처할 수 있도록 설계되었다.

임신 7개월 이상이거나 출생 후 2개월 이내의 자녀를 둔 부모를 대상으로 하며, 가구 소득이 프랑스 가족수당기금(CAF)이 정한 상한선 이하일 경우에 지원 대상에 포함된다. 부모는 의사의 임신 확인서와 출생증명서를 제출해야 하며, CAF에 사전에 등록되어 있어야 한다. 출생 후 초기 양육비용을 집중적으로 지원함으로써 부모가 출산과 양육에 대한 두려움을 줄이고, 자녀를 더 긍정적으로 계획할 수 있도록 돕는다.

출생수당은 자녀 출생에 따른 초기 비용을 지원하여 부모가 경제적 부담 없이 출산 준비를 할 수 있도록 돕는다. 프랑스의 가족수당기금(CAF)을 통해 관리되며, 출생 후 몇 달 내에 일회성으로 지급된다.

자녀 순위	지급금액
첫째	약 1,000유로 (약 142만 원)
둘째	약 1,200유로 (약 170만 원)
셋째	약 1,200유로 (약 213만 원)

표 7 출생수당 지급 기준(2024년)

지원 대상은 가구 연 소득이 CAF이 정한 상한선 이하인 경우에 한정된다. 2024년 기준, 자녀가 한 명인 가구의 소득 상한은 약 33,000유로이며, 두 명 이상의 자녀를 둔 가구의 경우 상한선이 자녀수에 따라 40,000유로 이상이다. 이 상한선은 가구의 재정 상황에 따라 추가적으로 조정될 수 있다. (2024년 CAF 공식 웹사이트 자료 참고)

자녀수당 (Allocation Familiales)

프랑스의 자녀수당은 자녀수가 많을수록 가중되는 경제적 부담을 완화하려는 목적으로 설계된 제도로, 자녀가 두 명 이상일 때부터 지급된다. 이 정책은 다자녀 가정을 대상으로 하며, 자녀의 나이는 만 20세 미만이어야 하며, 14세 이상 자녀에게는 추가 금액이 지급된다. 다만, 장애가 있는 자녀 등 특정 조건에서는 추가적인 지원이 제공될 수 있으나, 일반적으로 한 명의 자녀만 있는 경우 자녀수당은 지급되지 않는다.

자녀수	지급금액
2명	약 132유로 (약 18만 원)
3명	약 302유로 (약 41만 원)
추가자녀	자녀 1명당 약 170유로 (약 23만 원)

표8 자녀수당 지급 금액 (2024년 기준)

자녀수당은 CAF에 신청하며, 자녀의 출생 신고 후 자동으로 지급된다. 소득 및 가구 구성 변화에 따라 매년 갱신되어 최신 정보를 반영해 지급된다.

프랑스 자녀수당은 다자녀 가정의 경제적 안정에 기여하며, 출산율 유지에 큰 영향을 미친다. 2024년 기준 프랑스의 합계출산율은 1.83명으로, 유럽 평균인 1.53명보다 높은 수준을 유지하고 있다. 이는 자녀수당을 포함한 포괄적인 가족 지원 정책 덕분이라는 평가를 받는다.

예컨대 지역 언론 《라 프로방스(La Provence)》는 2023년 6월 15일자 기사에서 다음과 같은 사례를 보도했다. 프로방스 지역의 한 가정은 자녀수당으로 매월 약 302유로를 지원받아 기본 생활비뿐만 아니라 자녀들의 학용품 구입, 방과 후 스포츠 활동 등록, 계절별 옷 마련 등 다양한 분야에 활용했다. 이는 자녀수당이 실질적으로 가족의 생활 안정과 자녀 양육 환경 개선에 기여하고 있음을 보여준다.

또한, 2023년 프랑스 가족수당금고(CAF) 연례 보고서는 자녀수당이 다자녀 가정의 경제적 부담 완화에 중요한 역할을 하고 있으며, 프랑스의 출산율 유지에 핵심적인 요소로 작용하고 있음을 강조했다.

그러나 자녀수당 정책의 한계와 개선 필요성도 존재한다. 몇 가지 예를 들자면, 프랑스의 중산층(연 소득 35,000~60,000유로, 약 5천만 원~8천5백만 원)은 수당 지급 기준을 초과하여 자녀수당 지원에서 소외되는 경우가 많다. 특히, 대도시에서 생활비가 높은 가정은 이러한 재정적 부담을 고스란히 떠안아야 하는 상황이 자주 발생한다. 대도시에서는 수당 금액이 실제 양육비용을 충당하기에 충분하지 않다는 지적도 제기되고 있다.

또한 자녀수당의 금액이 물가 상승률에 제대로 반영되지 않아 실질 구매력이 감소하고 있다. 특히, 에너지 가격 상승, 주거비 증가 등으로 인해 부모들이 자녀 양육비용을 충당하는 데 어려움을 겪는 사례가 늘고 있다.

수당 금액이 일률적으로 설정되어 지역별 생활비 차이를 충분히 고려하지 못하고 있다. 예컨대, 대도시와 농촌 지역 간 양육비 격차를 고려한 차등 지급이 필요하다는 의견이 제기되고 있다.

자녀수당 정책이 가진 한계를 보완한다면, 이 제도는 더욱 효과적인 사회적 안전망으로 자리 잡을 수 있다. 이를테면 중산층이 정책 지원에서 소외되지 않도록 소득 기준을 완화하거나 단계적으로 지원 범위를 확대할 필요가 있다. 또 수당 금액에 물가 상승률을 반영해 실질적인 구매력을 유지하고, 대도시와 농촌 지역의 생활비 격차를 고려해 수당 지급 금액을 조정함으로써 더 균형 있는 지원을 제공할 수 있다.

영유아 양육 지원 수당(Prestation d'accueil du jeune enfant, PAJE)

PAJE는 2004년 프랑스 정부에 의해 도입된 제도로, 기존에 개별적으로 운영되던 출산 및 육아 관련 보조금 제도를 통합한 것이다. 이는 부모들이 더 간편하게 혜택을 받을 수 있도록 행정 절차를 단순화하고, 양육비 지원을 체계적으로 관리하기 위해 설계되었다. PAJE는 출산 후부터 자녀가 어린이집이나 학교에 입학하기 전까지의 기간 동안 가정을 재정적으로 지원하는 것을 목표로 한다. 주요 목적은 부모가 직장 생활과 육아를 병행할 수 있도록 돕고, 출산 및 육아로 인한 경제적 부담을 완화함으로써 출산율을 높이는 데 있다. 이 제도는 가구의 소득 수준, 자녀의 수, 부모의 고용 상태에 따라 지급된다.

PAJE는 자녀수에 상관없이 첫째 아이부터 지원이 가능하지만, 일부 보조금은 둘째 아이 이상에게만 지급된다. 출산 및 입양 지원금(Prime à la naissance ou à l'adoption)은 출산이나 입양 시 지급되는 일회성 보조금으로, 출산 초기 비용을 충당하는 데 사용된다. 기본 수당(Allocation de base)은 자녀가 어린 시기에 매월 지급되는 보조금으로, 자녀 양육비용을 지원한다. 보육비 지원금(Complément de libre choix du mode de garde)은 부모가 아이를 맡길 보육 시설이나 개인 보육인을 선택할 때 발생하는 비용을 보조한다. 육아 활동 지원금(Complément de libre choix d'activité)은 부모 중 한 명이 육아를 위해 직장을 쉬거나 근무 시간을 단축할 경우 지급되는 보조금이다.

PAJE는 저소득 가정을 포함해 다양한 계층에 재정적 안정성을 제공하며, 출산과 육아로 인한 경제적 불안을 덜어준다. 또한, 이 제도는 프랑스의 출산율 증가와 여성의 경제활동 참여, 그리고 양성평등에 매우 긍정적인 영향을 미치고 있다. 예컨대, PAJE 도입 이후 프랑스의 합계출산율(TFR)은 2000년대 초반부터 유럽 평균을 상회했으며, 여성들의 고용률 증가에도 기여했다. PAJE는 육아와 경력의 병행을 지원하는 대표적인 제도로, 프랑스 사회의 지속 가능성과 가족 친화적 환경 조성에 중요한 역할을 하고 있다.

장애 아동 교육 지원 수당

프랑스의 장애 아동 교육 지원 수당(Allocation d'Éducation de l'Enfant Handicapé, AEEH)은 장애를 가진 아동을 양육하는 가정에 제공되는 주요 재정 지원 제도이다. 이 제도는 장애 아동의 교육, 치료, 일상생활 지원과 관련된 추가 비용을 보조하기 위해 설계되었으며, 기본 수당(Base Allocation)과 추가 수당(Compléments)으로 구성된다.

기본 수당은 모든 자격 요건을 충족하는 장애 아동의 부모에게 지급되며, 2024년 기준 월 142.70유로로 책정되어 있다. 이는 장애 정도와 관계없이 지급되며, 장애 아동을 양육하는 데 따른 일반적인 추가 비용을 보조한다. 추가 수당은 아동의 장애 정도와 가족의 상황에 따라 6단계로 나뉘어 지급되며, 월 최대 1,150유로에 이를 수 있다. 장애로 인해 부모가 직장을 그만두거나 근무 시간을 단축해야 하는 경우, 특별한 의료 서비스나 장비가 필요한 경우, 또는 병원 방문 및 치료로 추가 교통비용이 발생하는 경우에도 보조금이 지급된다.

AEEH는 20세 미만의 장애 아동을 양육하는 가정을 대상으로 하며, 신청은 각 지역의 장애 아동 지원 기관인 MDPH(Maison Départementale des Personnes Handicapées)를 통해 이루어진다. 신청이 승인되면 CAF(Caisse d'Allocations Familiales)에서 수당이 지급된다. 이 과정은 장애 아동의 필요를 충족하고 가정에 실질적인 재정적 지원을 제공하기 위해 체계적으로 운영된다.

프랑스 정부는 AEEH를 통해 장애 아동을 둔 가정의 재정적 부담을 줄이고, 교육 및 사회 통합을 촉진하고자 한다. 장애 아동을 양육하는 데 소요되는 비용은 일반 가정보다 훨씬 크며, 의료비, 보조 도구, 돌봄 서비스 등 추가 지출은 부모에게 상당한 재정적 압박을 준다. AEEH는 이러한 부담을 경감함으로써 부모의 불안감을 줄이고, 더 많은 자녀를 계획할 수 있는 환경을 조성한다.

이 제도는 프랑스의 저출생 문제 해결에도 중요한 역할을 한다. 장애 아동 양육으로 인해 발생하는 재정적 부담이 경감됨에 따라 부모들은 추가 출산에 대해 더 긍정적인 태도를 가질 수 있다. 비록 AEEH와 출산율 간의 직접적인 상관관계를 입증하는 구체적인 연구는 부족하지만, 장애 아동 지원 체계가 부모들의 심리적 안정과 경제적 부담 경감에 기여한다는 점은 여러 사례에서 확인된다. 이는 장애 아동이 존중받고 적응할 수 있는 환경을 조성함으로써 부모들이 더 많은 자녀를 계획할 수 있는 기반을 제공한다.

결론적으로, AEEH는 단순히 장애 아동을 둔 가정의 경제적 부담을 덜어주는 제도를 넘어, 프랑스의 저출생 문제를 해결하고 부모들이 더 많은 자녀를 계획하고 양육할 수 있도록 돕는 포괄적인 정책이다.

한부모 가정 지원 수당 (ASF:Allocation de Soutien Familial)[40]

ASF는 프랑스의 가족 정책 중 중요한 축을 이루는 제도로, 특히 한부모 가정과 그 자녀들의 복지 향상에 기여한다. 이 수당은 특정 소득 기준 없이 모든 가정이 소득 수준에 관계없이 신청할 수 있으며, 2024년 4월 1일부터 2025년 3월 31일까지 자녀 1인당 월 195.86유로가 지급된다. 부모가 모두 부재한 경우에는 자녀 1인당 월 261.06유로가 지급된다.

ASF는 한부모 가정을 지원하기 위해 마련된 제도로, 부모 중 한 명이 자녀를 양육하지 않거나 연락이 끊긴 경우, 또는 상대 부모가 양육비를 지급하지 않을 때 신청할 수 있다. 또한 부모 중 한 명이 사망하여 생존 부모가 자녀를 양육하는 경우에도 지급된다.

2020년 CAF 연례 보고서를 기반으로 한 연구에 따르면, ASF 수령 가정의 약 65%가 경제적 안정감을 느꼈으며, 자녀 교육과 건강에 더 많은 투자를 할 수 있었다고 답했다.

ASF는 긍정적인 효과에도 불구하고 몇 가지 한계점을 지닌다. 양육비를 받지 못하는 경우 ASF가 그 부담을 일정 부분 보완하지만, 근본적으로 양육비 미지급 문제를 해결하는 데까지는 이르지 못한다. 상대 부모가 법적 책임을 다하지 않을 때 발생하는 재정적 어려움은 여전히 주요한 문제로 남아 있다.

ASF의 지급 금액은 한부모 가정의 생계비를 충분히 충족하기에는 부족하다. 특히 생활비가 높은 대도시에서는 지원 금액이 실제적인 양육비용을 감당하기에는 한계가 있다. 이는 한부모 가정이 여전히 상당한 재정적 부담을 떠안아야 함을 의미한다. 또한, ASF 신청 절차가 복잡하거나 행정 처리가 지연되는 경우 일부 수혜 대상자가 지원을 받지 못하는 사례도 발생하고 있다.

프랑스 정부는 이러한 한계를 극복하기 위해 여러 방안을 모색하고 있다. 양육비 지급 강제화를 위한 법적 조치를 강화하여 상대 부모가 의무를 다하도록 하고, 한부모 가정이 더 안정적인 지원을 받을 수 있도록 하고 있다. 또한 ASF 지급 금액을 생활비 상승률에 맞춰 조정하기 위한 논의가 이루어지고 있으며, 행정 절차를 간소화하고 디지털화를 추진해 지원 신청 과정을 더 원활하게 만들고 있다.

입학 지원 수당 (Allocation de Rentrée Scolaire, ARS)

프랑스의 학교 입학 지원 수당(ARS)은 매년 새 학기가 시작될 때 학부모의 경제적 부담을 덜어주고 자녀의 학습 환경을 개선하기 위해 마련된 제도이다. ARS는 학령기 자녀를 둔 가정에 지급되는 지원금으로, 가구 소득에 따라 지급 여부와 금액이 결정된다.

ARS의 주된 목적은 학부모의 경제적 부담을 완화함으로써 자녀의 학업 참여를 독려하고, 교육의 평등성을 확보하며, 사회적 불평등을 완화하는 것이다. 이 지원금은 학령기 아동이 필요한 학용품과 학습 도구를 준비할 수 있도록 돕는다.

지원 대상은 6세에서 18세까지의 학령기 자녀를 둔 가정이며, 지급 시기는 매년 8월 말, 새 학기 시작 전에 이루어진다. 지원 자격은 가구 연 소득이 약 25,775유로 이하(자녀수에 따라 상한 조정)인 경우로 한정된다. 2024년 기준으로 지급 금액은 자녀의 나이에 따라 다음과 같이 차등 지급된다.

6세에서 10세: 398.09유로
11세에서 14세: 420.05유로
15세에서 18세: 434.61유로

ARS는 약 70%의 수령 가구에서 자녀의 학용품, 교복, 교육 활동에 사용되며, 2022년 CAF 보고서에 따르면 저소득 가구에서 자녀의 학업 지속 가능성을 높이는 데 크게 기여했다는 평가를 받았다.

그러나 ARS도 몇 가지 한계점을 지닌다. 일부 중간 소득 가정은 소득 기준으로 인해 지원 대상에서 제외될 수 있으며, 지급 시기가 학기 시작 직전에 몰려 있어 가구가 재정 계획을 유연하게 세우는 데 어려움을 겪을 수 있다. 또한, 일부 지역에서는 지원 금액이 교육비용의 실제 필요를 충분히 반영하지 못한다는 지적이 있다. 이러한 문제를 해결하기 위해 프랑스 정부는 소득 기준을 완화하고 지원 대상을 확대하는 방안을 검토 중이다. 또한, 학기 중 추가 지원 지급과 지역별 교육비용 차이를 반영한 지원 금액 조정 방안도 논의되고 있다.

주거 지원 수당(Aide Personnalisée au Logement, APL) [41]

APL은 1977년에 처음 도입된 프랑스의 주요 주거 복지 정책으로, 주거 문제를 해결하고 사회적 약자에게 안정적인 주거 환경을 제공하기 위해 마련되었다. 20세기 중반 프랑스는 급격한 도시화와 경제 성장으로 인해 주택 수요가 증가했지만, 주택 가격 상승과 주거 불안정 문제가 심화되었다. 이러한 상황에서 프랑스 정부는 저소득층과 중저소득층 가구가 안정적으로 거주할 수 있도록 주거 지원 정책을 강화했다.

APL은 주거비 부담을 줄이고 저소득층 가구가 안정적인 거주지를 확보하도록 돕는 데 중점을 두었다. 도입 초기에는 공공 임대 주택 거주자를 주요 대상으로 했으나, 점차 민간 임대 주택 거주자와 특정 조건을 충족하는 주택 구입자까지 지원 대상을 확대하였다. 현재 APL은 다양한 소득 계층과 사회적 약자를 포괄하는 제도로 자리 잡았다.

APL은 CAF(Caisse d'Allocations Familiales)와 농촌 복지기금(MSA, Mutualité Sociale Agricole)을 통해 운영되며, 수혜자의 소득 수준, 가족 구성원 수, 주거 형태, 임대료, 거주 지역 등을 종합적으로 고려해 지급액이 산정된다. APL은 공공 임대 주택과 민간 임대 주택 모두에 적용되며, 학생, 은퇴자, 한부모 가정, 장애인 등 다양한 계층을 대상으로 한다.[42]

학생들에게는 학업을 지속할 수 있는 안정적인 주거 환경을 제공하며, 은퇴자들에게는 경제적 부담을 덜어준다. 또한, 한부모 가정과 장애인을 대상으로 한 주거 지원은 사회적 불평등을 완화하고 취약 계층의 삶의 질을 향상시키는 데 기여한다. 이러한 포괄적인 접근은 프랑스 복지 정책이 특정 계층을 넘어 사회적 포용성을 강화하려는 목적을 지니고 있음을 보여준다.

이사 보너스(Prime de déménagemen)

프랑스의 가족수당 체계에는 특정 조건을 충족할 경우 이사 보너스(Prime de déménagement)도 포함된다. 이 보너스는 가족이 더 큰 집으로 이사해야 할 때 발생하는 비용을 지원하기 위해 마련된 제도다. 특히, 세 번째 자녀가 태어나거나 이미 자녀가 세 명 이상인 가구가 더 넓은 주거 공간으로 이사해야 하는 상황에서 지급된다.

이사 보너스를 받으려면 몇 가지 조건을 충족해야 한다. 첫째, 가족 구성원이 세 번째 자녀를 포함해 세 명 이상의 자녀를 가지게 되는 경우 해당된다. 둘째, 현재의 거주지가 가족의 필요를 충족하지 못해 더 큰 주택으로 이사해야 할 때 신청할 수 있다. 셋째, 이사 시점에 가족수당 또는 관련 수당을 수급하고 있어야 한다. 마지막으로, 이사는 세 번째 자녀의 출생일을 기준으로 이전 6개월부터 출생 후 2년 이내에 이루어져야 한다.

지원 내용으로는 실제 이사 비용이나 정해진 최대 금액 중 적은 금액을 지원받을 수 있다. 2024년 기준으로 최대 1,013.47유로까지 지원되며, 자녀수가 더 많을 경우 추가적인 지원이 가능하다. 신청은 CAF 웹사이트나 지역 CAF 센터에서 이루어지며, 이사와 관련된 영수증과 필요한 서류를 제출해야 한다.

앞서 설명한 APL(주거 지원 수당)과 이사 보너스는 모두 주거와 관련된 재정 지원을 제공하지만, 그 목적과 지원 방식에서 차이가 있다.

	APL (주거 지원 수당)	이사 보너스
목적	현재 주택의 임대료 보조	이사 비용 지원
지원방식	매월 지급	일회성 지급
대상	저소득층 (가족, 독신자, 학생 등)	세 번째 자녀 출생 등으로 이사하는 가족
지급 조건	소득과 임대료 수준에 따라 계산	세 번째 자녀 출생과 CAF 수급 조건 충족

표 9 CAF 웹사이트 참조하여 작성함

아동 돌봄 바우처(Ces aides pour le mode de garde)

아동 돌봄 바우처(Ces aides pour le mode de garde)는 프랑스 가족수당기금(CAF: Caisse d'allocations familiales) 체계의 일부로, 부모가 자녀를 양육하거나 외부 돌봄 서비스를 이용할 때 발생하는 비용을 지원하기 위해 마련된 정책이다. 이 제도는 만 6세 미만 자녀를 둔 가구를 주된 대상으로 하며, 부모의 소득 수준과 자녀수를 기준으로 지원 금액이 산정된다.

지원 신청을 위해 부모는 가족수당기금(CAF)에 소득 정보와 돌봄 서비스 이용 내역을 제출해야 한다. CAF는 이를 바탕으로 지원 금액을 결정하며, 부모의 소득에 따라 차등 요금을 적용한다. 부모는 자녀 돌봄 서비스에 대한 지출을 세금 공제 항목으로 신고할 수도 있어 추가적인 경제적 혜택을 받을 수 있다.

아동 돌봄 바우처의 재원은 프랑스 사회보장제도(Sécurité Sociale)와 국가 예산에서 조달된다. 이는 고용주와 노동자가 납부하는 사회보장기금 및 일반 세수를 통해 운영된다. 그러나 고령화 사회로의 진입과 사회보장 비용 증가로 인해 재원의 지속 가능성을 확보하는 것이 중요한 과제로 부각되고 있다.

이 제도는 여러 형태로 제공된다. 보편적 고용 서비스 바우처(Chéque emploi service universel, CESU)는 부모가 자녀를 돌보는 가정교사, 보육교사 또는 가사 노동자에게 지급할 비용을 지원하는 방식으로,

부모와 돌봄 제공자 간의 고용 관계를 법적·경제적으로 지원한다.

자유 선택 보육 수당(Complément de libre choix du mode de garde, CMG)은 만 6세 미만 자녀의 돌봄 비용을 보조하는 제도로, 소득 수준과 돌봄 방식(어린이집, 가정 보육사 등)에 따라 지원 금액이 달라진다.

가족 돌봄 서비스(Assistants Maternels)는 인증받은 가정 보육 교사를 고용하는 경우 보조금을 지원하며, 이를 통해 안전하고 개별화된 돌봄 서비스를 제공받을 수 있다.

자녀 사망 시 지급되는 수당'(Allocation versée en cas de décès d'un enfant)

프랑스에서는 자녀의 사망 시 부모를 지원하기 위해 '자녀 사망 시 지급되는 수당(Allocation versée en cas de décès d'un enfant)'이라는 제도를 운영하고 있다. 자녀가 25세 미만일 때 사망한 경우, 부모나 해당 자녀를 실질적으로 부양하던 사람이 수당을 받을 수 있다. 일반적으로 가족수당기금(CAF)은 주민등록기관으로부터 사망 소식을 접수하면 자동으로 수당을 지급한다.

지급액은 가구의 소득과 부양 자녀수에 따라 다르다. 예를 들어, 2024년 기준으로 가구의 소득이 일정 기준 이하이고 부양 자녀가 2명 이상인 경우, 수당은 2,262.47유로이다. 필요한 모든 정보가 확인되면, 일반적으로 15일 이내에 수당이 지급된다.

이 수당은 사회보장기관에서 지급하는 다른 사망 관련 자금과 중복 수령이 불가능하므로, 수령자는 하나를 선택해야 한다.

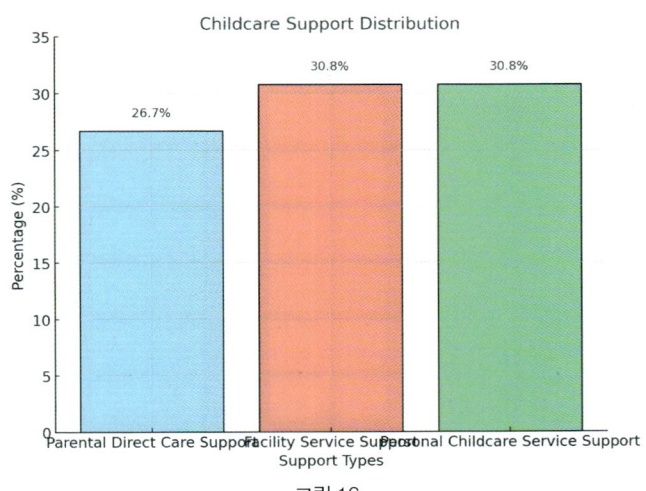

그림 16
부모 직접 양육 지원 약 26.7%, 시설 서비스 이용 지원 약 30.8%,
개인 보육 서비스 이용 지원 약 30.8%
(그래프는 프랑스 통계청 자료를 바탕으로 '행복한출산 든든한 미래'연구소 자체 작성)

(6) 세제혜택[43]

프랑스의 세제 혜택 정책은 가족의 경제적 부담을 줄이고, 출산과 양육을 장려하는 데 중요한 역할을 하고 있다. 프랑스의 세제 혜택 정책이 출산율 제고에 미친 영향과 관련 정책의 주요 특징을 살펴보기로 한다.

가족 소득세 공제(Quotient Familial)[44]

프랑스의 가족 소득세 공제는 가구 단위로 소득을 계산하고 세율을 조정하는 독특한 소득세 체계이다. 가구의 총 소득을 가구 구성원 수에 따라 "소득 분배 단위"로 나눈 뒤, 각 단위에 낮아진 세율을 적용하여 세금을 계산하는 방식이다. 이 제도는 특히 다자녀 가구에 큰 혜택을 제공하며, 출산율 증가와 경제적 안정을 지원하는 데 기여하고 있다.

가구의 소득 분배 단위는 구성원 수에 따라 산정된다. 예를 들어, 부부와 두 자녀로 구성된 가구에서는 부모 각각이 1 단위, 자녀는 각각 0.5 단위로 계산된다. 총 3 단위로 나뉜 소득은 각 단위별로 낮은 세율을 적용받으며, 최종적으로 모든 단위의 세금을 합산하여 가구 전체의 소득세를 산출한다. 자녀수가 많을수록 소득 분배 단위가 늘어나 세금 부담이 줄어드는 구조를 가지며, 이는 다자녀 가구에 유리한 세제 혜택을 제공한다.

구성원	단위
부모1	1
부모2	1
자녀1	0.5
자녀2	0.5
총계	3

표 10 가구 소득 분배 단위

이 제도는 모든 소득 가구에 적용되지만, 자녀가 많은 가구일수록 더 큰 혜택을 받는다. 프랑스 통계청(INSEE, 2023)의 자료에 따르면, 가족 소득세 공제를 통해 다자녀 가구의 소득세 부담이 평균적으로 25%

감소한 것으로 나타났다. 이는 특히 중산층 및 다자녀 가구의 경제적 안정성을 강화하는 데 중요한 역할을 한다.

가족 소득세 공제는 프랑스의 출산율 증가에도 기여했다. 2023년 기준 프랑스의 출산율은 1.84로, 유럽 평균인 1.5를 상회하고 있다. INSEE는 이 제도가 다자녀 가구의 경제적 부담을 완화해 더 많은 가정이 추가 출산을 고려할 수 있게 한 주요 요인 중 하나라고 분석했다.

그러나 이 제도는 몇 가지 한계점을 가지고 있다. 첫째, 소득세 계산 방식이 복잡하여 세금 신고 과정에서 전문가의 도움을 필요로 하는 경우가 많다. 둘째, 저소득층 가구가 누리는 혜택에는 제한이 있다. 소득세를 거의 내지 않는 저소득 가구는 실질적으로 가족 소득세 공제의 혜택을 충분히 받지 못하는 경우가 많다. 셋째, 국가 재정에 부담을 준다는 문제가 있다. 프랑스 재정부의 2023년 발표에 따르면, 가족 소득세 공제로 인해 매년 약 150억 유로의 세수가 감소하고 있다. 이는 재정 지속 가능성에 대한 논란을 불러일으키고 있다.

프랑스 정부는 이러한 한계를 해결하기 위해 여러 방안을 검토 중이다. 세금 신고 절차를 간소화하고, 저소득 가구를 대상으로 현금 지원과 소득세 공제를 병행하며, 고소득 가구에 대한 혜택을 제한하거나 단계적으로 축소하는 방안을 고려하고 있다. 이러한 개선 노력은 가족 소득세 공제가 재정적 지속 가능성을 유지하면서도 더 많은 가구에 실질적인 도움을 제공할 수 있도록 하는 데 초점을 맞추고 있다.

출산 및 양육 관련 세금 공제(크레디 드 엥포:Credit d'impot)

프랑스의 출산 및 양육 관련 세금 공제는 부모가 자녀를 출산하고 양육하는 과정에서 발생하는 다양한 비용을 줄이기 위해 설계된 세금 공제 제도이다. 이 제도는 출산 준비, 보육, 방과 후 돌봄, 교육비 등을 공제 대상으로 포함한다. 출산과 관련된 의료비나 출산 준비 물품 구매 비용은 공제 대상에 포함되며, 부모들이 초기 출산 비용 부담을 줄이고 경제적 안정성을 확보할 수 있도록 지원한다.

또한, 부모가 공공 또는 사립 보육 시설, 가정 보육사, 방과 후 돌봄 서비스를 이용할 경우 발생하는 비용도 소득세에서 공제받을 수 있다. 보육비 공제는 자녀당 연간 약 2,300유로의 한도로 설정되어 있다(French Ministry of Finance, 2023).

초등학교부터 고등학교까지 자녀의 학비, 교재비, 방과 후 활동비 또한 공제 대상이다. 일정 소득 이하의 가구는 공제 혜택을 세금 환급 형태로 받을 수 있어, 저소득 가구도 혜택을 누릴 수 있다.

자녀 교육비 세금 공제(Crédit d'Impôt pour Scolarité)

프랑스의 자녀 교육비 세금 공제는 프랑스 정부가 자녀의 교육비 부담을 덜어주기 위해 제공하는 세금 공제 제도이다. 중등학교 이상의 교육을 받는 자녀를 둔 가구를 대상으로 하며, 해당 자녀가 등록금 및 교육과 관련된 비용을 지출한 경우, 일정 금액을 소득세에서 공제할 수 있다.

공제 금액은 자녀의 학년과 교육 기관의 유형에 따라 다르게 책정된다. 중학교, 고등학교, 대학교에 재학 중인 자녀의 경우 각각 다른 공제 한도가 적용된다. 가구 소득에 따라 차등적으로 적용될 수 있어 저소득층 가구에 실질적인 도움이 된다.

세금 공제는 부양 자녀 1인당 적용되며, 계산된 소득세에서 직접 공제된다. 납부할 세금이 공제액보다 적을 경우, 초과 금액은 환불되지 않는다. 교육 수준별 세금 공제 금액은 다음과 같다.

가구 연간 소득 (EUR)	중학생 공제액	고등학생 공제액	대학생 공제액
€ 20,000 이하	61(약 9만 1천원)	153(약 23만원)	183(약 27만 4천 원)
€ 20,001 - € 40,000	50(약 7만 5천원)	125(약 19만 원)	150(약 22만 5천원)
€ 40,001 - € 60,000	30(약 4만 5천 원)	100(약 15만원)	120(약 18만 원)
€ 60,001 이상	0	0	0

표 11 자녀 교육비 세금 공제(French Ministry of Finance. (2023).
'Tax Incentives for Families in France'자료를 기반으로 작성/환율은 2024년 12월 20일기준)

이처럼 프랑스의 세금 공제와 가족 소득세 공제는 자녀수에 비례해 더 많은 혜택을 제공한다. 또한 보육비, 학비 등 자녀 양육에 필요한 다양한 비용을 공제 대상에 포함시켰다. INSEE의 2022년 보고서에 따르면, 세제 혜택을 받은 다자녀 가구의 85%가 이 제도가 출산 결정에 긍정적인 영향을 미쳤다고 응답했다.[45]

특히, 보육비 공제는 여성들이 경력 단절 없이 경제 활동을 지속할 수 있도록 돕는 핵심 요소로 작용하고 있다. 이러한 지원은 여성 고용률을 높이는 데 기여했으며, 결과적으로 출산율 상승과도 밀접한 상관관계를 보였다. 또한, 다자녀 가구의 가처분 소득 증가로 이어져 가족 내 소비가 확대되고, 경제 활동이 촉진되는 효과도 나타났다.

다만, 세제 혜택 정책의 구조가 복잡한 경우가 있어 일부 가구는 이를 제대로 이해하거나 활용하지 못하는 경우가 있다. 프랑스의 사례는 세제 혜택이 출산율과 경제에 미치는 긍정적 영향을 잘 보여주고 있다.[46]

2) 육아 및 보육 지원 정책(Politiques de soutien a la garde d'enfants)

(1) 프랑스 보육정책의 역사

이 장에서 말하는 영유아 보육정책은 영유아 돌봄(Care)과 교육(Education)을 결합한 의미로 사용된다. 이는 〈저출생과의 전쟁〉-해외편-에서 자주 등장하는 ECEC(Early Childhood Education and Care)와 유사하지만, 완전히 동의어는 아니다. ECEC는 유아기(0~6세) 아동을 위한 통합적 돌봄과 교육 체계를 의미하기 때문이다. 즉 영유아의 전인적 발달(신체적·정서적·사회적·인지적)을 목표로 통합적으로 설계된 시스템을 지칭한다.

프랑스의 영유아 보육 정책은 19세기 중반 산업혁명과 도시화가 진행되며 그 필요성이 대두되었다. 산업화로 인해 여성 노동자의 경제 활동 참여가 촉진되었지만, 이는 가정에서 아이를 돌볼 시간과 여건의 부족을 초래했다. 이러한 상황에서 아이들을 안전하게 돌볼 시설에 대한 사회적 요구가 증가하며 1844년, 세계 최초의 보육 시설로 평가받는 '크레슈(creche)'가 설립되었다. 이 초기 크레슈는 주로 노동 계층의 자녀를 돌보는 데 초점을 맞췄으며, 자선 단체나 종교 기관에 의해 운영되었다.

1892년, 프랑스는 모성 보호법(Loi sur la protection de la maternité)을 제정하면서 보육의 중요성을 공식적으로 인정했다. 이 법은 여성 노동자를 대상으로 출산휴가와 모유 수유 시간을 보장하며, 여성과 아이의 권리를 보호하려는 초기 시도로 평가된다. 하지만 이 시기의 보육 정책은 여전히 지역 단위의 산발적인 운영에 의존했으며, 사회적 약자 중심의 제한적인 복지로 머물렀다.

제2차 세계대전 이후, 프랑스는 복지국가 체제를 강화하며 보육 정책을 국가 주도로 통합하고 확장하기 시작했다. 1945년은 보육 정책이 자선 활동을 넘어 국가적 책임으로 전환된 중요한 시점이었다. 프랑스 정부는 가족 지원을 국가적 우선 과제로 설정하고 이를 체계적으로 관리하기 위해 가족수당기금(CAF, Caisse d'Allocations Familiales)을 설립했다. CAF는 보육 시설 운영과 관련된 재정을 지원하며 국가가 보육 정책에 직접 개입할 수 있는 체계를 마련했다.

1970년대는 여성의 경제활동 참여가 급격히 증가하며 전통적인 양육 방식이 변화하고, 보육 시설에 대한 수요가 크게 늘어난 시기였다.

이에 따라 1975년, 보육시설법(Loi sur les créches)이 제정되었다. 이 법은 보육 시설의 안전과 건강 기준을 강화하고, 영유아의 초기 발달과 사회화를 지원하는 교육적 프로그램을 도입하며 보육 시설을 아동 발달의 중심으로 발전시켰다. 또한, 보육 교사의 전문성을 높이기 위해 교육과 훈련 프로그램을 도입해 질 높은 보육 서비스 제공을 촉진했다.

1980년대 이후 프랑스의 보육 정책은 다각적으로 발전했다. 공공 크레슈 외에도 가정 보육(Assistantes Maternelles)이 활성화되었으며, 부모들이 다양한 보육 옵션을 선택할 수 있도록 지원 체계가 강화되었다. 2004년에는 PAJE(Prestation d'Accueil du Jeune Enfant)가 도입되어 영유아 양육 관련 수당과 보조금을 통합해 부모들의 경제적 부담을 완화했다. 2010년대에는 영아 전용 보육 시설 확충과 저소득층 가정에 대한 특별 지원이 강화되었다.

(2) 프랑스 보육 정책의 구조

프랑스의 영유아 보육정책은 공공 보육, 민간 보육, 가정 보육, 직장 보육이라는 네 가지 유형으로 나뉜다. 공공 보육은 주로 정부가 운영하는 보육시설로, 보육의 질을 높이고 부모들에게 경제적인 부담을 줄이는 데 중점을 둔다. 민간 보육은 개인 또는 민간단체가 운영하며, 수요자의 선택권을 확대하지만 비용이 공공 보육보다 높을 수 있다. 가정 보육은 보육 교사가 자신의 집에서 소규모로 운영하는 형태로, 특히 어린 영아를 위한 맞춤형 돌봄이 가능하다는 장점이 있다. 직장 보육은 기업이 직원의 자녀를 위해 제공하는 보육 서비스로, 부모의 근무 환경을 개선하고 일-가정 양립을 지원하는 데 목적을 둔다. 이 네 가지 유형의 보육정책은 프랑스가 부모의 다양한 요구를 충족시키고, 아이들에게 안전하고 질 높은 보육 환경을 제공하는 데 기여하고 있다.

공공 보육

프랑스는 영유아 보육에 대한 공공적 책임을 강조하며, 부모의 경제적 부담을 줄이고 아이들에게 균등한 보육 기회를 제공하기 위해 다양한 공공 보육 정책을 운영하고 있다. 공공 보육은 특히 여성의 경제활동 참여를 촉진하고, 사회적 평등을 강화하며, 영유아의 초기 발달을 지원하는 중요한 역할을 한다. 프랑스의 공공 보육 정책은 크게 크레슈(Crèche), 유아학교(ècole Maternelle), 그리고 보조금 지원 시스템 세 가지로 나눌 수 있다.

프랑스의 공공 보육 정책은 주로 지방자치단체와 국가의 재정 지원을 통해 운영된다. 대표적인 공공 보육시설로는 크레슈(Crèche)가 있으며, 생후 2개월부터 만 3세 미만의 영유아를 대상으로 한다. 공공 보육은 소득 수준과 취업 여부와 관계없이 모든 가정이 이용할 수 있으며, 특히 저소득층 가정에 대한 보육료 차등 적용을 통해 보육의 접근성을 보장한다. 전문 보육사가 상주하며 아이들에게 보육과 초기 교육을 제공하며, 부모가 경제활동에 집중할 수 있도록 지원한다.

민간 보육

민간 보육은 공공 보육의 대안으로, 사립 보육시설, 비영리 단체, 협회 등이 운영하는 형태를 말한다. 민간 보육시설은 공공시설보다 운영 시간이 유연하게 설정되어 부모의 직장 스케줄이나 개인 일정에 맞춘 보육이 가능하다. 또한, 언어 교육, 예술 활동 등 특별 프로그램을 통해 아이들의 발달을 지원하지만, 다소 높은 보육료가 책정되는 경우가 많아 일부 가정에는 경제적 부담으로 작용할 수 있다. 더불어, 시설 간 품질 차이로 인해 균등한 보육 서비스 제공이 어렵다.

민간 보육시설은 프랑스 보육 정책의 중요한 축으로, 다양한 형태로 운영되고 있다. 주요 유형으로는 사립 유아원, 가정 보육, 시간제 보육시설 등이 있다.

사립 유아원은 민간 기업, 비영리 단체, 또는 종교 단체에서 운영하는 시설로, 공공 보육시설과 유사한 서비스를 제공하지만 등록비와 운영 방식에서 차이가 있다. 이 시설은 공공 보육시설의 대기 시간이 길거나 특별화된 서비스를 원하는 부모들에게 선호된다. 사립 유아원은 부모들에게 추가적인 선택지를 제공하며, 공공 보육의 대안을 제시하는 역할을 한다.

가정 보육(Assistants Maternels)은 보육 자격증을 소지한 개인이 자신의 가정에서 소규모로 아이들을 돌보는 형태로 운영된다. 가정적인 환경에서 아이들에게 세심한 보살핌을 제공하며, 부모와 아이들에게 보다

친밀한 경험을 선사한다. 프랑스 정부는 가정 보육사를 지원하고 규제하여 질 높은 보육 서비스를 보장하며, 부모들이 안심하고 이용할 수 있도록 관리한다.

시간제 보육시설(Haltes-Garderies)은 부모가 일시적으로 아이를 맡길 수 있는 보육 시설로, 단기적인 보육 서비스가 필요한 경우에 적합하다. 학업, 단기 업무, 긴급 상황 등 특정 시간 동안 보육이 필요한 부모들에게 유용하며, 공공 및 민간 부문에서 모두 운영된다.

직장 보육(Crèches d'Entreprise) 정책

프랑스의 크레슈 당뜨르프리즈(Crèches d'Entreprise)는 부모가 직장 가까운 곳에서 자녀를 안전하게 맡길 수 있도록 설계된 직장 보육시설로, 기업이 보육 서비스에 재정을 지원하거나 제공하는 모든 형태를 포함한다. 이를 통해 근로자의 업무 집중도와 기업 생산성을 높이는 동시에 여성의 경력 단절을 예방하고 경제활동 참여를 촉진하는 중요한 복지 제도로 평가받고 있다. 프랑스 정부는 대기업뿐만 아니라 중소기업도 직장 보육시설을 운영할 수 있도록 지원하며, 일과 가정의 양립을 실현하는 모델로 자리 잡고 있다.

직장 보육시설은 대규모 직장의 자체 운영과 중소기업 간 협력 운영으로 나뉜다. 대규모 직장은 자체적으로 보육시설을 설립하고 관리하며, 재정적 여유와 조직력을 기반으로 안정적이고 일관된 보육 환경을 제공한다. 근무 시간에 맞춰 운영되어 부모들이 출퇴근 시 큰 부담 없이 자녀를 맡기고 찾을 수 있다. 중소기업은 재정적 부담을 분담하기 위해 여러 기업이 협력하여 공동으로 보육시설을 운영하는 방식을 채택하는 경우가 많다. 이는 보다 많은 직원이 보육 서비스를 이용할 수 있는 효과적인 대안으로 자리 잡고 있으며, 전문 보육기관과의 협력을 통해 운영의 안정성과 전문성을 강화하고 있다.

직장 보육 정책은 부모들에게 정서적 안정감을 제공하며 갑작스러운 일정 변경이나 긴급 상황에도 유연하게 대처할 수 있는 환경을 조성한다. 이는 근로자의 업무 집중도와 직무 만족도를 높이고, 직원 충성도를 강화하며 이직률을 낮추는 데 기여한다. 가족 친화적 복지 정책은 기업 이미지 개선과 인재 채용 경쟁력 확보에도 긍정적인 영향을 미친다. 특히 여성 근로자에게는 일과 육아를 병행할 수 있는 환경을 제공하여 경력 단절을 방지하고 경제활동 참여를 확대하는 데 중요한 역할을 한다. 이는 기업뿐 아니라 사회 전체의 노동력 확대와 경제 활성화에도 기여한다.

이와 같은 긍정적인 효과에도 불구하고 직장 보육 정책에는 몇 가지 현실적인 과제가 남아 있다. 보육시설 설립과 유지에는 상당한 비용이 들며, 이는 중소기업에 특히 큰 부담으로 작용한다. 초기 투자 비용뿐 아니라 지속적인 유지 관리 비용도 기업에 경제적 제약을 준다. 대도시에서는 높은 부동산 비용과 제한된 공간이 보육시설 설치를 어렵게 만들며, 건축 규제와 도심 환경 역시 기업들이 직장 보육 정책을 도입하는 데 장애물이 되고 있다.

직장 보육 정책은 대기업 중심으로 발전해온 경향이 있으며, 중소기업은 비용과 공간 문제로 인해 보육시설 도입에 어려움을 겪고 있다. 이러한 한계를 극복하기 위해 중소기업 간 협력 모델이 도입되고 있지만, 여전히 재정적·운영적 지원이 부족하다는 지적이 있다. 또한 직장 보육시설이 빠르게 확산되면서 일부 시설에서는 전문 인력과 보육 인프라 부족으로 인해 보육 품질이 저하되는 문제도 발생하고 있다.

프랑스 정부는 세금 감면과 보조금 지원을 통해 직장 보육시설 설립을 장려하고 있으나, 중소기업에 대한 맞춤형 지원 부족과 복잡한 보조금 지급 절차는 기업들이 정책 혜택을 체감하기 어렵게 만든다. 정부 예산의 한계로 인해 지원 규모가 제한적이라는 점도 문제로 지적된다.

프랑스의 직장 보육 정책은 일과 가정의 양립을 실현하고 여성의 경제활동 참여를 촉진하는 중요한 복지 제도이다. 그러나 보육시설 설립 비용, 공간 부족, 중소기업에 대한 지원 부족 등 여러 현실적 과제를 해결하기 위해 추가적인 정책 개선과 재정적 지원이 필요하다. 이러한 노력이 뒷받침된다면 직장 보육 정책은 근로자와 기업 모두에게 더욱 효과적인 복지 모델로 자리 잡을 것이다.

가정 보육 정책(Assistante Maternelle)

"Assistante Maternelle"를 한국어로 옮길 때 "가족 돌봄정책"과 "가정보육정책"이 혼용되지만, 이 글에서는 "가정보육정책"으로 표기한다.

"가정보육정책"은 정책적이고 구조적인 시스템을 강조하는 반면, "가족 돌봄정책"은 가족 구성원이 아이를 돌보는 비공식적 형태를 연상시킬 수 있기 때문이다.

프랑스의 가정보육정책은 정부 인증을 받은 보육사가 자신의 가정에서 영유아를 돌보는 방식으로 운영된다. 보육사가 자신의 가정에서 아이를 돌보므로, 아동은 안정감과 친숙한 환경 속에서 보살핌을 받을 수 있다. 보육사들은 프랑스 사회복지청(PMI: Protection Maternelle et Infantile)의 심사를 통과해야 하며, 필수 교육 과정을 이수한 후 정부의 인증을 받아야 한다. 법적으로 보육사 한 명이 돌볼 수 있는 아동 수는 3~4명으로 제한되어 있어 소규모로 운영되며, 이를 통해 개별적이고 세심한 돌봄이 가능하다.

가정보육정책은 개인화된 돌봄 서비스를 제공한다는 장점이 있지만, 몇 가지 한계점도 존재한다. 보육사 간의 역량 차이는 서비스 품질의 일관성을 저하시킬 수 있으며, 소규모 돌봄 환경에서는 아동 간의 사회적 교류 기회가 제한될 수 있다. 또한, 보육 환경의 표준화가 어려워 부모들이 보육 시설을 선택할 때 신뢰를 갖기 어렵다는 문제도 있다.

이러한 한계를 극복하기 위해 프랑스 정부는 보육사의 역량 강화를 위한 교육과 지원을 확대하고, 아동이 더 많은 사회적 교류 기회를 가질 수 있도록 다양한 프로그램을 도입하고 있다.

4. 프랑스 영유아 돌봄시설

1) 역사

프랑스의 보육시설은 중세 시대부터 현대에 이르기까지 사회적, 문화적 변화와 함께 점진적으로 발전해왔다. 프랑스 현대 보육 시스템의 뿌리는 중세 시대의 유모 정책에서 찾아볼 수 있다. 당시 유모는 아이를 돌보는 유모(nourrice)와 젖을 먹이는 유모(nourrice allaitante)로 구분되었으며, 각자의 역할과 자격 요건에 명확한 차이가 있었다.

역할	아이 돌봄 유모 (Nourrice)	젖 먹이는 유모 (Nourrice Allaitante)
책임	일반적인 돌봄, 놀이, 양육	모유 수유
요건	전문적 돌봄과 교육 능력 필요	출산 경험 필요
고용시기	아이가 젖을 뗀 이후 주로 고용됨	출생 직후 모유가 필요한 시기
일터	아이의 집에서 생활하며 양육	아이의 집 또는 유모의 집에서 모유 수유

표 12 중세 프랑스 유모의 역할 및 자격 요건

중세 프랑스에서는 도시화와 함께 부모가 경제 활동에 종사하는 경우가 많아지면서 자녀 양육을 위한 도움이 필요했다. 이로 인해 시골 지역에서 온 여성들이 도시로 이동하여 유모로서 아이들을 돌보는 역할을 맡게 되었다. 유모들은 가정 내에서 아이들의 양육과 교육을 담당하며, 부모의 부재 시 중요한 역할을 수행했다. 특히 상류층 가정에서는 유모가 아이들의 초기 교육과 사회화 과정을 담당하며 언어 습득과 문화적 가치 형성에도 중요한 영향을 미쳤다. 그러나 유모의 사회적 지위는 고용주의 지위에 따라 달라졌고, 많은 경우 낮은 임금과 열악한 근무 환경에 시달렸다.

12세기부터 자선 단체들이 유모들의 활동을 조직화하고 체계화하기 시작했다. 이 단체들은 유모들의 활동을 감독하고 권익을 보호하며, 아이들의 복지를 증진시키기 위해 노력했다. 1350년에는 유모와 유모 알선자의 급료와 자격, 활동에 대한 규정을 마련한 칙령이 발표되었다. 이러한 규정은 유모 제도의 체계화를 위한 초기 단계로 평가된다.

1932년에는 아동수당정책이 도입되었고, 1945년에는 모자복지정책이 시행되면서 국가 차원의 보육 지원이 강화되었다. 이후 1959년에는 탁아모 조직망이 공식적으로 승인되었으며, 1970년대 중반에는 실업률 증가와 출산율 감소에 대응하기 위해 새로운 보육 시설을 증설하기 위한 정책적 움직임이 나타났다.[47]

1767년, 오벨린(J. Oberlin)은 가난한 농촌 지역의 생활 개선을 위한 구제 사업의 일환으로 일하는 어머니들의 자녀를 돌보기 위해 '종일보육원(day nursery)'을 설립했다. 이는 프랑스에서 최초로 조직적인 보육 시설이 세워진 사례로, 이후 보육 정책의 발전에 중요한 기반이 되었다.[48]

산업혁명 이후 여성 노동자의 비율이 증가하면서 아이들을 돌볼 기관의 필요성이 더욱 대두되었다. 이에 따라 1826년 자선단체에 의해 프랑스 최초의 유아 보호소가 설립되었다. 이 보호소는 주로 노동 계층의 아이들을 대상으로 부모가 일하는 동안 안전하게 돌볼 수 있는 공간을 제공했다. 초기 보호소는 자선적 성격이 강했으며, 돌봄과 기본적인 보건 지원을 중심으로 운영되었다.

프랑스에서는 1844년 유아교육기관과 구별되는 최초의 보육시설이 설립되었다. 이 시설은 노동 계층 아이들에게 단순한 돌봄을 넘어 기초적인 위생 교육과 생활 훈련을 제공하기 위해 만들어졌으며, 부모의 노동 참여를 지원하는 중요한 역할을 했다. 이는 산업화와 도시화가 진행되면서 보육시설에 대한 수요와 중요성이 점차 커지는 상황에서 이루어진 변화였다.

1825년에는 최초의 아동보호소인 살 다질(Salles d'asile)이 설립되며 프랑스의 유아 돌봄 체계가 본격적으로 시작되었다. 살 다질은 부모가 일하는 동안 낮 시간 동안 아이들을 안전하게 돌보는 공간을 제공하며, 신체적 안전과 건강 유지에 중점을 두었다. 초기에는 사회화와 기본적인 생활 습관 형성에 집중했으며, 교육적 기능은 부차적인 역할에 머물렀다. 살 다질은 지방 당국, 교회, 민간 자선단체의 지원으로 운영되었고, 초기에는 지역 사회와 개인 기부에 크게 의존했다. 19세기 중반부터 살 다질은 교육적 기능을 강화하기 시작했으며, 1848년에는 이를 단순한 보호소에서 교육과 돌봄을 제공하는 시설로 전환

하는 논의가 시작되었다. **49**

1881년, 초등 무상교육 정책이 도입되면서 기존의 살 다질은 유아학교인 에꼴 마떼르넬(Écoles Maternelles)로 전환되었다. 무상교육과 중립교육의 원칙이 명시된 이 전환은 1881년의 법령에 따라 이루어졌으며, 에꼴 마떼르넬은 3~6세 아동을 대상으로 기초 교육을 제공하며 오늘날 프랑스 유치원 시스템의 초석이 되었다. 1886년에는 에꼴 마떼르넬이 초등학교와 함께 공교육 체계의 일환으로 통합되었으며, 정식으로 프랑스 교육부의 지원을 받게 되었다. 이를 통해 프랑스의 유아교육 및 돌봄 시스템은 국가적 지원 아래 점차 체계화되었다.

산업혁명 이후 여성 노동자의 비율이 증가하면서 보육 시설의 필요성이 더욱 대두되었다. 이에 따라 1826년에는 노동 계층 아이들을 위한 최초의 유아 보호소가 설립되었고, 초기 보호소는 주로 자선적 성격이 강했으며, 돌봄과 기본적인 보건 지원을 중심으로 운영되었다.

제2차 세계대전 이후 프랑스는 복지국가 체제를 확립하며 유아 돌봄 및 교육 시스템을 강화했다. 1945년 제정된 아동 보호법(Loi sur la Protection de l'Enfance)은 아동 복지와 교육에 대한 국가의 책임을 명확히 했으며, 이를 통해 크레슈(Crèches)와 유치원(Maternelle)이 전국적으로 확대되었다. 크레슈는 0~3세 영유아를 위한 돌봄 시설로, 자리 잡았다. **50**

1950년대에는 유아 교육의 무료화가 이루어졌고, 유치원은 모든 아동이 접근 가능한 교육 기관으로 발전했다. 교사의 자격 요건이 강화되고 놀이 중심의 교육 철학이 도입되었으며, 학부모와의 협력 프로그램도 시행되었다. 1960년대에는 여성의 사회 진출이 본격적으로 확대되며 보육 정책이 사회적 우선순위로 떠올랐다. 공공 크레슈 시설의 확대와 함께 영유아 돌봄을 위한 보조금 정책이 도입되었다.

1975년 제정된 사회적 연대법(Loi de Solidarité Sociale)은 복지국가 체제의 확립과 함께 아동 돌봄과 보육 시설 지원을 강화했다. 이를 통해 여성의 경제활동 참여를 촉진하고 가족 복지를 강화하는 데 중점을 두었다. 프랑스 정부는 공공과 민간 보육기관의 활성화를 지원하고, 지역 사회 중심의 돌봄 체계를 강화해 보육의 질을 높이고자 노력하고 있다. 보육비용의 국가 보조금 지원을 통해 가정의 경제적 부담을 완화하고, 지역 사회와 부모의 참여를 장려하여 돌봄 환경을 개선하고 있다.

프랑스의 보편적 무상교육과 통합적 돌봄 시스템은 전 세계적으로 모범 사례로 평가받고 있으며, 이러한 노력을 바탕으로 프랑스는 더 나은 보육 및 유아교육 환경을 구축해 나가고 있다.

프랑스는 1989년 UN 아동 권리 협약(Convention on the Rights of the Child)에 서명하며, 아동의 복지와 교육에 대한 국가적 책임을 국제적으로 공표했다. 이를 계기로 프랑스의 유아 돌봄 및 교육 정책은 더욱 강화되었으며, 아동의 권리 보장과 평등한 교육 기회를 제공하는 데

중점을 두었다.[51]

2000년대에 들어서면서 프랑스 정부는 다양한 보육 및 교육 서비스를 통해 부모의 선택권을 확대했다. 가정 보육, 시설 보육, 재가 보육 등 다각적인 접근 방식을 도입했으며, 2004년에는 가족 지원 정책을 강화하여 보육비 지원을 확대하고, 가정과 직장의 양립을 지원하기 위한 정책을 시행했다.

2013년, 지역교육연계계획이 도입되면서 지자체와 민간 교육 협회의 협력을 강화했다. 이를 통해 사회 취약 계층에 대한 지원이 확대되었고, 지역사회의 교육 인프라가 보다 체계적으로 운영되기 시작했다. 이러한 변화는 교육적 형평성을 높이고, 지역 간 교육 격차를 완화하는 데 기여했다.[52]

2019년, 프랑스는 의무교육 연령을 만 3세로 낮추는 정책을 시행하여 에꼴 마떼르넬의 중요성이 더욱 부각되었다. 이 정책은 교육적 형평성을 강화하고 취약 계층 아동의 교육 접근성을 확대하기 위해 도입되었다. 2019년 이전에도 3세 아동의 유치원 등록률은 이미 97.6%에 달했으며, 4세와 5세 아동의 등록률은 사실상 100%에 가까웠다. 하지만 의무교육 연령 하향 조정은 모든 아동이 양질의 유아교육을 받을 수 있는 기회를 보장하는 데 중요한 전환점이 되었다.[53]

2024년 현재, 프랑스의 유아교육은 높은 참여율과 보편성을 자랑하며 세계적으로 모범적인 시스템으로 평가받고 있다. 만 3세부터 6세까지의 모든 아동에게 보편적 무상교육을 제공하며, 특히 에꼴 마떼르넬은 프랑스 교육 체제의 핵심 구성 요소로 자리 잡았다. 현재 프랑스 전역에는 18,000개 이상의 유아학교가 운영되고 있으며, 농촌 지역이나 이민자 거주 지역과 같은 교육 취약 지역에 학교를 우선적으로 확충하여 교육 인프라를 개선하고 있다.

위의 내용을 한 눈에 파악할 수 있도록 다음과 같은 도표로 만들었다.

	시기	내용
1	중세 시대	유모 정책(Nursemaid System) 활성화. 귀족과 부유층 가정이 아이들을 유모에게 맡겨 양육하였으며, 유모는 주로 하층민 출신으로 아이들의 기초 양육을 담당.
2	16세기	르네상스 영향으로 아동 교육과 돌봄의 중요성이 부각. 종교기관 중심으로 아동 보호시설 운영 시작.
3	17세기	예수회 및 가톨릭 교회가 아동 돌봄을 지원. 특히 고아나 빈곤층 아동을 위한 보호소 설립.
4	1760년대	최초의 돌봄기관 개념 등장. 교회나 지역 단위에서 부모가 일하는 동안 아이들을 돌보는 비공식적인 형태로 운영.
5	1801년	Salle d'asile' 설립. 빈곤층 아동을 위한 보호시설로 기본 돌봄과 도덕 교육
6	1833년	기즈 법(Loi Guizot) 제정. 초등학교 확장과 6세 미만 아동을 위한 살 다질의 확산.
7	1848년	첫 공립 살 다질 등장. 프랑스 혁명 이후 국가 운영 시스템으로 교육과 돌봄 결합.
8	1881년	유치원(Maternelle)로 개칭. 페리 법(Loi Ferry)에 따라 기초 교육 및 돌봄기관으로 자리 잡음.
9	1905년	교회와 국가의 분리. 국가 주도 유치원 시스템으로 전환되고, 교육적 측면 강화.
10	1930년대	근대적 돌봄기관 확대. 경제 대공황으로 여성의 경제 활동 증가와 보육 시설 수요 급증.
11	1945년	전후 복지 시스템 강화. 유아 교육과 보육기관 확장 및 아동 보호법 제정.
12	1950년대	유치원의 의무 교육과정 통합 논의. 모든 아동에게 무료 제공.
13	1965년	여성 노동력 증가에 따른 보육 정책. 보육시설 확장이 정책적 우선순위로 떠오름.
14	1966년	크레슈(Crèche) 도입. 영유아(0~3세)를 위한 돌봄 시설이 확산.
15	1975년	사회적 연대법(Loi de Solidarité Sociale). 공공 보육 시설 지원 확대 및 민간 보육 활성화.
16	1981년	유아 교육 강화. 유치원 등록률 급격히 상승. 3세 아동의 95% 이상 등록.
17	1989년	UN 아동 권리 협약 서명. 아동의 교육과 복지에 대한 국가 책임 강화.
18	1997년	조기교육 프로그램 확립. 놀이 중심 학습과 사회성 발달 강조.

19	2004년	가족 지원 정책 강화. 보육비 지원 확대와 가정-직장 양립 정책 도입.
20	2012년	돌봄과 교육 통합 정책 시행. École Maternelle가 2세 아동까지 수용 가능.
21	2019년	유치원 의무교육 연령 하향. 입학 연령이 3세에서 2세로 낮아짐.

표 13 프랑스 유아교육 변천사

2) 프랑스 영유아 돌봄시설

프랑스의 영유아 돌봄시설은 공공, 민간, 기업 부문의 협력을 바탕으로 크레슈(Crèche), 할트-가르드리, 가정 보육사(Assistante Maternelle), 유치원(École Maternelle)으로 구분된다. 각 돌봄 시설을 구체적으로 살펴본다.

(1) 크레슈(crèche)의 역사와 유형[54]

크레슈는 생후 2개월부터 만 3세 미만의 영유아를 대상으로 하는 보육 시설로, 부모의 취업 여부와 상관없이 이용할 수 있다. 전문 보육사가 상주하며 보육과 초기 교육을 제공하는 공공 보육의 대표적 모델로, 부모들에게 안정적이고 신뢰할 수 있는 환경을 제공한다. 이 시설은 공공 및 민간 부문이 협력하여 운영되며, 지역 사회의 필요에 따라 확장 가능하다.

프랑스의 크레슈(creche)는 우리나라의 어린이집과 유사하다. 크레슈는 아기 예수가 태어난 요람을 뜻한다.

프랑스 최초의 공립 어린이집은 1844년, 파리 1구 부구청장이었던

장-바티스트-피르맹 마르보(Jean-Baptiste-Firmin Marbeau)에 의해 설립되었다. 당시 세탁 같은 고된 일을 하던 여성 노동자들이 보모를 고용하기엔 그 비용이 너무 커서 부득이 아이들을 홀로 집에 둘 수밖에 없었다. 이러한 경제적 부담은 사회적 위험으로 이어졌다. 마르보 구청장은 이러한 문제를 해결하기 위해 어린이집을 설립했고, 그 결과는 매우 성공적이었다. 이렇듯 자선적 목적에서 시작된 크레슈가 사회적 불평등 해소와 여성의 경제적 독립을 지원하는 중요한 사회정책으로 발전한 것이다.

크레슈(Crèche)는 운영 방식에 따라 세 가지 유형으로 나뉜다.[55]

시간제 크레슈(Crèche Halte-Garderie)

시간제 크레슈는 부모가 단기간 또는 특정 시간대에 영유아를 맡길 수 있는 보육 형태로, 주로 일시적 보육 서비스를 제공한다. 이는 부모가 학업, 단기 업무, 병원 방문 또는 긴급 상황 등으로 일시적으로 보육이 필요한 경우 유용하게 활용할 수 있다.

시간제 크레슈는 유연한 이용 시간이 가장 큰 장점으로, 정규 보육시설과 달리 부모의 일정에 맞추어 단기 또는 시간제 보육이 가능하다. 이를 통해 시간에 구애받지 않고 필요에 따라 잠시 아이를 맡길 수 있어, 맞춤형 보육을 원하는 가정에 적합하다.

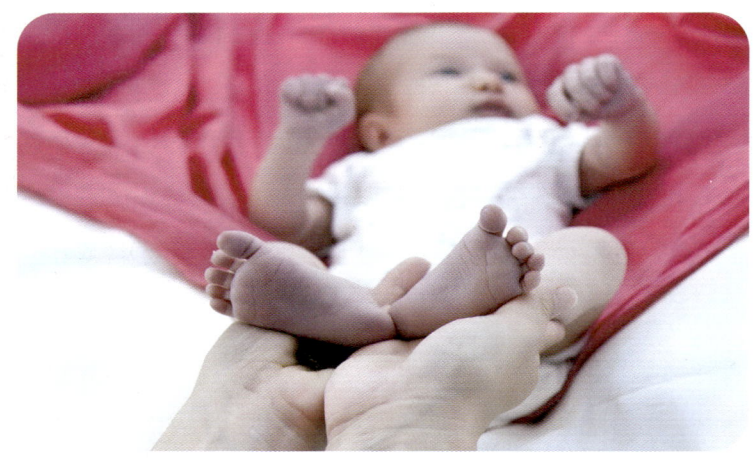

그림 17 사진출처 〈French Entree〉 31st May 2021(Last updated : 1st Apr 2024)

집단 크레슈(Crèche collective)

집단 크레슈는 프랑스에서 가장 일반적인 보육 시설로, 전문 보육사가 시설에 소속되어 영유아를 일정 시간 동안 체계적으로 돌보는 형태이다. 주로 지방자치단체에서 운영되며, 부모의 취업 여부와 관계없이 모든 가정이 이용할 수 있다.

이 시설은 공공 보육시설로서 다수의 영유아를 돌보며, 보육 서비스의 질을 보장하기 위해 국가 표준을 준수한다. 전문 보육 교사가 상주하며, 아이들의 신체적, 정서적, 인지적 발달을 지원하는 프로그램을 제공한다. 이를 통해 안정적이고 안전한 보육 환경을 조성하며, 부모들이 경제활동에 전념할 수 있도록 돕는다.

집단 크레슈는 전일제와 반일제로 운영되며, 주로 부모가 근무 중인 동안 이용된다. 최대 60명의 아이들을 수용하며, 지방자치단체, 비영리 단체, 또는 민간 기업에서 운영한다. 운영 주체와 관계없이, 전문 보육 인력과 체계적인 프로그램을 통해 아이들의 발달 단계에 적합한 서비스를 제공한다.

그림 18 파리 비알라 집단 크레슈, 15 생시몽 크로스(출처:생시몽 크로스 재단)

가정 크레슈(Crèche familiale)

가정 크레슈는 인증된 보육사가 자신의 가정에서 소규모로 영유아를 돌보는 보육 형태이다. 보육사는 아이들이 안정적인 가정 분위기에서 성장할 수 있도록 돕고, 각 아이의 발달 단계와 요구에 맞추어 세심하게 돌본다. 일반적으로 1~4명의 아이들을 돌본다. 일부 가정 크레슈는 부모들이 협력하여 공동 보육 형태로 운영되기도 한다. 가정 크레슈는 지방자치단체나 민간 기관이 관리하며, 보육사들은 정기적으로 지역 크레슈 센터에서 교육과 점검을 받는다.

그림 19 가정 크레슈
https://www.ccpoh.fr/vivre-au-quotidien/services/petite-enfance/la-creche-familiale

부모주도 크레슈(Crèche parentale)

최대 24명의 아이들을 수용하며, 부모들이 만들고 직접 보육 활동에 참여한다. 전문 보육사의 지원을 받지만 부모들이 주도적인 역할을 한다. 작은 규모로 운영되기 때문에 부모가 적극적으로 참여할 여건이 되는 가정에 적합하다. 부모 커뮤니티나 협동조합 형태로 운영한다.

그림 20 부모주도 크레슈
https://www.parents.fr/mode-de-garde/les-creches/creche-parentale-les-etapes-pour-la-creer-78636

직장 크레슈(Crèche d'Entreprise)

회사나 공공기관이 직원 자녀를 위해 운영한다. 부모의 근무 시간에 맞춰 운영되며, 직장 근처에 위치해 편리성 제공한다. 근로자의 업무 생산성을 높이고 일·가정 균형을 지원하기 위한 시설에 속한다. 따라서 기업이나 공공기관에 의해 운영된다.

그림 21 직장 크레슈 (www.entreprise-creation.com)

마이크로 크레슈(Micro-crèche)

소규모 보육 시설로, 생후 2개월부터 만 3세까지의 영유아를 돌본다. 최대 10명의 아이들을 돌보며, 가정적인 환경에서 개별화된 보육 서비스를 제공한다. 가정과 유사한 분위기라서 아이들이 심적으로 안정감을 느낄 수 있다. 일반적으로 보육사 1명이 3~4명을 돌보기 때문에 상대적으로 세밀한 돌봄이 가능하다.

특히 지역 커뮤니티에서 자주 볼 수 있다. 유연한 운영 방식을 채택하여 다양한 시간대 사용이 가능하다. 개인 사업자나 지역 사회 단체가 운영한다.

이용 비용은 가정의 소득 수준에 따라 책정되며, 프랑스 가족수당 금고(Caisse d'Allocations Familiales, CAF)에서 보조금을 지원한다.

그림 22 마이크로 크레슈 (www.lespetitescanailles.fr)

멀티 케어 크레슈(크레슈 멀티 아꾸에이유Crèche Multi-Accueil)[56]

생후 2개월부터 만 4세까지의 영유아를 대상으로 한다. 부모의 근무시간에 맞추어 매주 정해진 요일과 시간에 맞추어 아이를 맡기는 정기보육, 간헐적으로 사전 예약을 통해 맡기는 일시보육, 긴급한 상황에 맡기는 긴급보육 등 다양한 돌봄 서비스를 제공한다.

즉 전일제, 시간제, 긴급 돌봄 등이 혼합된 형태이다. 따라서 부모의 근무 시간, 아이의 나이, 개인의 요국에 따라 유연하게 운영된다. 이를테면 대개 오전 7시 30분 또는 8시부터 오후 6시 30분 또는 7시까지 운영하며, 부모의 일정에 맞춰 조정 가능하다. 유아 교육 전문가, 간호사, 보육사 등 다양한 전문 인력이 팀이 상주한다.

지역 사회복지 기관이나 해당 시설을 통해 신청하며, 대기 시간이 있을 수 있으므로 조기 신청해야 한다. 가정의 소득 수준에 따라 책정되며, 가족수당금고(CAF) 등의 지원을 받을 수 있다. 지방자치단체, 지역보육 기관이 운영한다.

그림 23 멀티케어 크레슈(Fasso-sesames.org)

응급 크레슈(Crèche d'Urgence)

일반 크레슈와 달리 즉각적인 보육이 가능하며 예약 없이도 이용할 수 있다. 생후 2개월~만 3세까지의 영유아를 돌봐준다.

부모 또는 보호자가 병원 입원이나 수술 등으로 돌봄을 제공할 수 없을 때, 주거 상실(홈리스 상태), 가정 폭력 피해 등으로 아동 보호가 시급할 때, 자연재해, 화재, 또는 기타 긴급 상황에 처했을 때, 보호자가 정신적 스트레스, 우울증 등으로 아동 돌봄이 어려울 때 단기간 아이를 돌봐 준다.

짧게는 며칠, 길게는 몇 주간 돌봐주나 보호자의 상황에 따라 기간이 조정되며, 장기 돌봄이 필요한 경우 다른 보육 시설로 연계된다.

보호자의 위기 상황을 증명할 수 있어야 하며, 주로 의료 증명서나 사회복지사의 추천을 통해 이용이 가능하다. 일부 응급 크레슈는 24시간 운영하며, 특히 야간에도 긴급 돌봄을 제공한다. 대도시나 응급 서비스가 필요한 지역에서 주로 운영한다.

지방자치단체 및 보건부 산하의 모자보건부서(Protection Maternelle et Infantile, PMI)와 같은 공공단체, 사회복지단체, 여성 보호 센터 또는 지역 비영리 기관, 병원 및 의료 기관에서 운영한다.

응급 크레슈의 비용은 대부분 무료 또는 가정의 소득에 따라 크게 감면된다. 프랑스 가족수당금고(CAF)나 지방자치단체에서 지원을 통해 운영되므로, 경제적 부담이 적다. 파리 등 대도시에 집중되어 있으므로 일부 지역에서는 접근성이 떨어진다. 그러나 자연재해가 발생했을 때에는 자연재해 발생 시 이동형 크레슈가 설치된다.

그림 24 응급 크레슈(crecheadoree.fr)

(2) 할트 가르드리(Halte-Garderie)의 유형과 특징[57]

먼저 크레슈와 할트 가르드리의 차이점에 대해 설명할 필요가 있다. 크레슈는 정기적이고 장기적인 보육이 필요한 가정을 위한 포괄적 보육 시설이며, 할트 가르드리는 유연하고 단기적인 보육 지원이 필요한 가정을 위한 시설이다. 두 유형 모두 현 프랑스의 영유아 보육 시스템에서 중요한 역할을 하고 있다.

특징	크레슈(Crèche)	할트 가르드리(Halte Garderie)
보육형태	정기적 종일보육	일시적, 비정기적 보육
운영시간	주중 종일(일반적으로 7:30~18:30)	하루 중 몇 시간만 운영

이용목적	정기적으로 보육이 필요한 가정을 위한 장기보육	단기적 보육이 필요한 부모를 위한 일시 보육
대상 연령	생후 2개월부터 3세까지	주로 2개월부터 3세까지
등록방식	임신 중 또는 출생 직후 신청 (대기 시간이 길어질 수 있음)	예약제로 유연하게 이용 가능
비용구조	소득에 따라 차등 적용	시간당 요금제(유연한 비용 구조)
프로그램 내용	교육적 활동 포함 (언어, 창의적 놀이, 사회성 발달)	놀이 중심의 활동, 사회적 상호작용 강조
운영 주체	공공(시립), 사설, 또는 기업	공공, 사설, 비영리 단체 등이 운영
주 이용자	풀타임으로 근무하거나 정기적인 보육이 필요한 부모	단기적인 개인 시간이나 업무가 필요한 부모
장점	안정적이고 장기적인 보육 서비스 제공	유연하게 필요에 따라 이용 가능
단점	대기 시간이 길고, 등록 절차가 복잡할 수 있음	종일 보육이 불가능하고 일정이 제한적일 수 있음

표 14 크레슈와 할트 가르드리의 주요 차이점
(Babilou 공식 웹사이트와 사설 보육네트워크인 Les Petits Chaperons Rouges의 공식 웹사이트를 참조하여 작성.)

20세기 중반부터 시작된 할트 가르드리(Halte Garderie)는 2개월 반부터 6세까지의 영유아를 위한 임시 보육시설로, 부모의 필요에 따라 하루 몇 시간 또는 반나절 동안 아이를 맡길 수 있는 시스템이다. 프랑스의 할트 가르드리는 공공서비스의 일환으로 지방자치단체가 운영하기도 하지만, 민간단체나 협동조합, 기업 등에서도 제공된다.

할트 가르드리는 운영 주체와 목적에 따라 다양한 형태로 나뉘며, 부모들의 보육 요구에 맞춰 유연하게 운영된다. 최근 프랑스 정부는 보육 서비스의 다양화와 접근성 향상을 위해 다양한 정책을 추진하고 있다. 특히 2024년 파리 올림픽과 같은 대규모 행사를 앞두고 보육 서비스에 대한 수요가 증가할 것으로 예상되면서, 할트 가르드리의 운영 방식과 서비스 제공에도 변화가 시도되고 있다. 이러한 변화는 부모들이 보다 편리하고 유연하게 보육 시설을 이용할 수 있도록 지원하는 데 중점을 두고 있다.

할트 가르드리는 지방자치단체나 공공 기관에서 운영하는 공공 할트 가르드리, 개인이나 단체가 운영하는 사설 할트 가르드리, 기업이 자체적으로 운영하는 기업내 할트 가르드리가 있다.

공공 할트 가르드리

프랑스 전역의 시립 할트 가르드리는 공공 할트 가르드리로, 지방자치단체나 공공 기관에서 운영된다. 이 시설들은 지역 주민들에게 저렴한 비용으로 보육 서비스를 제공하며, 운영 시간과 프로그램은 각 지역의 인구밀도, 지방자치단체의 정책, 주민들의 요구, 그리고 아이들의 연령과 발달 단계에 따라 다양하게 구성된다.

프랑스 전역에서 할트 가르드리가 운영되고 있지만, 파리, 리옹, 마르세유와 같은 대도시와 농촌 및 소도시 간의 보육 서비스 격차는 여전히 심각하다. 이에 프랑스 정부는 2024년에 접어들면서 이러한 격차를 해소하기 위해 시설 개선과 인력 확충에 집중하고 있으며, 추가 예산을 책정해 다양한 지원 정책을 추진하고 있다.

공공 할트 가르드리를 성공적으로 운영하고 있는 대표적인 사례로 파리, 몽마르트, 리옹, 그리고 마르세유를 소개한다. 이 도시들은 각기 다른 지역적 특성과 주민 요구에 맞춰 효과적으로 보육 서비스를 제공하고 있으며, 다른 지역의 모범 사례로 평가받고 있다.

파리

파리는 프랑스의 수도이자 경제, 문화의 중심지로, 인구 밀도가 높고 다양한 배경의 가정이 거주하고 있기에 수백 개의 할트 가르드리가 운영 중이며, 주로 공공기관과 사설 단체가 협력하여 운영한다. 현재 파리시에만 450곳이 넘는할트 가르드리가 운영되고 있다.

대다수가 대중교통 접근이 용이한 지역에 주로 위치해 있어, 부모들이 쉽게 이용할 수 있다. 또한 다문화적인 특성을 반영하여 이중 언어 보육 환경을 갖춘 시설이 증가하고 있다.

파리 시청은 보육 시설의 질적 향상과 접근성을 강화하기 위해 해마다 추가 예산을 투입하고 있으며, 특히 저소득층 가정에게 보육비 보조금을 지원한다.

몽마르트

파리18구에 위치한 몽마르트의 시립할트 가르드리는 예술과 문화의 중심지로서 그 역사적 배경과 지역적 특성에 맞는 보육 시설이 운영하고 있다. 파리 시청의 관리 하에 운영되며, 지역 주민들에게 저렴한 비용으로 보육 서비스를 제공한다.

그림 25 몽마르트 시립 할트 가르드리
(https://www.paris.fr/lieux/haltes-garderies/tous-les-horaires)

맞벌이 가정의 일과를 고려하여 오전 7시 30분부터 오후 6시 30분까지 운영한다. 전문 보육사들이 2개월 반부터 3세까지의 영유아를 돌본다.

특히 몽마르트 지역의 예술적 특성을 반영한 프로그램도 운영하고 있다. 아이들이 어릴 때부터 예술과 문화를 접할 수 있도록 지역 예술가와의 협업을 통해 미술, 음악, 연극 등의 활동이 활발하다. 이러한 활동은 아이들의 창의력과 감수성에 큰 영향을 미친다.

그러다보니 부모들에게도 인기가 높아 수요가 공급을 늘 초과하고 있다. 프랑스 정부는 2023년 6월, 전국적으로 어린이집 수용 인원을 대폭 확대할 계획을 발표했다. 엘리자베트 보른 당시 총리는 2027년까지 어린이집 정원을 10만 명 추가하고, 2030년까지 총 20만 명으로 늘리겠다고 발표했다.[58]

리옹

프랑스 중동부에 위치한 리옹(Lyon)은 프랑스에서 세 번째로 큰 도시로, 풍부한 역사와 문화적 유산 뿐만 아니라 가족 친화적인 정책과 보육 환경으로 유명하다. 특히 리옹의 할트 가르드리는 안정적이고 균형 잡힌 보육 서비스가 특징이다. 또한 인구 대비 할트 가르드리의 비율이 높은 편이다.

리옹의 할트 가르드리 프로그램은 20세기 중반부터 시작되어, 지역사회의 요구에 맞게 발전해 왔다. 지금은 도시 근교의 녹지와 공원을 활용한 프로그램을 통해 아이들은 자연 친화적 경험을 할 기회를 만들어 주고 있다. 또한 아이들의 건강한 식습관을 위해 유기농 식재료를 활용한 급식을 제공하기 위해 식단에 관심을 기울인다.

그림 26 리옹시의 시립 어린이집
(https://www.mediacites.fr/decryptage/lyon/2022/02/22/
les-creches-municipales-de-lyon-et-villeurbanne-au-dela-du-point-de-rupture/)

마르세유

마르세유는 프랑스 남부 지중해 연안의 항구 도시로, 2,600년 이상의 역사를 자랑한다. 항구도시의 특성상 다문화적인 환경과 경제적 불균형이 공존한다.

마르세유는 공공과 민간 협력이 활발한 도시로, 보육 시설의 절반 이상이 협력 모델을 기반으로 운영되고 있다. 마르세유 지자체의 공공 재원과 민간 재원으로 운영된다. 특히 시립 할트 가르드리는 유아 보육의 핵심 역할을 하고 있다. 공공 기금으로 운영되고 있는 마르세유의 할트 가르드리는 지방정부와 모자보호기관(Protection Maternelle et Infantile)의 감독하에 운영된다.

민간 할트 가르드리

민간 할트-가르드리는 일반적으로 비영리 단체, 협동조합, 또는 민간 기업에 의해 운영되는 보육시설을 말한다. 이 개념은 사설(Secteur Privé)과 연관될 수 있지만, 반드시 수익을 목적으로 하지 않을 수도 있다는 점에서 차이가 있다. 비영리든 영리든 민간에서 운영되는 모든 할트-가르드리를 포괄하며, 특히 지역 커뮤니티와의 협력을 통해 운영되는 경우가 많아 유연성과 비영리적 성격이 강조된다.

민간 할트-가르드리의 비용은 공공 할트-가르드리보다 다소 높게 책정되는 경우가 많으며, 제공되는 보육 서비스의 종류와 수준에 따라 차등이 존재한다. 언어 교육, 예술 활동, 체육 활동 등 특별 프로그램을 운영하는 경우가 많고, 운영 시간도 공공 시설보다 유연하다. 이러한 특성 덕분에 맞벌이 가정이나 다양한 보육 요구를 가진 가정에게 적합한 선택이 된다. 일부 민간 시설은 고급화된 프로그램을 제공하며, 몬테소리나 발도로프와 같은 특정 교육철학을 기반으로 독창적인 보육 환경을 조성하기도 한다.

대표적인 사례로는 바빌루(Babilou)와 Les Petits Chaperons Rouges(빨간 망토 소녀들이라는 뜻)[59]와 같은 민간 기업이 있다. 바빌루는 상업적 기반의 민간 기업으로 운영되며, 혁신적인 교육 프로그램과 친환경적인 보육 환경을 강조한다. Les Petits Chaperons Rouges는 지역 커뮤니티와 협력하여 맞춤형 보육 서비스를 제공하는 것으로 잘 알려져 있다. 이들 기업은 프랑스 전역에서 다양한 프로그램과 고품질의 보육 서비스를 운영하며, 공공 시설이 제공하지 못하는 차별화된 서비스를 통해 부모와 아이 모두에게 선택의 폭을 넓혀주고 있다.

다만, 민간 할트-가르드리는 비용이 높은 점에서 특정 계층에 국한될 수 있다는 한계가 있다. 이러한 문제를 해결하기 위해 공공 보조금 지원이나 커뮤니티 협력을 통한 접근성 확대가 중요한 과제로 여겨진다. 또한, 수익성과 사회적 기여 사이에서 균형을 유지하는 것도 필수적이다.

한편, 민간 할트-가르드리와 유사하지만 구분되는 개념으로 기업 할트-가르드리가 있다. 기업 할트-가르드리는 특정 기업이 직원 복지 차원에서 운영하는 보육시설로, 직원 자녀만을 대상으로 한다. 이러한 시설은 직장 내 혹은 직장 근처에 설립되며, 부모의 업무 시간에 맞춘 유연한 보육 서비스를 제공한다. 이를 통해 부모는 출퇴근 시간을 절약하고 업무에 더욱 집중할 수 있다.

그림 27 마르세유의 사설 할트 가르드리

(https://www.babilou.fr/aide-contact/famille/
demande-de-place-en-creche/les-haltes-garderies-marseille)

바빌루는 2003년 프랑스에서 로돌프 칼르와 에두아르 칼르 형제가 설립한 보육 기관으로, 현재 전 세계 10개국 이상에서 3,400개 이상의 보육 시설을 운영하며 유럽 최대 규모의 보육 네트워크 중 하나로 성장했다.

프랑스 내에서 바빌루는 약 500개의 보육 시설을 운영하고 있으며, 이는 프랑스 전역의 가정과 기업에 다양한 보육 서비스를 제공하고 있다.[60]

그 외에 다음과 같은 형태로 운영되는 직장 보육기관도 민간 할트가르드리에 포함시킬 수 있다.

공동 직장 돌봄시설

공동 직장 보육시설은 여러 기업이 협력해 하나의 보육시설을 운영하는 방식이다. 이 유형은 특히 중소기업처럼 보육시설을 단독으로 운영하기 어려운 기업들에게 효율적인 대안으로 자리 잡고 있다.

파트타임 돌봄시설

파트타임 보육시설은 근로 시간이 일정하지 않은 부모들을 위해 유연한 보육 서비스를 제공하는 형태다. 이 시설은 시간제 또는 반나절 보육 프로그램을 운영해 다양한 근무 조건에 맞춘 서비스를 제공한다.

프랑스의 노동 시장은 파트타임 근로자와 비정규직 근로자의 비중이 적지 않다. 이에 따라 근로자들은 불규칙한 근무 일정에도 자녀를 맡길 수 있는 보육시설을 필요로 한다. 파트타임 보육시설은 일과 육아 병행에 큰 도움을 준다.

테크 기업 돌봄 시설

테크 기업 보육은 프랑스 내 IT 및 기술 중심 기업에서 운영하는 특화된 돌봄시설이다. 이 유형은 다른 돌봄시설과 달리 창의적이고 혁신적인 프로그램을 제공하는 것이 특징이다. 테크 기업 보육은 학습과 놀이를 결합한 워크숍과 특별 활동을 통해 자녀의 창의력과 학습 능력을 키우는 데 중점을 둔다. 현재 테크 기업 보육은 혁신적인 환경을 선호하는 젊은 근로자들에게 인기가 높다.

이동식 할트-가르드리

프랑스의 이동식 할트-가르드리(Halte-Garderie) 프로그램은 빈곤 예방 및 퇴치를 위한 국가 전략(National Strategy for the Prevention and Fight Against Poverty)의 목표와 밀접한 관련이 있다. 이 전략은 사회적 불평등을 줄이고 취약 계층의 생활 여건과 기회를 개선하기 위해 2018년에 에마뉘엘 마크롱 대통령에 의해 발표된 국가 정책으로, 특히 아동 복지와 교육 접근성 향상을 중요한 우선 과제로 삼고 있다.[61]

빈곤 예방 전략의 핵심 목표 중 하나는 취약 계층의 아동들이 질 높은 보육 및 조기 교육을 받을 수 있도록 보장하는 것이다. 이동식 할트-가르드리는 이 목표를 달성하기 위한 중요한 도구로 자리 잡고 있다.

농촌 지역이나 보육 시설 접근성이 낮은 지역을 대상으로 한 이동식 서비스는 지역 사회의 특성과 요구를 고려하여 부모들이 보육 서비스에 쉽게 접근할 수 있도록 설계되었다. 이러한 이동식 보육은 보육 차량을 활용해 일정 시간 동안 각 지역을 순회하며 아이들을 돌보는 방식으로 운영된다. 이는 고정된 시설이 부족한 농촌 지역에서 특히 유용하며, 부모와 아이들에게 안정적이고 접근 가능한 보육 환경을 제공한다.

이동식 보육의 대표적인 사례로는 프랑스의 "레 노마드(Les Nomades)"[62]프로그램이 있다. 이 프로그램은 프랑스 가족청(CAF, Caisse d'Allocations Familiales)의 지원을 받아 농촌 지역과 인구 밀도가 낮은 지역의 보육 접근성을 개선하기 위해 설계되었다. 레 노마드는 보육 차량을 기반으로 운영되며, 이 차량은 유아 보육에 필요한 시설과 자재를 모두 갖추고 있다. 차량은 정해진 일정에 따라 여러 마을을 방문하며 서비스를 제공한다.

보육 차량의 내부는 아이들이 편안하고 안전하게 시간을 보낼 수 있도록 설계되었으며, 교육 및 놀이 활동이 가능하도록 다양한 장난감과 학습 도구가 구비되어 있다. 이를 통해 아이들은 차량 내에서 안전하게 학습하고 놀이하며 사회적, 정서적 발달을 촉진할 수 있다.

레 노마드 프로그램은 각 지역의 특성과 부모의 요구에 따라 프로그램을 유연하게 조정한다. 언어 교육, 예술 활동, 기본 생활 교육 등이 포함되며, 아이들의 사회적 발달과 정서적 안정에 중점을 둔다. 또한, 정기적으로 지역을 방문하는 일정 덕분에 부모들은 안정적으로 보육 서비스를 이용할 수 있다.

이 프로그램은 지역 정부 및 커뮤니티 단체와 협력하여 운영되며, 이를 통해 지역의 보육 수요를 정확히 파악하고 지속 가능한 방식으로 서비스를 제공한다. 레 노마드는 이러한 특성 덕분에 농촌 지역뿐만 아니라 보육 인프라가 부족한 지역에서도 큰 호응을 얻고 있으며,

이동식 보육의 성공적인 모델로 평가받고 있다.

그림 28 레 노마드(Les Nomades)

(3) 종교기관과 연계된 할트 가르드리

프랑스의 할트 가르드리(Halte-garderie)는 주로 지방자치단체에서 운영되기 때문에 교회와 직접적으로 연계된 경우는 드물다. 다만, 일부 지역에서는 교회나 종교 단체가 보육 시설을 운영하거나 지원하는 사례가 있긴 하다. 이러한 경우, 보통 협회 형태로 운영되며, 협회 중 일부가 종교 단체와 연계되어 있다.

구체적인 사례로, 프랑스에 위치한 한인교회인 파리중앙교회와 퐁뇌프장로교회를 들 수 있다. 이들 교회에서는 0세부터 3세까지의 유아를 위한 유아부를 운영하고 있으나, 이는 할트 가르드리와 같은 보육

시설의 기능을 수행하는 것은 아니다. 오히려 한국교회의 주일학교와 유사한 형태로, 신앙 교육과 교회 활동 참여를 목적으로 하고 있다.

결론적으로, 프랑스에서는 교회와 연계된 할트 가르드리가 일반적이지 않으며, 종교단체와의 협력이 이루어지더라도 그 형태와 목적이 보육보다는 신앙 교육에 초점이 맞춰진 경우가 많다. 이는 프랑스의 세속주의 원칙과 지방자치단체 중심의 보육 운영 체계가 큰 영향을 미쳤기 때문이다.

(4) 가정 보육사(Assistante Maternelle)

가정 보육사는 프랑스에서 공식적으로 인증 받은 개인이 자신의 가정에서 0~3세의 유아를 돌보는 시스템이다. 이 정책은 정부와 지역 공공기관의 엄격한 감독 아래 운영되며, 부모가 직장 생활과 육아를 병행할 수 있도록 돕는 역할을 한다.

2024년부터 보육사의 전문성을 강화하기 위한 새로운 조치가 시행되었다. 이제 보육사들은 아동 심리, 응급 처치, 발달 교육에 대한 정기적인 교육을 의무적으로 이수해야 한다. 더불어, 환경 친화적 보육 활동과 다문화적 접근을 강조한 새로운 교육 과정이 도입되었다. 이러한 변화는 보육사가 더 높은 수준의 전문성을 바탕으로 부모와 아이들에게 보다 향상된 서비스를 제공할 수 있도록 돕는다.

한편, 개인 보육사를 찾는 과정도 디지털 기술의 발전으로 더욱 간편해졌다. 2024년 현재, 부모들은 디지털 플랫폼을 통해 인증된 보육사를 검색하고, 시간표와 비용을 비교하며, 필요한 보육 서비스를 선택할 수 있다. 이 플랫폼은 부모와 보육사 간 계약 및 결제를 안전하게 중재하며, 관련 앱을 통해 정부 보조금 신청도 쉽게 처리할 수 있다.

프랑스의 개인 보육사 시스템은 두 가지 주요 유형으로 구성되어 있다. 하나는 국가 인증을 받은 보육사(assistante maternelle)이고, 다른 하나는 부모의 가정에서 아이들을 돌보는 가정 내 보육사(garde à domicile)이다. 이러한 시스템은 다양한 보육 필요를 충족시키지만, 일정한 소득이나 직업이 없는 부모들은 지원 대상에서 제외되는 경우가 많았다. 국가의 보육비용 지원에도 불구하고 부모는 소득 수준과 자녀의 연령에 따라 차등적인 본인 부담금을 지불해야 하는 구조가 유지되고 있다.

프랑스의 가정 보육사 정책은 저출생 문제 해결에 매우 중요한 역할을 했다. 가정 보육사들은 자신의 가정에서 소수의 아이들을 돌보며 부모가 직장과 가정을 병행할 수 있도록 실질적인 도움을 제공했다.

또한, 가정 보육사 정책 덕분에 대규모 어린이집 시설이 부족한 농촌 지역에서도 아이들을 맡길 수 있게 되었다. 특히, 소규모 환경에서 이루어지는 보육은 부모들에게 더 개인적이고 세심한 돌봄을 제공함으로써 신뢰를 얻었고, 이로 인해 가족 친화적인 사회 문화를 형성하는 데 도움을 주었다.

이와 더불어 프랑스 정부는 재정 지원을 통해 가정 보육사 정책을 적극적으로 뒷받침했다. 부모들이 보육사에게 지불하는 비용의 상당 부분을 정부가 보조금 형태로 지원하거나 세금 공제를 통해 경제적 부담을 줄여주었다.

프랑스가 유럽 내에서 비교적 높은 출산율을 유지할 수 있었던 데에는 이처럼 잘 구축된 가정 보육사 정책이 주요한 역할을 했다고 볼 수 있다. 리옹에 거주하는 한 여성은 가정 보육사 서비스를 통해 아이를 안심하고 맡길 수 있어 출산 후 6개월 만에 직장으로 복귀할 수 있었다고 말했다. 이 여성은 직장 복귀로 인해 가족의 경제적 안정이 유지되었고, 동시에 아이는 소규모 돌봄 환경에서 안전하게 자랄 수 있었다고 밝혔다.[63]

가정 보육사 정책은 성공적인 사례로 평가되지만, 여전히 몇 가지 한계점이 존재한다. 첫째, 도시와 농촌 지역 간의 보육사 공급에서 불균형이 발생하고 있다는 점이다. 예를 들어, 파리와 같은 대도시에서는 가정 보육사를 쉽게 찾을 수 있는 반면, 농촌 지역에서는 보육사의 수가 현저히 부족해 부모들이 서비스를 이용하는 데 어려움을 겪고 있다.

둘째, 보육사의 근로 환경과 임금 정책 개선이 필요한 부분이다. 현재 많은 보육사들이 긴 노동 시간과 낮은 임금으로 인해 직업 만족도가 낮은 상황이다. 예를 들어, 2021년에 브르타뉴 지역에서 활동하던 한 보육사는 자신의 근로 조건이 지나치게 열악하다고 지적했다. 해당 보육사는 프랑스 일간지 Ouest-France와의 인터뷰에서 "매우 긴 노동 시간에도 불구하고 임금이 낮아 생활을 유지하기 어렵다"고 밝혔다.

셋째, 일부 부모들이 가정 보육사 정책에 대해 충분한 정보를 얻지 못해 서비스를 제대로 활용하지 못하는 경우도 있다. 2021년에 프랑스 사회복지연구소(IFSW)에서 발표된 보고서에 따르면 저소득 가정의 부모들이 정보 부족으로 인해 가정 보육사 서비스를 활용하지 못하는 경우가 많음을 강조하고 있다. 예를 들어, 보고서에 따르면 농촌 지역의 저소득 가정 중 35%가 정부 지원을 받을 수 있음에도 불구하고, 정책에 대한 인지 부족으로 혜택을 누리지 못하고 있는 것으로 나타났다.

(5) 유치원(Ecole Maternelle)

프랑스에서는 만 3세부터 5세까지의 유아 대부분이 국가에서 지원하는 유아학교(école maternelle)에 다니고 있다. 2024년 현재, 만 3세 유아의 유치원 등록률은 약 97.5%에 달하며, 만 4세와 5세 유아의 등록률은 100%에 가깝다. 이와 같은 높은 등록률은 프랑스 정부의 유아 교육 지원 정책과 부모들의 교육에 대한 높은 관심을 반영한다. 〈Le

Monde〉의 "3세 의무교육, 무엇이 바뀌는가?"(2019년 2월 14일자)에 따르면, 만 3세부터의 의무교육 도입은 모든 아동에게 교육 기회를 제공하고, 사회적 불평등을 줄이는 데 기여하고 있다.

휴일이나 방학 동안 부모가 직접 아이를 돌보기 어려운 경우, 많은 유아가 방과 후 보육 시설을 이용한다. 대표적인 시설로는 레 자흐땅 돈팡(les jardins d'enfants)와 아뀌 드 루아지흐(accueil de loisirs)가 있으며, 이러한 시설은 부모들의 육아 부담을 줄이는 데 중요한 역할을 한다.

프랑스 유아학교의 교육 내용은 아동의 언어 능력, 사회적 상호작용, 창의성 개발, 운동 기술 등을 중점적으로 다룬다. 특히, 언어 능력 개발은 초등학교 학습의 기초를 다지기 위한 필수적인 과정으로 간주된다. 교사들은 창의적 놀이와 구조화된 학습 활동을 균형 있게 조화시켜 아이들이 자연스럽게 배우고 성장할 수 있도록 돕는다. 이러한 교육 접근법은 아동의 전인적 발달을 지원하며, 학습 격차를 줄이는 데 중요한 역할을 한다.

운영 체계 면에서 프랑스 유아학교는 국가 전역에 고르게 분포되어 있다. 모든 아동에게 무상으로 제공되며, 이는 부모들의 경제적 부담을 덜어주는 데 중요한 역할을 한다. 특히, 모든 사회적 계층의 아이들이 균등한 교육 기회를 누릴 수 있도록 보장함으로써 프랑스 사회의 평등 유지에도 크게 기여하였다. 유아학교는 단순히 교육적 기능을 넘어, 가족 정책의 일환으로서 사회적 통합과 연대의 기반이 되고 있다.

그렇다면 유아학교 정책이 프랑스의 출산율을 높이는 데 실질적으로 기여했을까? 프랑스 통계청(INSEE)에 따르면, 유아학교를 포함한 포괄적인 가족 정책의 영향으로 프랑스의 출산율은 2023년 기준 1.84로, 유럽 평균인 1.5를 크게 상회하였다. 이는 유럽 내에서도 매우 높은 수준으로 평가된다.

또한, 2023년 기준 프랑스 여성 고용률은 약 69%로, 유럽 내에서도 높은 수준을 유지하고 있다. 이러한 성과는 유아학교와 같은 공교육 정책이 여성들의 경제 활동 지속에 중요한 기반이 되었음을 입증한다. 유아학교는 부모들이 경제적 부담 없이 자녀를 양육하면서도 경제 활동을 지속할 수 있는 환경을 조성하여, 프랑스가 유럽 내 저출산 문제 해결에 선도적인 역할을 하도록 돕고 있다.

(6) 기타 돌봄 기관

이 외에 협동조합 돌봄시설(Crèches Parentales)과 전문 특화 돌봄시설(Crèches Spécialisées)이 있다. 부모들은 행정 업무 및 재정 관리, 시설 내 청소 및 유지 관리, 교육 프로그램 기획 및 진행 보조 등에 참여하여 자녀가 활동하는 환경을 더 잘 이해하고, 보육사들과 밀접한 관계를 형성할 수 있다.

협동조합 돌봄시설[64]

협동조합 유아원은 부모들이 직접 보육사 채용과 프로그램 기획에 참여함으로써, 자녀들에게 적합한 맞춤형 보육 환경을 제공할 수 있다. 뿐만 아니라 부모의 직접적인 참여로 인해 외부 인력 고용과 운영비가 줄어들어, 일반적인 보육시설에 비해 운영비용을 절감할 수 있다. 이러한 비용 절감은 특히 제한된 예산 내에서 양질의 보육 서비스로 이어진다.

그러나 부모의 적극적인 참여를 전제로 하기 때문에, 참여할 시간이 부족한 부모들에게는 부담이 될 수 있다. 이러한 문제를 해결하기 위해 부모들 간의 역할 분담과 효율적인 운영 체계가 필요하다.

전문 특화 돌봄시설

전문 특화 돌봄시설은 장애 아동이나 특별한 요구를 가진 아이들을 위해 설계된 돌봄시설이다. 이 시설은 개별화된 보살핌과 전문적인 지원을 제공하며, 각 아동의 독특한 필요를 충족시키기 위해 특별히 고안된 환경과 프로그램을 갖추고 있다.

이곳에서는 전문적인 자격을 갖춘 보육사, 치료사, 언어 치료사 등 다양한 분야의 전문가들이 아이들의 발달과 복지를 지원한다. 교육 프로그램은 개별 아동의 신체적, 정서적, 인지적 발달을 촉진할 수 있도록 설계되며, 가족과의 협력을 통해 통합적인 지원을 제공한다.

특히, 이러한 시설은 장애 아동이 사회적 상호작용과 학습에 참여할 수 있도록 돕고, 부모들에게는 신뢰할 수 있는 보육 환경을 제공하여 일과 가정의 균형을 유지하도록 지원하는 것이 주 목적이다.

5. 세대 간 돌봄을 통해 출산율 높이기

"세대 간(Intergenerational)"은 서로 다른 세대, 즉 유아부터 노년 연령대가 다른 사람들이 교류하거나 함께 작업하는 상황, 혹은 여러 세대가 함께 사회적, 문화적, 경제적 활동에 참여하는 것을 묘사할 때 사용된다.

또 세대 간 관계(intergenerational relationships)란 사회 내 다양한 세대 간의 관계와 상호작용을 뜻한다. 연령과 관계없이 서로 다른 경험과 가치를 가진 사람들 간의 협력, 교류, 그리고 상호 이해를 의미한다. 세대 간 관계는 가족 내부에서의 돌봄, 지역 사회에서의 교류, 그리고 세대를 연결하는 프로그램과 같은 다양한 방식으로 나타난다. 즉 다양한 세대가 함께 존재하는 것만이 아니라 서로를 이해하고 지원하며 사회적 조화를 이뤄냄을 뜻한다.[65]

특히, 세대 간 관계는 저출생, 고령화와 같은 현대 사회의 주요 문제를 해결하는 데도 중요한 역할을 할 수 있다. 예를 들어, 세대 간 돌봄 프로그램은 가족과 지역 사회의 지원 체계를 강화하고, 세대 간 유대감을 통해 삶의 질을 향상시키는 데 기여한다. 더 나아가, 세대 간 협력을 통해 경제적, 정서적 자원을 효율적으로 활용함으로써 사회 전체의 지속 가능성을 높일 수 있다.

결론적으로, 세대 간 관계와 협력은 사회적 조화와 발전을 위한 필수적인 요소이다. 이를 통해 우리는 서로 다른 세대가 상호작용하며 배움과 지원의 공동체를 만들어 나갈 수 있다. 이러한 협력은 사회적 유대를 더욱 강화하고, 모든 구성원이 더 나은 삶을 누릴 수 있는 환경을 조성하는 데 기여할 것이다. 특히, 인구 감소와 저출생 문제가 심각한 사회적 도전으로 부각되는 오늘날, 세대 간 돌봄(intergenerational care)은 새로운 해법으로 주목받고 있다.[66]

프랑스의 세대 간 돌봄은 조부모, 부모, 자녀 세대가 협력하여 아이를 양육함으로써 저출생 문제 해결에도 중요한 역할을 해왔다. 프랑스 정부 또한 다양한 정책을 통해 조부모가 손자녀를 돌보는 문화를 장려하고, 공식적 지원을 아끼지 않았다. 정책의 한 예로 조부모가 육아에 참여할 경우 퇴직 후 추가 연금 혜택이나 세금 공제를 제공한다. 또한, 조부모가 자녀와 가까운 거리에 거주할 수 있도록 주택 우선권이나 주거비 지원 프로그램을 통해 이동과 정착을 지원하는 주택 정책도 시행 중이다.(Boutang, 2023)[67].

이러한 세대 간 돌봄은 프랑스의 문화적 전통에서도 중요한 위치를 차지한다. 조부모가 손자녀의 양육에 참여하는 것은 자연스러운 가족 문화로 자리 잡고 있으며, 부모 세대가 경력 단절 없이 직장 생활을 이어갈 수 있는 기반이 된다. INSEE(2023)에 따르면, 프랑스 부모의 약 38%가 조부모의 정기적인 도움을 받고 있으며, 이러한 지원 덕분에 추가 출산을 고려했다고 응답한 사례도 많다.

특히, 세대 간 돌봄은 여성의 경제 활동을 지원하는 데 큰 역할을 한다. 조부모의 돌봄 참여로 여성들은 육아와 경력을 병행할 수 있는 환경을 갖추게 되었으며, 이는 여성 고용률 증가와 출산율 상승 간의 상관관계를 뒷받침한다. OECD(2023) 보고서[68]에 따르면, 조부모의 도움을 받은 여성 중 다수가 경력을 유지하면서 출산 결정을 내렸다고 응답했다.

사실, 프랑스, 일본, 독일, 미국, 스웨덴, 한국 등 여러 국가는 세대 간 돌봄을 포함한 다양한 접근 방식을 통해 저출생 문제와 사회적 도전에 대응하려는 노력을 기울이고 있다. 그중에서도 프랑스는 포괄적인 가족 정책과 조부모의 육아 참여가 조화를 이루며 상대적으로 성공적인 모델로 꼽힌다.

프랑스는 공공 보육 서비스, 재정적 지원, 육아 휴직제도 등 다각적인 가족 정책을 통해 출산율 유지와 일-가정 양립을 도모해 왔다. 특히, 세대 간 돌봄은 공식적으로 제도화된 부분보다는 가족 내부에서 자연스럽게 이루어지는 경우가 많아, 다른 가족 정책에 비해 체계적인 지원이 부족하다는 지적도 있다.

이 장에서는 글로벌 사례를 생략하고, 이러한 점을 고려하여 프랑스의 가족 정책과 세대 간 돌봄의 특징을 집중적으로 조명하기로 한다.

1) 세대 간 돌봄과 출산율의 관계

프랑스에서는 평균 수명이 길어지면서 최대 6세대가 한 사회 안에서 공존하게 되었다. 이러한 상황 속에서 인구 고령화 문제로 축소되곤 하는 '인구 전환'은 세대 간 연대를 중요한 과제로 만들었다. 현대 사회가 점점 단절되는 경향을 보이는 가운데, 세대 간의 관계는 우리가 생각하는 것보다 훨씬 강력한 유대를 가지고 있다.[69]

프랑스에서 세대 간 돌봄은 가족 간의 관계를 넘어서 사회적 연대와 출산율 증가에 중요한 영향을 미치고 있다. 카페나 공동 주거와 같은 물리적 공간의 활용, 봉사 활동 및 통합된 보육과 요양 프로그램은 세대 간 유대를 강화하며, 부모 세대가 자녀 출산을 결정하는 데 긍정적인 요인으로 작용하고 있다. 이러한 프랑스의 사례는 저출생 문제를 해결하려는 다른 국가들에게 중요한 참고 자료로 활용될 수 있다.[70] '작은 형제들(Petits Frères des Pauvres)' 단체가 제안한 활동을 바탕으로, 세대 간 돌봄이 출산율 증가에 미치는 영향을 요약해본다.[71]

2023년 CSA 리서치 연구소의 「노인 고립과 세대 간 연결」 보고서에 따르면, 60세 이상 응답자의 41%가 단체 활동을 통해 자신보다 20세 이상 젊은 사람들과 교류하고 있으며, 이 중 23%는 정기적인 관계를 유지하고 있다고 응답했다. 반대로, 18~30세 청년 중 36%가 자신보다 20세 이상 나이 많은 사람들과 교류하며, 이 중 13%는 지속적인 관계를 유지하고 있다.

특히, 봉사 활동은 세대 간 연결을 촉진하는 주요한 방법으로 꼽힌다. 보고서에 따르면, 18~30세 청년 응답자의 84%, 60세 이상의 응답자의 90%가 봉사 활동이 세대 간 유대를 강화하는 효과적인 수단이라고 답했다. 예를 들어, 릴 피브스(Lille Fives) 지역에서는 2018년부터 유럽 연대 봉사단과 시민 봉사단이 노인들에게 디지털 기술을 소개하며 세대 간의 기술 격차를 줄이는 데 기여하고 있다.

카페, 공동 식당, 휴양지와 같은 소통의 공간은 세대 간 만남과 교류를 촉진하는 데 중요한 역할을 한다. 보고서에 따르면, 60세 이상 응답자의 87%, 18~30세 응답자의 81%가 이러한 공간이 세대 간 연결을 강화하는 데 효과적이라고 평가했다. 이는 물리적 공간이 세대 간 자연스러운 만남을 이끌어내는 중요한 매개체임을 보여준다.

또한, 공동 주거 형태는 세대 간 교류를 지속적으로 유지할 수 있는 혁신적인 방안으로 주목받고 있다. 어린 자녀를 둔 부모와 아직 결혼하지 않은 청년들에게 독립된 아파트와 공용 공간을 함께 제공하는 공동 주거는 미래의 주거 대안으로 제시되고 있다. 보고서에 따르면, 18~30세 응답자의 82%, 60세 이상의 응답자의 79%가 이러한 형태를 긍정적으로 평가했다.

카페, 공동 식당, 휴양지와 같은 소통의 공간은 세대 간 만남과 교류를 촉진하는 데 중요한 역할을 한다. 보고서에 따르면, 60세 이상 응답자의 87%, 18~30세 응답자의 81%가 이러한 공간이 세대 간 연결을 강화하는 데 효과적이라고 평가했다. 이는 물리적 공간이 세대 간 자연스러운 만남을 이끌어내는 중요한 매개체임을 보여준다.

또한, 공동 주거 형태는 세대 간 교류를 지속적으로 유지할 수 있는 혁신적인 방안으로 주목받고 있다. 어린 자녀를 둔 부모와 아직 결혼하지 않은 청년들에게 독립된 아파트와 공용 공간을 함께 제공하는 공동 주거는 미래의 주거 대안으로 제시되고 있다. 보고서에 따르면, 18~30세 응답자의 82%, 60세 이상의 응답자의 79%가 이러한 형태를 긍정적으로 평가했다.

2) 세대 간 돌봄 사례

리옹 지역에서는 지역 커뮤니티인 '리옹 가족 네트워크(Lyon Family Network)'는 리옹 시와 협력하여 운영되는 지역 커뮤니티 조직으로, 조부모와 부모 간의 돌봄 지원을 활성화하기 위한 다양한 프로그램을 제공한다. 이 네트워크는 놀이와 교육 프로그램뿐만 아니라 조부모를 대상으로 한 심리적 지원 세션과 지역 사회 이벤트도 주최한다.

INSEE(2023)의 보고서에 따르면, 리옹 가족 네트워크는 이러한 활동을 통해 가족 내 유대감을 강화하고 지역 내 연대감을 증진하는 데 성공적인 모델로 평가받고 있다.와 협력하여 조부모들이 손자녀 돌봄에 적극적으로 참여할 수 있도록 지원하는 프로그램을 운영하고 있다. 이 프로그램은 조부모와 손자녀가 함께 참여할 수 있는 놀이 및 교육 활동을 포함하고 있다. 이 프로그램은 상기 보고서에서 긍정적인 평가를 받았다.

그림 29 The Connection 2022.10.13.일자
(https://www.connexionfrance.com/practical/
how-much-can-i-give-to-my-grandchild-in-france-without-paying-tax/170311)

일부 지역에서는 어린이집과 요양원을 같은 건물에 배치하여 세대 간 상호작용을 촉진하는 '세대 간 센터'(Centres Intergénérationnels)를 운영하고 있다. 이곳에서는 어린이와 노인이 함께 참여하는 예술 활동, 요리 교실, 독서 모임 등을 진행한다.

그림 30
https://www.leprogres.fr/culture-loisirs/2023/12/08/
des-liens-intergenerationnels-au-centre-de-loisirs

그림 31
https://www.ledauphine.com/culture-loisirs/2022/10/07/
des-ateliers-intergenerationnels-au-centre-social-la-bastide

르 파리 솔리데르(Le Pari Solidaire)

2004년에 설립된 비영리단체 Le Pari Solidaire[72]는 프랑스에서 세대 간 돌봄을 실천하는 대표적인 모델로 평가받고 있다. 이 단체는 주거 공간이 넉넉하지만 독거 상태에 있는 노인들과 적절한 거주지를 찾는 청년들을 연결해주는 혁신적인 프로그램을 운영하고 있다. 청년들은 노인의 집에서 저렴한 비용으로 거주하며, 일정 시간 동안 동거하면서 말벗이 되어주거나 간단한 집안일을 돕는 방식으로 상호 지원적 관계를 형성한다.

이 프로그램은 단순히 주거 문제를 해결하는 데 그치지 않고, 세대 간 교류와 상호 이해를 촉진하는 데 중점을 두고 있다. 노인들에게는 사회적 고립감을 해소할 수 있는 기회를 제공하며, 청년들에게는 경제적 안정과 더불어 세대 간 관계의 가치를 경험할 수 있는 환경을 조성한다. 특히, 프로그램에 참여한 청년들 중 일부는 주거비 절감 덕분에 결혼과 출산을 계획할 수 있는 경제적 여유를 얻었다는 긍정적인 피드백을 남겼다.

Le Pari Solidaire의 활동은 세대 간 돌봄의 가치를 구체적으로 실현한 사례로, 다양한 사회적 혜택을 창출하고 있다. 노인들에게는 안전하고 동반자가 있는 환경을 제공하고, 청년들에게는 안정적인 거주 환경과 노년층과의 의미 있는 관계를 맺을 기회를 제공한다. 이로 인해 개인 간의 연대감이 증진되고, 사회적 연속성이 강화된다.

Le Pari Solidaire는 이러한 성과를 기반으로 프랑스뿐만 아니라 유럽 전역에서 세대 간 돌봄 모델의 확산 가능성을 높이고 있다. 이 단체의 성공 사례는 주거 문제와 세대 간의 간극을 동시에 해결하려는 노력의 일환으로, 세대 간 돌봄이 개인과 사회에 미치는 긍정적인 영향을 드러낸다.

세대 간 센터(Centres Intergénérationnels)와 저출생 문제 해결에 미치는 긍정적 효과

세대 간 센터는 어린이집과 요양원을 같은 공간에 배치하여 세대 간 상호작용을 촉진하는 혁신적인 모델이다. 이 센터에서는 어린이와 노인이 함께 참여하는 예술 활동, 요리 교실, 독서 모임 등을 통해 세대 간 교류를 활성화한다. 예를 들어, 프랑스의 전원 마을 마탱쿠르(Mattaincourt)에 위치한 요양원은 어린이집과 통합된 구조로, 다양한 세대가 교류할 수 있는 환경이다.[73] 이 센터는 자연환경과 조화를 이루며, 외부 공간과 테라스 같은 시설을 통해 어린이와 노인이 함께 시간을 보낼 수 있는 기회를 제공한다(5OSA[74]).

그림 32 마탱쿠르의 어린이, 노인, 스텝진과 주민
(https://www.vosgesmatin.fr/edition-de-la-plaine/2015/12/11/mattaincourt-la-maison-d-accueil-specialise-la-petite-prayes-est-ouverte-a-la-jeunesse-pour-la-saint-nicolas)

세대 간 센터는 부모가 직장과 육아를 병행할 수 있도록 돕는 동시에 노인 돌봄 부담도 줄여준다. 특히, 부모협동어린이집(Crèche parentale)과 같은 모델은 부모가 아이들의 성장에 직접 참여하면서 지역 사회의 지원을 받을 수 있는 환경을 조성한다. 또한 세대 간 센터는 노인의 사회적 고립을 줄이는 데 기여한다. 노인들은 어린이와의 상호작용을 통해 정서적 안정과 활력을 얻으며, 어린이들은 노인으로

부터 경험과 지혜를 배울 수 있다. 가족 내 세대 간 갈등이 줄어들고, 안정적인 가정환경이 조성되어 저출생 문제 해결에 긍정적 영향을 미친다.

세대 간 센터는 지역 사회의 연대와 협력을 증진한다. 부모와 노인, 어린이가 함께 참여하는 활동은 공동체 의식을 높인다. 어린이집과 요양원을 통합 운영함으로써 운영비용을 절감할 수 있다. 이는 사회적 복지 시스템에 대한 재정적 부담을 줄여준다.

그림 33
https://yesakademia.ong/fr/centres-intergenerationnels/

3) 세대 간 돌봄 정책의 한계와 개선 방향

세대 간 돌봄 지원은 도시 지역과 농촌 지역 간의 불균형이 크다. 도시 지역에서는 인프라와 지원 시스템이 비교적 잘 갖추어져 있어 조부모들이 손자녀 돌봄에 참여하기 용이하다. 그러나 농촌 지역에서는 이러한 지원이 부족하여 조부모들이 물리적, 경제적 제약을 받는 경우가 많다. 예를 들어, INSEE(2023)에 따르면 농촌 지역 조부모 중 60%는 손자녀와의 거리가 멀거나 교통수단의 부재로 인해 육아에 참여하지 못하는 것으로 나타났다. 이러한 지역 간 격차를 해소하기 위해 프랑스 정부는 농촌 지역에 특화된 교통 지원 및 주택 보조금 정책을 모색 중이다.

세대 간 돌봄 과정에서 조부모와 부모 간 육아 방식의 차이로 인한 갈등이 발생할 수 있다. 조부모는 전통적인 양육 방식을 고수하는 경우가 많지만, 부모 세대는 현대적인 육아법을 선호하는 경향이 있다. 이러한 갈등은 아이의 양육 과정에서 혼란을 초래할 수 있다. 이를 해결하기 위해 조부모와 부모를 대상으로 한 교육 프로그램이 도입되고 있다.

조부모 연금 혜택이나 세금 공제와 같은 재정적 지원 정책은 장기적인 지속 가능성을 보장하기 어려운 구조적 한계를 가지고 있다. INSEE(2023)에 따르면, 이러한 지원 정책은 프랑스 정부 예산의 15%를 차지하며, 지속적으로 증가하는 비용 부담이 문제로 지적되고 있다. 이에 따라 정부는 재정적 부담을 완화하기 위해 세대 간 돌봄 지원의 일부를 민간단체와 지역 사회와의 협력을 통해 분산시키는 방안을 모색하고 있다.

4) 모든 세대를 잇는 교회

현대 사회는 저출생 문제와 세대 간 단절이라는 심각한 도전에 직면해 있다. 이러한 문제는 단순히 출산율 감소에 그치지 않고, 사회적 연대와 지속 가능한 발전에도 큰 영향을 미친다. 이에 대한 해결책 중 하나로 교회를 주축으로 한 세대 간 돌봄이 주목받고 있다.

"마땅히 행할 길을 아이에게 가르치라 그리하면 늙어도 그것을 떠나지 아니하리라"(잠언 22:6)

이 성경말씀처럼 교회는 하나님의 말씀과 사랑을 다음 세대에게 전할 사명이 있다. 교회는 연령, 세대, 사회적 배경을 초월한 공동체이다. 이러한 특성은 교회가 세대 간 돌봄의 중심지가 되어야 하는 이유를 뒷받침한다. 신앙 공동체 안에서 하나님의 진리와 사랑이 세대 간에 전승될 때, 공동체는 더욱 견고해지고 지속 가능성을 확보할 수 있다.

(1) 교회 중심 세대 간 돌봄의 실제 사례

프랑스는 저출생과 인구 고령화라는 심각한 사회적 도전에 직면하고 있다. 이러한 문제에 대응하기 위해 교회를 중심으로 한 세대 간 돌봄이 새로운 해결책으로 주목받고 있다. 교회는 연령과 세대를 초월한 공동체로, 신앙의 전승과 함께 사회적 문제에 대응할 수 있는 강력한 잠재력을 가지고 있다.

리옹의 생 조제프 교회

프랑스 리옹의 생 조제프교회 세대 간 돌봄(Saint-Joseph Intergénérationnel)은 세대 간 돌봄을 실현한 대표적인 교회 기반 모델이다. 생 조제프 교회의 세대 간 돌봄의 선도적 모델로, 2015년 가톨릭 교회의 지원을 통해 설립되었다. 이 시설은 노인 요양 시설과 어린이 돌봄 시설을 통합한 공동체 생활을 이끌어 가고 있다.

노인들은 어린이와 함께 정기적인 예술 수업, 원예 활동, 음악 공연에 참여하며, 어린이들을 따뜻하게 품어주고 격려하며 교훈을 심어 준다. 반면에 외롭고 활기를 잃은 노인들은 아이들을 통해 생기를 되찾고 있다. 부모들 또한 일반 돌봄 센터보다 더 깊은 신뢰감을 갖고 있다.

이곳에서는 노인 요양 시설과 어린이 돌봄 시설을 한 공간에 통합하여 운영하며, 다양한 활동을 제공한다. 즉 노인과 어린이가 함께 참여하는 예술 수업, 정원 가꾸기, 노래 공연 등이 정기적으로 열린다. 교회 내 자원봉사자들이 프로그램을 기획하고 운영하며, 간병인과 교사들은 협력하여 돌봄의 질을 높이고 있다.

그림 34 Cellieu의 Saint-Joseph 세대 간 돌봄
(https://www.leprogres.fr/societe/2021/12/28/l-ecole-saint-joseph-joue-au-pere-noel-aupres-des-personnes-agees-de-l-accueil-de-jour)

파리 노트르담 교회 세대 간 돌봄 센터

파리 노트르담 교회는 다양한 세대 간의 교류와 돌봄을 실현하기 위해 설립된 교회 기반 모델로, 지역 사회와의 강한 연결을 통해 의미 있는 변화를 만들어가고 있다. 이 교회는 노년층과 젊은 세대, 어린이들을 대상으로 한 다채로운 프로그램을 운영하며 세대 간의 연대를 강화하고 있다.

이곳에서 운영하는 주요 프로그램 중 하나는 세대 간 멘토링 프로그램이다. 노년층 교인들은 젊은 부모들과 어린이들에게 멘토링을 제공하며, 부모들에게는 육아와 관련된 실질적인 조언을, 어린이들에게는 정서적 지지를 제공한다. 이러한 멘토링은 세대 간의 이해를 깊게 하고, 신앙의 가치와 삶의 경험을 공유할 수 있는 중요한 기회가 되고 있다.

그림 35 파리 노트르담 교회 세대 간 돌봄
(https://www.ville-lepecq.fr/album/rencontre-intergenerationnelle-creche-la-fontaine-et-maison-de-retraite-notre-dame/)

또한, 주 1회 열리는 공유 식사 프로그램은 세대 간 유대를 강화하는 데 중요한 역할을 한다. 이 프로그램은 모든 세대가 한 자리에 모여 함께 식사하며, 일상적인 대화와 소통을 통해 관계를 형성하도록 장려한다. 단순한 식사 시간을 넘어, 이 시간은 서로의 삶을 나누고 공동체 의식을 강화하는 특별한 장이 된다.

이 프로그램들은 교회의 연대감을 기반으로 실행되며, 교회 내부뿐만 아니라 지역 사회와의 협력 관계를 더욱 강화하고 있다. 특히, 젊은 부모들은 이러한 지원을 통해 육아에 대한 부담을 덜고, 노인들은 사회적 고립에서 벗어나 삶의 활력을 되찾고 있다. 이를 통해에글리

즈 노트르담 앙테르제네라시옹넬은 세대 간의 단절을 해소하고 지역 사회에 긍정적인 영향을 미치는 모범 사례로 자리 잡았다.

이 같은 프랑스의 사례들은 교회 중심 세대 간 돌봄의 시너지 효과를 구체적으로 보여준다. 어린이와 노인들이 함께하는 프로그램은 세대 간 유대를 강화하며, 노인들에게는 사회적 고립을 해소할 기회를, 어린 세대에게는 정서적 안정감을 제공할 뿐 아니라 신앙 공동체로서의 가치를 실천하는 데 있어 중요한 역할을 한다.

아울러 부모들에게는 실질적인 육아 지원을 통해 직장과 가정의 균형을 맞출 수 있는 여건을 조성한다. 이는 부모들이 출산과 양육에 대한 부담을 덜어주어 더 긍정적인 태도를 형성하게 한다. 동시에 노인들은 어린 세대와의 교류를 통해 활력을 되찾고, 삶에 새로운 목적을 발견한다. 이러한 상호작용은 세대 간의 단절을 줄이고 공동체의 결속을 강화한다.

또한, 교회를 중심으로 한 세대 간 돌봄은 지역 사회와의 연계를 강화하며, 더 넓은 공동체 의식을 고취한다. 이는 교회가 단순히 종교 활동의 중심을 넘어 지역 사회의 문제를 해결하고자 하는 중요한 플랫폼으로 기능할 수 있음을 보여준다. 이러한 접근은 단순한 종교적 활동을 넘어, 사회적 연대와 문제 해결의 중요한 도구로 자리 잡고 있다.

프랑스의 사례를 일부 살펴보았다. 한국에서도 교회는 조선 후기 이후 근대적 의료 체계 도입, 고아원과 양로원 설립, 정의와 평화를 위한 사회적 활동 등을 통해 국가 발전에 기여해왔다. 특히 교회는 사회적 약자를 돌보며, 신앙을 기반으로 한 공동체 정신을 확립해왔다. 이제는 이러한 전통을 바탕으로 아동 돌봄과 세대 간 돌봄을 구체화함으로써 저출생 문제 극복에 기여할 수 있는 잠재력을 가지고 있다.

교회는 아이들에게는 새로운 기회와 가치를, 노인들에게는 삶의 활력을 제공하며, 부모 세대의 육아 부담을 줄여 더 많은 자녀를 낳을 수 있는 환경을 조성할 수 있다. 세대 간의 연결을 통해 사회적 연대를 강화하고, 가족 중심의 문화를 회복하며, 출산율 증가로 이어질 수 있는 구조를 만들어갈 수 있지 않을까?

(2) 종교기관을 활용한 방과 후 돌봄(아끌 페리스콜레;Accueil Périscolaire)

프랑스의 방과 후 돌봄(Accueil Périscolaire)은 는 학교 수업이 끝난 후, 아이들을 돌보는 서비스를 말하며, 프랑스 전역에서 지방자치단체 및 비영리 단체에 의해 운영된다. 이 서비스는 부모가 퇴근할 때까지 아이들을 안전하게 보호하고, 교육적 및 사회적 활동을 제공한다. 일반적으로 스포츠, 미술, 독서, 그룹 놀이 등 다양한 활동을 한다.

구체적인 사례를 들자면 다음과 같다.

리옹의 생 토마 교회돌봄 프로그램

리옹에 위치한 생 토마(Église Saint-Thomas)는 지역 내 저소득층 가정을 지원하기 위해 방과 후 돌봄 서비스를 제공하고 있다. 이 프로그램은 교회 유휴 공간과 자원을 최대한 활용하여 아이들에게 안전하고 따뜻한 환경을, 지역 사회에는 다양한 활동의 장을 제공한다.

특히, 방과 후 돌봄 프로그램은 자원봉사 교사들이 중심이 되어 이루어지는 교육 지원 활동으로 교사들은 방과 후 아이들과 함께 숙제를 하기도 하고, 멘토링을 통해 아이들에게 자신감을 심어준다. 또한, 미술·음악·악기 연주를 가르치며 아이들의 창의성을 북돋우고 감각적 표현 능력을 키워준다.

더 나아가, 아이들의 정서적 안정을 위해 정기적으로 상담과 놀이치료 세션도 운영한다. 이는 아이들이 스트레스를 관리하고, 사회적 기술을 익히며, 심리적 건강을 유지하는 데 도움을 준다.

그림 36 생 토마스 교회 방과 후 돌봄 활동 (https://croisillon.org/saint-thomas/)

(3) 종교단체와 ONCP의 협력 모델[75]

ONCP(Oeuvre Nouvelle des Creches Parisiennes)는 프랑스 유아 돌봄의 선구적 단체이다. 1896년에 설립된 비영리 단체인 ONCP는 프랑스 파리에서 유아 교육과 돌봄 서비스를 제공해왔다.

설립 초기부터 ONCP는 유아 복지 증진을 위해 다양한 시설을 운영하며 지역 사회에 기여해 왔다. 특히, 제2차 세계 대전 이전에는 보육원, 유아원, 유치원, 가정 위탁, 임시 보호소, 유모 학교 등 여러 기관을 설립하여 어린이 복지의 발전에 크게 기여했다. 그러나 전쟁 이후에는 사회적, 경제적 여건의 변화로 인해 일부 보육원만이 운영을 지속할 수 있었다.

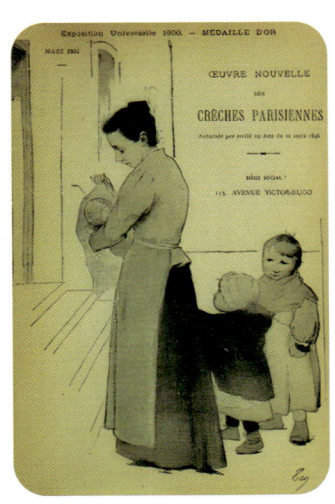

그림 37 1896년 3월 11일 ONCP, 파리에 유아원 설립허가
(https://wellcomecollection.org/works/xpkxbywd/download)

2000년대에 들어서면서 ONCP는 파리 전역에 걸쳐 7개의 보육원, 1개의 다중 돌봄 시설, 1개의 일시 보육 시설을 새롭게 개원하면서 다시금 활기를 되찾았다. 현재 ONCP는 파리의 2구, 9구, 11구, 14구, 15구, 16구에 위치한 9개의 시설에서 총 367명의 어린이들에게 돌봄 서비스를 제공하고 있다. 유아 교육 전문가, 간호 보조사, 유아 보조 교사, 심리학자, 소아과 의사 등으로 구성된 130명의 숙련된 인력으로 운영되고 있다.[76]

ONCP의 주된 목표는 파리 내 보육 시설이 부족한 지역에 새로운 보육원을 설립하고, 운영을 지원하는 것이다. 이를 통해 ONCP는 유아 돌봄과 교육의 질을 높이고, 부모들이 안심하고 자녀를 맡길 수 있는 환경을 조성하는 데 중요한 역할을 하고 있다. 또한, ONCP는 지역 사회와의 협력과 연대를 통해 가족의 삶의 질을 향상시키고 사회적 안정에 기여하는 데 초점을 맞추고 있다. ONCP의 이러한 노력은 유아 돌봄의 혁신적 모델로 자리 잡아, 프랑스 전역뿐만 아니라 국제적으로도 모범 사례로 평가받고 있다.

(4) 아프렌티 도틸과 종교단체 기반 아동 돌봄 서비스

아프렌티 도틸(Apprentis d'Auteuil)는 1866년 루이 루셀(Abbé Louis Roussel) 신부에 의해 설립된 프랑스 가톨릭 기반의 비영리 단체이다. 이 단체는 프랑스 전역에서 어려움에 처한 아동과 청소년을 지원하며, 교육, 직업 훈련, 주거 지원 등을 통해 매년 40,000명 이상의 청소년과 9,000여 가정을 돕고 있다. Apprentis d'Auteuil의 목표는 이들이

자립적이고 책임감 있는 성인으로 성장할 수 있도록 돕는 것이다.[77]

아프렌티 도틸의 2023 공식 보고서에 따르면, 학업 중단 위기에 처한 청소년들을 위한 전문적인 대안 학교를 운영하며, 학생들에게 맞춤형 교육과 심리 상담을 제공해 졸업률을 85%까지 끌어올리기도 했다.

아프렌티 도틸의 주요 활동은 아동 보호, 교육 및 학업 지원, 직업 훈련과 취업 지원, 가족 지원, 그리고 국제적 협력으로 나눌 수 있다. 위험에 처한 아동을 보호하며 학대, 방임 또는 가정 내 갈등으로 어려움을 겪는 아동들에게 안정적 거주 환경과 심리적 지원을 제공하는 등 안전한 환경을 제공한다. 학업에 어려움을 겪는 학생들에게 맞춤형 교육 프로그램을 운영하며 학업 성취를 도모하고, 이는 전통적인 학교 교육 외에도 대안 교육 모델을 포함하여 학생 개개인의 필요를 반영한 지원을 포함한다. 또한, 다양한 직업 분야에서 72개의 전문 교육 과정을 제공하여 청소년들의 취업 역량을 강화하며 실질적인 기술 습득과 직업 세계에 대한 이해를 높이는 데 중점을 둔다. 가정의 어려움을 겪는 부모들에게 상담과 지원 프로그램을 운영하며 부모 교육, 가족 상담, 재정적 지원 등을 통해 가정 환경 개선과 가족 안정을 돕는다. 마지막으로, 유럽과 아프리카 등지에서 현지 단체들과 협력하여 아동과 가족을 지원하는 국제적 활동도 전개한다.

아프렌티 도틸은 프랑스 내 여러 가톨릭 교구와 협력하여 위기에 처한 아동과 청소년들을 위한 돌봄 서비스를 운영하고 있다. 예를 들어, 파리 교구와의 협력을 통해 운영되는 긴급 돌봄 센터는 부모가 부재하거나 가정에서 학대받는 아동들에게 안전한 피난처와 함께 정서적 지원을 제공하고 있다(Apprentis d'Auteuil 공식 보고서, 2023).

또한, 아프렌티 도틸은 지방 교회와 협력하여 유휴 공간을 활용한 방과 후 돌봄 프로그램을 운영하며, 이 프로그램은 교사와 자원봉사자들이 참여하여 아동들에게 학업과 놀이를 병행할 수 있는 환경을 제공하고 있다. 이러한 활동은 지역 주민들 사이에서 높은 신뢰를 얻고 있으며, 돌봄 공백 해소에 기여하고 있다(출처: Le Figaro, 2023).

2021년에는 파리 근교에서 100가정 이상이 재정 지원과 상담 프로그램을 통해 가정 안정화에 성공하였다. 또한, 국제적 협력을 통해 유럽과 아프리카 지역의 아동들과 가족들에게 교육과 복지 서비스를 제공하며, 코트디부아르에서 지역 NGO와 협력하여 5,000명 이상의 아동들에게 교육 기회를 제공하고 가족 기반 지원 프로그램을 통해 지역 사회의 자립을 도운 사례가 있다(UNICEF 협력 보고서, 2020).

또한, 아프렌티 도틸은 프랑스 내 여러 가톨릭 교구와 협력하여 협력하여 유휴 공간을 활용한 방과 후 돌봄 프로그램을 운영한다. 예를 들어, 파리 외곽의 생드니(Saint-Denis) 지역에서는 아프렌티 도틸이 지역 교회와 협력하여 방과 후 돌봄 센터를 운영하며, 주로 부모가 장시간 근무를 하거나 가정 내 돌봄 환경이 부족한 아동들에게 학업 보충과 심리 상담을 제공하고 있다. 이 프로그램은 매년 약 200명의 아동들에게 서비스를 제공하며, 지역 주민들로부터 큰 호응을 얻고 있다.(〈Le Figaro〉 기사, 2023년 5월 15일자, 아프렌티 도틸 인터뷰 및 운영 보고서)

아프렌티 도틸과 같은 종교 기반 아동 돌봄 서비스는 지역 사회의 돌봄 사각지대를 해소하며 아동과 청소년들의 자립과 성장을 돕는 데 중요한 역할을 한다. 교육, 직업 훈련, 가족 지원 등 다각적인 접근 방식을 통해 아동의 복지와 가족의 안정을 도모하고 있으며, 지역 사회의 신뢰와 자원을 효과적으로 활용하고 있다. 이러한 모델이 지속 가능하게 발전하기 위해서는 정부, 지역 사회, 종교 단체 간 협력을 강화하고 재정적 안정성을 확보하기 위한 체계적인 노력이 필요하다

(5) 세쿠르 카톨리크의 아동돌봄

세쿠르 카톨리크(Secours Catholique)는 1946년에 설립된 프랑스의 가톨릭 자선 단체로, 종교시설을 활용해 아동과 노인을 위한 돌봄 프로그램은 물론 지역 사회의 취약 계층을 적극적으로 지원하고 있다. 이 단체는 가난, 고립, 사회적 불평등에 대응하며, 지역 사회 내에서 다양한 자선 활동을 전개하고 있다. 주요 활동으로는 긴급 구호, 주거 지원, 교육 프로그램 운영이 포함되며, 특히 노숙자와 이민자 같은 취약 계층을 위한 다양한 프로젝트를 진행한다. 이러한 활동을 통해 세쿠르 카톨리크는 지역 사회의 안정성과 통합을 도모하는 데 기여하고 있다.

특히 아동 돌봄에 있어 세쿠르 카톨리크는 긴급 구호와 지속적인

지원을 결합한 서비스를 제공하며, 부모의 돌봄 부재로 어려움을 겪는 아동들에게 안전하고 안정적인 환경을 제공한다. 특정 지역의 교회와 협력하여 방과 후 돌봄 프로그램과 학업 지원 활동을 진행하며, 교육과 정서적 안정에 집중하고 있다.[78]

예를 들어, 마르세유 지역에서는 지역 사회 내 소외된 아동들을 위한 주간 활동을 운영하며, 심리 상담과 학업 멘토링을 결합한 맞춤형 서비스를 제공하고 있다. 이 프로그램은 연간 약 500명의 아동들에게 혜택을 제공하며, 종교시설을 중심으로 지역 주민과의 신뢰를 강화하고 있다. 이러한 활동은 부모의 긴 근무 시간이나 경제적 어려움으로 인해 방치되기 쉬운 아동들에게 학업 보충과 사회적 연결을 제공하며, 지속 가능한 지역 돌봄 모델을 구축하는 데 기여하고 있다.

또한, 파리 인근의 한 교구에서는 세쿠르 카톨리크와 협력하여 주거가 불안정한 아동을 위한 임시 보호 시설을 운영하며, 해당 아동들에게 안정적인 주거 공간과 정기적인 학업 지원을 제공한다. 이 프로그램은 학업 중단을 방지하고 정서적 안정감을 제공하며, 지역 자원봉사자들이 적극적으로 참여하여 돌봄의 품질을 높이고 있다. (La Croix 2023년 4월호, 마르세유 지역 아동 돌봄 프로그램 보고서)

이처럼 종교시설을 기반으로 한 방과 후 돌봄 서비스는 부모들이 일과 가정을 균형 있게 병행할 수 있도록 돕는 중요한 지원책이다. 이러한 서비스는 종교기관의 시설과 인적 자원을 활용해 운영되며, 특히 저소득층 가정에 경제적, 정서적 안정을 제공한다. 또한 지역 사회와의 유대감을 강화하고, 부모들에게 신뢰할 수 있는 돌봄 환경을 제공함으로써 큰 호응을 얻고 있다.

특히 은퇴한 어르신들이 이 프로그램에 참여하여 아이들의 학습과 다양한 활동을 지원할 수 있다. 예를 들어, 아이들의 학습을 돕는 야간 수업 지원, 공연 관람, 정원 가꾸기, 도서관에서 책 읽기, 영화 관람, 박물관 탐방, 나아가 여행에 이르기까지 폭넓은 활동이 가능하다. 이러한 활동은 단순히 명절이나 기념일에 잠시 얼굴을 보고 선물을 주고받거나, 부모가 급한 일이 생겼을 때 일시적으로 아이를 맡기는 수준을 넘어선다. 이는 어르신들과 아이들 사이에 진정한 교류와 유대가 형성될 수 있는 계기를 제공한다.

특히, 세대 간의 공존은 혈연관계를 초월할 수 있다는 점에서 의미가 크다. 어르신들과 아이들이 함께 시간을 보내고 활동을 나누는 과정은 세대 간 이해와 존중을 심화시키며, 건강한 지역 사회를 형성하는 데 기여한다. 이러한 점을 감안할 때, 교회와 같은 종교시설은 세대 간 공존과 지역 사회 연계를 위한 매우 적합한 장소가 될 수 있다.

독일
GERMANY

1. 독일의 정치·사회·문화적 특성과 주요 현황

1) 정치적 특성

독일은 연방공화국 체제를 채택한 국가로, 16개 주(Länder)가 각자 자치권을 보유하고 있다. 이러한 연방제는 독일의 정치적 구조에서 중요한 역할을 하며, 중앙정부와 주정부 간 권한이 분리되어 다양한 분야에서 독립적인 정책 집행이 가능하다. 각 주는 자체적인 헌법과 입법권, 행정권, 사법권을 가지고 있어 독일 정치 체제의 다원성을 보여준다.

독일은 의회민주주의를 기반으로 한 정치 체제를 가지고 있다. 국가원수인 대통령은 상징적 역할을 수행하며, 실질적인 행정 권력은 총리가 가진다. 총리는 하원(Bundestag)에서 선출되며, 정부의 수장으로서 내각을 이끌고 행정 업무를 총괄한다. 독일 의회는 하원(Bundestag)과 상원(Bundesrat)으로 구성된 양원제로 운영된다. 하원은 국민에 의해 직접 선출되며, 입법권의 대부분을 행사한다.

독일의 선거제도는 비례대표제와 다수대표제를 혼합한 형태로, 다양한 정당이 의회에 진출할 수 있는 기반을 제공한다. 상원은 주 정부를 대표하는 기관으로, 연방 차원의 입법 과정에서 중요한 역할을 한다. 상원의 의석은 주의 크기와 인구에 따라 배분되며, 연방법안이 주의 권한에 영향을 미칠 경우 상원의 승인이 필요하다.

독일은 다당제를 기반으로 하며, 주요 정당들이 정치적 스펙트럼의 다양한 이념과 가치를 대표한다. 기독민주연합(CDU) 및 기독사회연합(CSU)은 보수적 가치를 기반으로 하며, 경제 성장과 안보 강화를 중시한다. 사회민주당(SPD)은 사회민주주의를 대표하며, 노동자의 권리 보호와 복지 확대를 주요 정책으로 한다. 녹색당(Die Grünen)은 환경 보호와 기후변화 대응을 최우선 과제로 삼으며, 지속 가능한 경제와 사회 정의를 강조한다. 자유민주당(FDP)은 자유주의와 개인의 권리를 중시하며, 시장 경제와 기업의 자유를 옹호한다. 좌파당(Die Linke)은 사회주의적 성격을 띠며, 경제적 평등과 복지 확대를 주장한다. 독일을 위한 대안(AfD)은 반이민, 유럽통합 회의론을 중심으로 하는 우익 정당으로, 최근 몇 년간 대중적 지지를 얻고 있다.

독일의 정치적 특성은 연방제, 의회민주주의, 다당제라는 구조적 특징과 함께, 환경 정책, 이민 문제, 유럽 통합 등 현대적 과제에 대한 대응을 포함하고 있다. 협력과 대화를 중시하는 정치 문화는 독일이 유럽 및 국제 무대에서 중요한 역할을 수행하는 데 기여하고 있다. 이러한 정치적 특징은 독일이 안정성과 혁신을 동시에 추구하는 국가로 자리 잡는 기반이 되고 있다.[79]

2) 사회[80]

독일은 포괄적인 복지국가로서, 다양한 사회보험 제도가 국민의 생활 안정을 지원한다. 건강보험, 연금보험, 실업보험 등은 국민들의 기본적인 삶의 질을 보장하는 중요한 수단으로 기능하며, 안정된 사회 구조를 유지하는 데 기여한다. 특히, 독일은 노동시장에서 유연성과 안정성을 동시에 추구하는 특성을 지니고 있다. 협의적 노사 관계는 이를 뒷받침하며, 안정된 고용 환경과 생산성을 동시에 추구하는 독일의 사회적 특성을 잘 보여준다

독일은 세계에서 가장 많은 이민자를 수용한 국가 중 하나로, 전체 인구의 약 26%가 이민 배경을 가지고 있다.[81] 이러한 다문화적 인구 구성은 독일 사회의 문화적 다양성을 풍부하게 만드는 한편, 경제적 활력을 유지하는 데에도 중요한 역할을 한다. 하지만 이러한 인구 구조는 문화적 통합과 사회적 갈등이라는 도전을 수반한다. 이민자들이 독일 사회에 적응하고 통합되는 과정에서 언어, 문화, 경제적 격차 등 다양한 문제들이 나타나며, 이는 정책적 대응과 사회적 노력이 필요한 영역이다.

결과적으로, 독일의 발달된 복지 제도와 노동시장 구조는 안정적인 인구 구성과 생활 수준을 유지하고 있다. 그러나 다문화적 특성과 이로 인한 갈등은 독일 사회가 지속적으로 해결해야 할 과제이다.

3) 문화적 특성과 인구현황

독일은 유럽의 중심부에 위치한 국가로, 다양한 문화적 요소와 깊은 역사를 가지고 있다. 독일은 철학, 문학, 음악, 과학 분야에서 세계적인 기여를 해왔으며, 칸트, 헤겔, 괴테와 같은 사상가와 작가들이 독일의 지적 전통을 대표한다. 독일은 클래식 음악의 본고장 중 하나로, 바흐, 베토벤, 브람스와 같은 음악가들이 독일 출신이다. 또한 현대 예술과 건축에서도 바우하우스와 같은 혁신적인 운동을 주도해 왔다.

독일은 맥주 생산국으로 유명하며, 매년 열리는 옥토버페스트는 세계적인 축제이다. 독일의 전통 음식으로는 소시지(브라트부어스트), 프레첼, 감자 요리가 있다. 독일 문화는 규율과 시간 엄수를 중시하며, 효율성과 계획성을 높이 평가하는 특징이 있다. 독일은 16개의 연방주로 구성되어 있으며, 각 지역마다 고유의 언어, 음식, 전통이 존재한다. 바이에른주와 베를린처럼 지역마다 큰 문화적 차이가 있다.

독일의 총인구는 2024년 기준 약 8,400만 명으로, 유럽연합에서 가장 많은 인구를 보유하고 있다. 독일은 고령화 사회로, 65세 이상 인구가 전체의 약 22%를 차지하며, 출생률은 약 1.5명(여성 1인당)으로 낮은 수준이다. 독일의 평균 인구 밀도는 약 240명/km²로, 유럽 평균보다 높은 편이다. 인구는 대도시인 베를린, 함부르크, 뮌헨, 프랑크푸르트에 집중되어 있다. 독일은 유럽 내에서 이민자를 가장 많이 받아들이는 국가 중 하나로, 약 25%가 외국 출신 배경을 가진 사람들이다. 주요 이민자 출신국으로는 터키, 폴란드, 시리아 등이 있다. 독일 인구의 약 77%가 도시 지역에 거주하며, 이는 높은 수준의 도시화를 나타낸다.

독일은 저출산과 고령화로 인해 노동력 부족과 사회복지 부담 증가라는 과제에 직면하고 있다. 이민자 증가에 따른 사회적 통합과 다문화 수용 또한 중요한 이슈로 떠오르고 있다. 독일은 강력한 경제력과 풍부한 문화적 자산을 바탕으로 유럽 내에서 중심적인 역할을 하고 있지만, 인구 구조 변화와 사회적 도전에 대응하기 위해 가족 정책, 이민 정책, 디지털화 등을 통해 지속 가능한 발전을 추구하고 있다.

4) 독일이 직면한 주요 현황[82]

2024년 독일이 직면한 주요 현황을 몇 가지 추려보면 다음과 같다. 우선 독일은 'Energiewende'(에너지 전환) 정책을 통해 재생에너지를 확대하고 원자력을 단계적으로 폐기하고 있다. 그러나 최근의 에너지 위기와 러시아-우크라이나 전쟁으로 인해 에너지 수급 문제가 부각되고 있다.

독일은 심각한 인구 고령화 문제를 겪고 있으며, 이로 인해 노동력 부족과 연금 제도의 지속 가능성이 중요한 도전 과제로 부상하고 있다. 이를 해결하기 위해 독일 정부는 이민 정책 완화와 가족 지원 정책을 강화하고 있다.

2024년 현재, 독일의 합계출산율은 약 1.58명으로 약간의 회복세를 보이고 있으나, 여전히 인구 대체 수준(2.1명)에 미치지 못하며 인구 감소와 고령화 문제는 심화되고 있다.

또한 독일 내 극우 정당인 AfD의 성장과 함께 반이민 정서가 확산되고 있다. 이는 다문화 사회로서의 독일이 해결해야 할 중요한 사회적 문제로 여겨진다.

2. 독일 가구 구성 변화

지난 수십 년간 독일은 가구 구성의 변화를 겪어왔다. 주요 요인으로는 가족 형태의 다양화, 출산율 저하, 고령화이다. 무엇보다 전통적인 핵가족의 비중이 감소하고, 다양한 가족 형태가 확산되고 있다. 이는 개인주의적 가치관의 확산과 여성의 경제적 독립 증가에 기인한다. 특히, 1인 가구와 동거 가구의 증가는 결혼과 가정생활에 대한 전통적 관념이 약화되었음을 보여준다. 한부모 가정의 증가는 이혼율 증가와도 연관이 깊다.

독일의 합계출산율은 2011년 1.39명에서 2021년 1.58명으로 소폭 상승하였으나, 2022년, 인구 대체 수준인 2.1명에 미치지 못하는 1.46명으로 하락했다. 더욱이, 2023년에는 합계출산율이 1.35명으로 추가 하락하였으며, 이는 2009년 이후 최저 수준이다.

독일의 고령화율은 2017년 기준으로 전체 인구의 21.45%를 차지하며, 유럽에서 이탈리아에 이어 두 번째로 높은 수준이다. 2024년 현재에도 고령화 추세는 지속되고 있으며, 이는 독일 사회의 중요한 도전 과제 중 하나로 자리 잡고 있다. 2030년에는 65세 이상 인구가 전체 인구의 약 28%에 이를 것으로 예상된다.

　독일 연방인구연구소(Bundesinstitut für Bevölkerungsforschung;BiB)의 2024년 통계에 의하면 독일의 출산율이 최근 2년 사이 급락했다. 2024년 3월 20일 기준 여성 1인당 합계출산율이 2021년 1.57명에서 2022년 1~11월 기준 1.36명으로 떨어졌다고 한다.

　독일의 출산율은 1970년대 이후 1.2~1.4명 수준에서 변동하다가, 육아휴직수당 등 가족정책이 도입된 2010년대 중반부터 상승 추세를 보였다. 그러나 최근 2년 사이의 출산율 급감은 매우 이례적인 현상으로 평가된다.

　연구소는 이러한 출산율 하락의 원인으로 코로나19 팬데믹과 우크라이나 전쟁 등을 지목했다. 팬데믹 당시 임산부에게 백신 접종이 승인되지 않아 여성들이 임신을 미룬 영향이 있었으며, 2022년 2월 우크라이나 전쟁 발발로 인한 심리적 영향도 작용한 것으로 분석되었다. 우크라이나 전쟁과 물가상승, 기후변화 등이 복합적으로 불안감을 조성하여 아이를 낳고자 하는 욕구를 감소시켰을 것이라고 추측한다. 이러한 출산율 저하와 고령화는 노동 가능 인구 감소로 이어지며, 독일의 노동력 부족 문제를 심화시키고 있다. 이는 경제 성장에 부정적인 영향을 미치며, 독일 정부는 이를 해결하기 위해 이민 정책을 완화하고 기술 이민자를 유치하는 정책을 시행하고 있다. 또한 고령 인구의 증가는 연금 수급자 증가와 주거 정책에도 큰 영향을 미치고 있다.

3. 독일의 저출생 극복 정책

독일의 저출생 극복 정책으로는 크게 '육아휴직수당'(Elterngeld, '부모수당'으로도 종종 번역되나 이 책에서는 육아휴직수당으로 표현함.), 돌봄 시설 확충, 세제 혜택, 육아휴직, 일·가정 양립 지원 제도를 꼽을 수 있다.

1) 육아휴직수당(Elterngeld)[83]

독일은 지난 수십 년간 지속적인 출산율 저하와 고령화 문제에 직면해 왔다. 이러한 문제를 해결하기 위해 2007년 도입된 육아휴직수당(Elterngeld) 제도는 출산과 육아에 따른 경제적 부담을 완화하고, 부모의 육아 참여를 장려하는 대표적인 가족 정책이다.

2000년대 초반 독일의 합계출산율은 약 1.3명으로, 유럽 최저 수준에 머물렀다. 저출생 문제와 노동력 부족에 대한 우려가 커지면서 독일 정부는 부모가 육아와 경제활동을 병행할 수 있도록 지원하기 위해 육아휴직수당 제도를 도입하기로 결정했다.

육아휴직수당 제도는 2007년 1월부터 시행되었으며, 기존의 Erziehungsgeld(양육수당) 제도를 대체했다. 이 제도는 이전보다 더 높은 소득 대체율과 유연한 수당 지급 조건을 제공하며, 출산 후 부모가 육아에 전념할 수 있는 환경을 조성했다.

2015년에는 부모가 육아와 경제활동을 병행할 수 있도록 지원하기 위해 육아휴직수당 플러스가 도입되었다.

(1) 육아휴직수당 플러스(Elterngeld Plus)

육아휴직수당 플러스의 목적은 기존 육아휴직수당(Elterngeld)의 단점을 보완하여 부모들이 더 긴 기간 동안 육아와 일을 조화롭게 할 수 있게 하는 것이다. 따라서 부모가 파트타임으로 근무하는 경우, 기존보다 더 오랜 기간 동안 수당을 받을 수 있다. 즉 기존 육아휴직수당은 부모가 풀타임으로 육아에 전념하는 경우 최대 14개월 동안 지급되었다. 그러나 육아휴직수당 플러스는 파트타임으로 근무할 경우 총 지급 기간을 28개월로 연장한다.

또한 부모 중 한 명이 육아를 위해 일을 쉬거나 근로시간을 줄이면, 출산 이전 소득의 65~67%(월 최소 300유로에서 최대 1,800유로)를 수당으로 지급한다.

여기에 양 부모가 육아에 함께 참여할 경우 추가로 4개월의 수당(파트너 보너스)가 지급된다.

육아휴직수당 도입 이후 독일의 합계출산율은 2006년 1.33명에서 2021년 1.57명으로 증가했다(BiB, 2024). 특히 첫째 자녀 출산율이 큰 폭으로 상승하며, 정책이 긍정적인 영향을 미쳤다는 평가를 받고 있다. 육아휴직수당은 남성의 육아 참여를 촉진하는 데 중요한 역할을 했다. 특히 여성의 경제활동 복귀율이 증가했다.

사회적 인식도 변화하여 2023년 기준 약 50%의 아버지가 육아휴직수당 플러스를 이용하고 있으며, 이는 도입 초기인 2007년 약 5%의 이용률에 비해 급격히 증가한 수치다. 독일 사회에서 남성의 육아 참여가 점차 보편화되면서, 아버지의 육아 참여에 대한 긍정적인 인식이 확산했다.

(2) 육아휴직수당 플러스는 성공적인 정책

이 제도는 여성들이 출산 후 더 빠르게 직장에 복귀하고, 아버지들이 자녀와 더 많은 시간을 보낼 수 있도록 기여하는 정책이다. 육아휴직수당 플러스의 이용률은 도입 이후 꾸준히 증가하여 현재 부모의 28%가 이를 이용하고 있는 것으로 나타난다.

육아휴직수당은 약 2년 반 전에 개편된 제도로, 젊은 부모들이 가족과 직업을 균형 있게 병행할 수 있도록 더욱 효과적으로 지원하고 있다. 육아휴직수당 플러스와 파트너십 보너스(Partnerschaftsbonus)를 통해, 시간제 근로를 하는 부모들이 더 긴 기간 동안 수당을 받을 수 있으며, 부모 간의 역할 분담도 더욱 확대되고 있다.

아버지들이 이 제도를 신청하는 가장 중요한 이유는 자녀와 더 많은 시간을 보내고 싶기 때문이라고 한다. 육아휴직수당 플러스가 없었다면 아버지의 41%는 자녀 돌봄에 덜 참여했을 것이라는 조사 결과도 있다. SPD(사회민주당) 소속 연방의원 카렌 막스(Caren Marks)는 이러한 사실을 강조하며, "이러한 파트너십 기반의 역할 분담은 자녀들에게도 큰 이익을 준다. 아이들은 일상에서 부모 양측을 똑같이 가까운 돌봄 제공자로 경험할 수 있다"라고 말한다.[84]

2) 세제 혜택

독일은 자녀를 둔 가구를 대상으로 다양한 세제 혜택과 정책적 지원을 제공한다. 자녀의 수에 따라 소득세 공제가 적용되며, 양육비, 교육비, 보육비 등과 같은 자녀 양육에 필요한 비용을 일부 세금에서 공제받을 수 있다.

독일 세제 혜택의 특징 중 하나는 소득 수준에 따른 차별화와 보편성의 균형이다. 고소득 가구는 Kinderfreibetrag(자녀공제)를 통해 더 큰 세제 혜택을 받을 수 있으며, 저소득 가구는 Kindergeld(자녀수당) 형태로 실질적인 지원을 제공받는다. 모든 가구가 Kindergeld 혜택을 받을 수 있다. 또한 소득 수준에 따라 혜택 방식이 달라진다.[85]

(1) 자녀공제 (Kinderfreibetrag)[86]

자녀공제는 자녀가 있는 가구를 지원하기 위해 일정 금액을 과세 소득에서 공제해주는 제도이다. 2024년 기준, 자녀 한 명당 연간 9,540유로가 공제되며, 이는 부모가 공동으로 신청할 경우에 적용된다. 이 금액에는 기본 자녀공제(Kinderfreibetrag) 6,612유로와 양육, 교육 및 훈련 공제(BEA 공제) 2,928유로가 포함된다. BEA 공제는 부모가 각각 1,464유로씩 나누어 공제받는다. 2023년에는 총 공제 금액이 8,952유로였으나, 2024년에는 9,540유로로 상향 조정되었다.

자녀공제는 자녀 양육과 교육에 필요한 최소 생계비를 세금 부과 대상에서 제외한다. 이 제도는 저소득 가구뿐만 아니라 고소득 가구에서도 혜택을 받을 수 있다. 그러나 고소득 가구가 상대적으로 더 큰 절세 효과를 누릴 수 있어, 저소득 가구에 비해 실질적인 혜택 체감도가 낮을 수 있다는 한계가 있다. 이를 보완하기 위해 독일 정부는 저소득 가구를 대상으로 추가적인 직접 지원이나 보조금 형태의 정책을 병행하는 방안을 검토하고 있다.

자녀공제는 부모가 납부해야 할 소득세를 계산할 때 과세 소득에서 차감되어 결과적으로 세금 부과 대상이 되는 소득을 줄인다. 이와 동시에, 자녀공제와 자녀수당(Kindergeld)은 자동 비교 시스템을 통해 부모에게 더 유리한 방식이 자동으로 선택되어 적용된다. 이 시스템은 부모가 별도로 계산하거나 선택하지 않아도, 세금 신고 시 두 혜택을 비교하여 최적의 혜택을 제공한다.

자녀공제를 포함한 가족 지원 정책은 독일의 출산율 증가에 긍정적인 영향을 미친 것으로 평가된다. 독일 연방 통계청(Destatis)에 따르면, 자녀공제와 자녀수당 같은 정책 도입 후 출산율은 2011년 1.39에서 2019년 1.54로 점진적으로 상승한 것으로 나타났다. 하지만 2022년에는 출산율이 다시 큰 폭으로 하락했으므로, 정책의 효과에 대한 신중한 평가가 필요하다. 그럼에도 불구하고, 가족 지원 정책은 가족과 자녀 양육의 중요성에 대한 사회적 인식을 제고하고 가족 친화적인 사회 분위기를 조성하는 데 기여한 것으로 인정받고 있다.

자녀공제 제도는 친자녀뿐만 아니라 입양 자녀와 위탁 자녀를 둔 모든 부모에게 적용된다. 2024년 11월 22일, 자녀공제 금액은 기존 6,384유로에서 6,612유로로 상향 조정되었다. 이는 독일 정부가 가족 지원 정책의 중요성을 지속적으로 강조하고 있음을 보여주는 사례이다.

자녀수당(Kindergeld) -2025년 제도개편 포함-

독일의 자녀수당(Kindergeld)은 자녀를 양육하는 가정에 매월 일정 금액을 지원하여 경제적 부담을 덜어주는 제도이다. 이 수당은 독일 시민뿐만 아니라 독일에 거주하며 자녀를 양육하는 외국인 부모나 법적 보호자도 신청할 수 있다.

2024년 기준으로, 자녀 한 명당 매월 250유로의 수당이 지급된다. 이 수당은 자녀의 수에 따라 증가하며, 예를 들어 두 자녀를 둔 가정은 매월 500유로, 세 자녀는 750유로를 받게 된다. 자녀수당은 기본적으로 자녀가 18세가 될 때까지 지급되지만, 자녀가 교육을 받거나 직업 훈련 중인 경우 최대 25세까지 연장될 수 있다. 또한, 자녀가 장애를 가진 경우에는 연령에 관계없이 수당이 계속 지급될 수 있다.

자녀수당은 자녀가 거주하는 가구의 성인에게 지급되며, 이는 친부모뿐만 아니라 의붓부모, 조부모, 양부모도 포함된다. 입양된 자녀도 자녀수당을 받을 수 있다. 수당을 받기 위해서는 부모나 법적 보호자가 서면이나 온라인을 통해 신청해야 하며, 신청은 독일 연방 노동청(Familienkasse)을 통해 이루어진다. 신청서 제출 전 6개월까지만 소급 적용되어 받을 수 있으므로, 자녀가 태어난 즉시 신청하는 것이 바람직하다.

2025년부터는 현재의 자녀수당 제도가 '아동 기본 보장(Kindergrundsicherung)'이라는 새로운 제도로 개편될 예정이다. 이 제도는 기존의 자녀수당, 자녀공제(Kinderfreibetrag), 아동 추가 수당(Kinderzuschlag), 교육 및 참여 패키지(Bildungs- und Teilhabepaket)의 일부 혜택을 통합하여 보다 간소화된 지원을 제공하는 것을 목표로 한다. 새로운 제도 하에서는 모든 자녀에게 소득에 상관없이 매월 255유로의 기본 금액이 지급되며, 추가적으로 부모의 소득과 자녀의 나이에 따라 최대 636유로까지 지원될 예정이다.

자녀공제와 자녀수당(Kindergeld)과의 차이점[87]

독일에서는 자녀를 둔 가정을 지원하기 위해 자녀공제(Kinderfreibetrag)와 자녀수당(Kindergeld)이라는 두 가지 주요 정책을 운영하고 있다. 자녀수당은 eld는 자녀공제의 선지급 형태로 간주되는 제도이다. 2023년 1월 1일 이후, 자녀 한 명당 매월 250유로가 세금 없이 부모에게 매달 지급된다.

자녀공제는 세금 공제 형태이고, 자녀수당은 현금지급이다. 자녀수당은 부모에게 매달 일정 금액(2023년 기준 자녀 한 명당 250유로)을 세금 없이 지급된다.

세금 신고 시 자녀공제와 자녀수당 중에서 부모가 더 많은 혜택을 받을 수 있는 방식을 세무 시스템이 자동으로 선택해 준다. 따라서 부모는 따로 계산하거나 선택할 필요 없이 가장 유리한 혜택을 간편하게 받을 수 있다. 소득이 높은 가구는 자녀공제가, 소득이 낮은 가구는 자녀수당이 더 유리하다.[88] (그러나 자녀수당 제도는 2024년 말 종료할 예정이다.)

구분	자녀공제(Kinderfreibetrag)	자녀수당(Kindergeld)
지원형태	세금 공제	현금 지급
지급주기	세금 신고시	매달
혜택금액	2024년 기준 자녀 한 명당 연간 9,540유로	2023년 기준 자녀 한 명당 월 250유로
적용방식	소득세에서 공제	현금 형태로 직접 지급
유리한 대상	소득이 높은 가구	소득이 낮은 가구

표 15 독일 연방 재무부(Bundesministerium der Finanzen)자료를 토대로 작성

(2) 2025년 아동 기본 보장(Kindergrundsicherung) 제도

독일 정부는 2025년부터 '아동 기본 보장(Kindergrundsicherung)' 제도를 도입하여 기존의 아동 관련 지원을 통합하고 간소화할 계획이다.[89]

주요 내용을 살펴보면 다음과 같다. 현재의 아동수당(Kindergeld), 아동 추가 수당(Kinderzuschlag), 아동 시민수당(Bürgergeld) 내 아동 관련 지원, 교육 및 참여 패키지(Bildungs- und Teilhabepaket)의 일부 혜택을 하나의 제도로 통합하여, 가족들이 복잡한 절차 없이 지원을 받을 수 있도록 한다. 즉 디지털 플랫폼을 통해 간단하게 신청할 수 있으며, 새로운 가족 서비스(Familienservice)를 통해 모든 아동 지원이 한 곳에서 처리된다. 또한, '아동 기본 보장 체크(Kindergrundsicherungs-Check)' 시스템을 도입하여, 가족들이 받을 수 있는 지원을 자동으로 확인하고 안내할 예정이다.

아동 보장 금액(Kindergarantiebetrag): 모든 아동과 청소년에게 소득에 관계없이 지급되는 기본 금액으로, 현재의 아동수당을 대체한다. 이 금액은 물가 상승에 따라 자동으로 조정될 예정이다. 제도로 통합하여, 가족들이 복잡한 절차 없이 지원을 받을 수 있도록 한다.

아동 추가 금액(Kinderzusatzbetrag)을 통해 가족의 소득과 아동의 연령에 따라 차등 지급되며, 저소득 가정의 아동을 더욱 지원하기 위한 목적이다. 이를 통해 현재 시민수당(Bürgergeld)이나 사회부조(SGB II 및 SGB XII) 등을 받는 아동들도 포함된다.

독일 정부는 2025년 시행을 목표로 약 24억 유로의 예산을 책정하였으며, 아동의 사회문화적 최저 생활비를 재산정하여 현재 생활 현실에 맞게 조정할 계획이다.⁹⁰

그림 38 기본 아동 보장 2025: 24억 유로로 가족 추가 지원

(https://www.steuernmitkopf.de/wp-content/uploads/2023/08/kindergrundsicherung.png)

(3) 부모 소득세 경감(Ehegattensplitting)

부모 소득세 경감(Ehegattensplitting)은 부부가 소득세를 신고할 때, 두 사람의 소득을 평균으로 나누어 세율을 적용받는 제도이다. 예를 들어, 배우자가 각각 60,000유로와 20,000유로를 번다면, 합산소득 80,000유로를 2로 나눠서 세율을 적용한다. 이 방식은 고소득자가 내야 할 높은 세율을 완화시키고, 부부 모두의 세금 부담을 낮춰준다.

(4) 기타 세제 혜택

유아 보육비용 공제

만 14세 이하의 자녀를 대상으로 하며, 만약 자녀가 장애를 가지고 있는 경우에는 연령 제한 없이 공제가 가능하다. 생물학적 자녀뿐만 아니라 입양 자녀, 의붓 자녀, 위탁 자녀도 포함된다.

탁아소, 유치원, 방과 후 돌봄 서비스(Hort), 아동 돌봄 제공자(베이비시터) 등 보육과 관련된 비용이 공제 대상이다. 이는 자녀를 돌보는 데 직접적으로 사용된 금액이어야 하며, 교육비는 포함되지 않는다. 예를 들어, 태권도 학원비나 음악 레슨비는 해당되지 않지만, 돌봄이 포함된 방과 후 수업비용은 인정될 수 있다.

한 자녀당 연간 최대 4,000유로까지 공제가 가능하다. 부부가 공동으로 세금 신고를 하는 경우에도 동일한 한도가 적용된다. 보육비용은 비용의 2/3만 공제 대상으로 인정되며, 최대 공제 가능한 금액은 4,000유로로 제한된다. 부모가 한 자녀를 탁아소에 보내면서 연간 6,000유로를 지출했다면, 그중 2/3인 4,000유로까지만 공제 가능하다.

공제를 받기 위해서는 반드시 영수증이나 세금 신고 시 제출 가능한 증빙 서류가 필요하다. 보육시설에서 발행한 영수증, 계좌 이체 내역 등 명확한 기록이 있어야 한다. 연말 세금 신고 시 관련 증빙 서류를 첨부하여 공제 신청을 한다. 보육비용 지출을 증명할 수 있는 영수증, 보육 제공자의 이름 및 주소, 지급 내역 등이 포함된 문서 등이 필요하다.

교육비 공제

독일에서는 자녀가 고등학교(Gymnasium)나 대학교(Universität)에 다니는 경우, 학비 및 교육 관련 비용의 일부를 소득세 신고 시 공제 받을 수 있다.

만 25세 이하의 자녀가 해당되며, 예외적으로 군 복무나 봉사활동 기간은 연령 제한에서 제외된다. 고등학교, 직업 훈련학교(Berufsschule), 대학교 등이 포함된다. 부모가 자녀의 학비 및 교육 관련 비용을 지원하는 경우에 해당된다.

공제 가능한 비용은 사립학교나 특수학교에 지출한 학비의 일부이다. 공립학교의 학비는 무료인 경우가 많아 해당되지 않는다. 사립학교 학비의 30%가 공제 가능하며, 연간 최대 5,000유로로 제한된다. 예컨대 부모가 사립 고등학교에 다니는 자녀의 학비로 연간 10,000유로를 지출한 경우, 학비의 30%인 3,000유로를 공제받을 수 있다. 만약 다른 추가 공제 항목이 있다면 더 큰 절세 효과를 얻을 수 있다

교육 관련 필수 비용으로는 교과서, 필기구 등 학습 자료, 자녀의 학교 관련 활동(예: 필드 트립), 대학교 등록금 및 행정비를 꼽을 수 있다. 반면에 공제 제외 항목은 숙박비, 식비, 교통비와 같은 생활비, 추

가 사교육비(예: 학원비) 및 선택적 활동비 등이다.

연말 소득세 신고 시, 해당 지출 영수증을 첨부하여 공제를 신청할 수 있다. 서류: 학비 청구서, 납부 영수증, 자녀의 학교 또는 대학교 재학증명서 등의 서류가 필요하다.

추가혜택으로는 학생 정착 보조금(Ausbildungsfreibetrag)이 있는데, 자녀가 교육 목적으로 집을 떠나 독립적으로 거주하는 경우, 부모는 연간 924유로까지 추가 공제를 받을 수 있다. [91]

3) 돌봄 시설 확충

독일은 2013년부터 1~3세 아동에게 돌봄 시설 이용 권리를 법적으로 보장하고 있으며, 이를 위해 연방 및 주 정부 차원에서 돌봄 시설 확충에 힘쓰고 있다. 2019년 1월 1일부터 시행된 '좋은 돌봄시설법(Gute-Kita-Gesetz)'에 따라, 연방 정부는 2022년까지 총 55억 유로(한화 약 7조 2,300억 원)를 주 정부에 지원하여 보육의 질을 향상시키고 부모의 육아비용 부담을 줄이기 위한 다양한 조치를 마련하였다.

여성의 사회활동 증가로 자녀 보육에 대한 수요가 늘어나자, 독일은 전일제 학교를 집중적으로 발전시키는 등 보육 인프라를 확충하고 있다.

(1) '좋은 돌봄 시설법(Gute-Kita-Gesetz)'

'좋은 돌봄 시설법(Gute-Kita-Gesetz)'은 독일 정부가 2019년 1월 1일부터 시행한 법으로, 돌봄 시설의 질을 개선하고 부모의 부담을 줄이기 위해 마련된 법안이다. 독일 정부가 2019년 1월 1일부터 시행한 법으로, 돌봄 시설의 질을 개선하고 부모의 경제적 부담을 줄이기 위해 마련되었다.

이 법은 보육의 질 향상을 목표는 돌봄 시설의 운영 기준을 강화하여 아동들에게 안전하고 질 높은 환경을 제공하는 것이다. 구체적으로 교사 대 아동 비율을 개선하고, 보육 교사의 훈련을 확대한다. 또한, 노후된 시설을 개보수하거나 신규 시설을 건설하여 물리적 환경을 개선하며, 아동의 언어 발달을 지원하는 프로그램을 도입한다. 이로써 보육 환경의 전반적인 질적 향상을 도모한다.

부모의 부담을 완화하기 위해 보육비용을 낮추며, 저소득 가정도 부담 없이 돌봄 시설을 이용할 수 있도록 지원한다. 일부 지역에서는 보육비를 완전히 면제하고, 소득에 따라 차등적으로 감면하는 방식을 적용한다. 이러한 정책을 통해 보육비 부담을 실질적으로 경감하고, 모든 가정이 경제적 배경에 관계없이 보육 서비스를 받을 수 있도록 격차를 해소한다.

연방 정부는 2022년까지 약 55억 유로(한화 약 7조 2,300억 원)를 주 정부에 지원하며, 각 주는 연방 정부의 재정 지원을 바탕으로 자율적으로 보육 정책을 운영한다. 보육 교사 인력을 늘리고, 이들의 교육과 훈련을 강화하며, 부모들에게 보육 관련 정보를 제공하는 상담 서비스를 운영하는 등 다각적인 지원을 제공한다.

보육비 감면은 각 주별로 다르게 적용되며, 일부 주에서는 모든 가정의 보육비를 면제하고, 다른 주는 소득에 따라 보육비를 차등적으로 감면한다. 이를 통해 부모의 경제적 부담이 크게 줄어들었으며, 돌봄 시설 이용률이 상승하는 효과를 보였다. 또한, 언어 발달 프로그램과 같은 아동 발달을 지원하는 질적 서비스도 확대되었다.

그러나 보육 교사 부족 문제는 여전히 심각한 과제로 남아 있다. 돌봄 시설이 지역에 따라 부족하여, 법 시행 이후에도 대기 시간이 길어지는 문제가 발생하고 있다. 이에 따라 연방 정부와 주 정부 간 협력과 재정 분담에 대한 지속적인 논의가 필요하다. '좋은 돌봄시설법'은 부모와 아동에게 실질적인 도움을 제공하며, 독일 사회에서 보육의 질적 향상과 경제적 형평성을 증진하는 데 기여한 법안으로 평가받는다.[92]

베를린 사례

베를린은 독일에서 선도적으로 보육 시설을 무료화한 도시 중 하나로, 이미 부모들에게 상당한 경제적 지원을 제공하고 있다. 그러나 베를린은 여기서 멈추지 않고, '좋은 돌봄시설법(Gute-Kita-Gesetz)'의 도입을 통해 보육 시설의 질을 더욱 향상시키는 데 주력하고 있다.

베를린 교육부 장관 산드라 쉐레스(Sandra Scheeres)는 이 법안에서 보육 교사와 어린이집 관리자의 역할을 강화하는 데 중점을 두었다. 이를 위해 보육 시설 관리자들의 업무 부담을 줄이고, 다른 직업군에서 보육 분야로 진입하는 사람들을 지원하는 직업 전환(Quereinstieg) 프로그램을 마련하였다. 사회적으로 어려운 지역에 있는 보육 시설에는 더 많은 재정적 인센티브를 제공함으로써, 어려운 환경에서도 보육의 질을 유지하고 개선할 수 있도록 돕고 있다. 이러한 노력은 어린이집 교사뿐만 아니라, 가정 보육을 담당하는 보육 부모(Tagesmütter und -väter)에게도 적용되어, 이들의 역할과 보상을 강화하는 방안으로 확대되었다.

베를린은 2019년부터 2022년까지 총 2억 3,900만 유로(약 3,600억 원)의 예산을 이 법안에 투입한다. 이 예산은 다음과 같이 분배되었다.

2019년: 2,156만 유로
2020년: 4,343만 유로
2021년: 8,716만 유로
2022년: 8,716만 유로

그 결과 2019년과 2020년 동안 베를린은 어린이집 관리 인원을 늘리고, 교사들의 행정 업무 부담을 줄이기 위한 개선 작업을 진행했다. 특히, 85명 이상의 아이를 돌보는 어린이집에서는 관리자가 직접적인 교육 업무에서 벗어나 행정과 관리 업무에 집중할 수 있도록 지원하고, 이를 위해 행정 업무를 담당할 보조 인력을 새로 배치했다.

또한, 다른 직업에서 보육 분야로 진입하려는 사람들을 돕기 위한 특별 지원도 마련되었다. 예를 들어, 새로운 보육 교사는 첫 해 동안 매주 2시간의 전문 교육 지도를 받을 수 있고, 관련 훈련 시간을 추가적으로 지원받는다. 특히, 비독일어권 배경을 가진 교사와 외국 학위를 가진 사회복지사가 원활하게 적응할 수 있도록 별도의 맞춤형 지원을 했다.

2020년부터는 가정에서 보육을 담당하는 보육 부모들을 위한 새로운 보수 체계가 도입되었다. 이를 통해 보육 부모들의 보상이 크게 향상되었으며, 준비 및 사후 관리에 필요한 시간도 추가적으로 보상받을 수 있게 되었다.

장애 아동이나 장애 위험이 있는 아동을 위한 특별 상담 서비스도 새롭게 도입되었다. 특히 중증 장애 아동을 위한 전문 보육 서비스도 확대되었다.

베를린 행정부는 보육 시설의 전반적인 질을 지속적으로 관리하고, 새로운 과제에 유연하게 대응하기 위해 전문 질 관리 팀을 운영하고 있다. 이 팀은 보육 시설의 운영 주체와 협력하며 보육 환경 개선과 더불어 아동과 부모가 더 나은 서비스를 받을 수 있도록 돕고 있다.[93]

(2) 독일의 돌봄시설의 유형

독일의 돌봄 및 보육시설은 공공기관, 민간 단체, 교회, 협동조합 등 다양한 주체에 의해 운영되며, 연방 및 주정부의 재정적 지원을 통해 안정적으로 운영된다. 부모는 자녀의 연령과 가정 소득에 따라 차등적으로 보육료를 부담하지만, 일부 주에서는 무료 보육을 제공해 경제적 부담을 덜어준다. 예를 들어, 베를린과 함부르크에서는 만 3세부터 초등학교 입학 전까지의 아동을 대상으로 무료 보육 서비스를 제공하고 있다.

운영 시간은 부모의 근무 일정에 맞춰 유연하게 조정되며, 대부분의 시설은 종일반(Ganztagsbetreuung)과 반일반(Halbtagsbetreuung)을 운영한다. 이른 아침부터 저녁까지 폭넓은 보육 서비스를 제공함으로써 부모가 안정적으로 직장 생활을 이어갈 수 있도록 지원한다.[94]

키타(Kitas, 어린이집)

독일의 키타(Kitas, 어린이집)는 "Kindertagesstätte(어린이 일일 돌봄 시설)"의 약자로, 0세부터 초등학교 입학 전까지의 아동을 위한 모든 형태의 보육과 조기 교육 시설을 아우르는 용어이다. 키타는 독일 정부의 지원을 받아 운영되며, 보육료는 부모의 소득에 따라 차등 부과되거나, 일부 주에서는 무료로 제공되기도 한다. 부모가 조기에 직장으로 복귀하거나 영유아 돌봄이 필요한 경우 중요한 역할을 한다.

크리페(Krippe), 유치원(Kindergarten), 호트(Hort)가 키타에 포함된다.

Krippe(어린이집)

독일의 크리페(Krippe)는 생후 6주부터 만 3세까지의 영유아를 위한 보육 시설로, 어린아이들이 안전하고 안정된 환경에서 돌봄과 초기 발달을 받을 수 있도록 설계된 시설이다. 크리페는 부모가 일과 육아를 병행할 수 있도록 지원하며, 특히 영유아가 그룹 환경에서 사회적 상호작용을 처음 경험하고, 정서적 안정감을 키울 수 있는 중요한 공간이다.

크리페에서는 영유아의 발달 단계에 맞춘 다양한 활동과 프로그램을 제공한다. 감각 발달을 돕는 놀이, 음악과 움직임 활동, 이야기 시간 등이 포함되며, 아이들이 자연스럽게 신체적, 정서적, 사회적, 인지적 발달을 이루도록 돕는다.

크리페는 일반적으로 소규모 그룹으로 운영되며, 아이 한 명당 돌봄 교사의 비율이 높아 개별적인 관심과 돌봄이 가능하다. 교사는 아이들의 일상적인 필요를 충족시키는 것은 물론, 부모와 긴밀히 소통하며 아이의 발달 상태와 특별한 요구사항을 파악해 지원한다.

운영 시간은 보통 부모의 근무 일정에 맞춰 유연하게 제공되며, 반일반(Halbtagsbetreuung)과 종일반(Ganztagsbetreuung) 중 선택할 수 있다. 일부 크리페는 이른 아침부터 저녁까지 운영된다.

비용은 부모의 소득에 따라 차등적으로 부과되며, 독일 정부와 주 정부의 보조금을 통해 경제적 부담을 완화한다. 일부 주에서는 보육료가 면제되거나 대폭 감면된다.

항목	키타(Kitas)	크리페(Krippe)
정의	모든 유형의 보육 시설을 포괄하는 상위 개념	영유아(생후 6주 ~ 만 3세) 보육 시설
대상 연령	0세 ~ 초등학교 입학 전	생후 6주 ~ 만 3세
포함 범위	Krippe, Kindergarten, Hort 등을 포함	독립적인 영유아 보육 시설
주요 활동	연령에 따라 보육 및 교육 프로그램 다양	기초적인 돌봄, 놀이, 초기 발달 지원

표 16 키타(Kitas)와 크리페(Krippe)의 차이(독일에서 이민자와 난민을 지원하기 위해 개발된 디지털 플랫폼인 Integreat의 정보를 토대로 작성함)

유치원(Kindergarten)

독일에서는 만 3세부터 초등학교 입학 전까지의 아동이 유치원(Kindergarten)에 다닐 수 있으며, 대부분의 유치원은 무료이거나 정부의 지원을 받아 저렴하게 이용할 수 있다.

유치원은 공공기관, 민간 단체, 교회, 협동조합 등 다양한 주체가 운영하며, 정부의 재정적 지원을 통해 질 높은 보육과 교육을 보장받는다. 독일에서는 유치원이 의무교육은 아니지만, 대부분의 부모가 자녀의 사회성과 발달을 위해 유치원을 선택한다. 특히 만 3세부터 초등학교 입학 전까지 유치원에 다니는 아동의 비율은 매우 높다.

유치원의 교육 과정은 놀이 중심으로 이루어진다. 독일에서는 놀이를 학습의 중요한 도구로 간주하며, 놀이를 통해 아동이 창의력, 문제 해결 능력, 협동심을 자연스럽게 발달시킬 수 있다고 본다. 유치원에서는 언어 발달, 기초 수리 감각, 예술적 표현, 자연 탐구와 같은 다양한 활동을 제공하며, 이러한 활동은 아동의 발달 단계와 흥미에 맞춰 설계된다.

운영 시간은 부모의 필요에 따라 유연하게 제공된다. 일부 유치원은 반일반(Halbtagsbetreuung)을, 일부는 종일반(Ganztagsbetreuung)을 운영하며, 부모의 근무 일정에 맞춰 선택할 수 있다. 이용 비용은 주마다 차이가 있지만, 많은 주에서 보조금을 지원하거나 무료로 제공하는 경우가 많다. 예를 들어, 베를린과 함부르크에서는 만 3세부터 초등학교 입학 전까지 유치원 비용을 전액 면제한다. 이러한 정책은 부모의 경제적 부담을 줄이고, 모든 아동에게 평등한 조기 교육 기회를 제공한다.

다문화적 배경을 가진 아동이 증가함에 따라, 유치원에서는 언어와 문화 통합을 중요하게 다룬다. 독일어가 모국어가 아닌 아동을 위해 언어 교육 프로그램을 운영하며, 이중 언어와 다문화 교육을 통해 다양한 배경을 가진 아동이 함께 성장할 수 있는 환경을 제공한다.

부모와 정기적으로 소통하며, 아이의 발달 상황을 공유하고 부모가 자녀의 학습 과정에 참여할 수 있도록 돕는다. 부모는 유치원 활동에 직접 참여하거나 가정에서 유치원의 교육 방향에 맞춘 양육을 실천하며 자녀를 지원할 수 있다.

독일의 유치원은 아동의 전인적 발달을 돕는 중요한 교육 기관으로 부모가 일과 가정의 균형을 맞추는 데에도 큰 도움을 준다. 이러한 역할은 독일 사회에서 가족 친화적 환경 조성과 저출생 문제 해결에 긍정적인 영향을 미치고 있다.

2024년 기준 독일의 유치원(Kindergarten) 이용 비용은 연방주마다 다르며, 부모의 소득, 아동의 연령, 이용 시간 등에 따라 결정된다. 부모의 소득이 높을수록 보육료가 증가하며, 하루에 아이가 유치원에 머무는 시간이 길수록 비용이 높아진다. 예를 들어, 하루 평균 6시간 유치원을 이용하는 경우 한 달에 약 115유로를 지불하는 것으로 알려져 있다.[95]

일부 연방주에서는 보육료를 전액 면제하거나 대폭 감면하는 정책을 시행하고 있다. 베를린의 경우 2018년부터 유치원 교육비가 무료로 제공되며, 부모는 식사비용으로 월 23유로만 부담하고 있다. 반면, 부부 소득이 연간 4만 유로 이상일 경우 유치원 비용은 연간 약 4,500유로 수준에 이를 수 있다. 이는 소득 수준에 따른 차등 정책이 적용되기 때문이다.

그림 39 독일의 유치원(출처: International School on the Rhine)

항목	Krippe	Kindergarten
대상 연령	생후 6주 ~ 만 3세	만 3세 ~ 초등학교 입학 전 (보통 만 6세)
주요 목적	돌봄과 양육 (안전한 환경 제공, 정서적 안정)	돌봄과 교육 (사회적, 인지적, 언어적 발달 지원)
활동 내용	간단한 놀이, 이야기 들려주기, 음악, 신체 활동	그룹 놀이, 창의적 활동, 기초 읽기와 쓰기, 문제 해결 과제
운영 시간	반일제 및 종일제 (유연한 시간 제공)	반일제 및 종일제 (부모의 일정에 맞춤)
교사 대 아동 비율	높음 (유아에게 더 많은 개인적인 돌봄 필요)	낮음 (아동의 독립성 증가로 인해 관리 부담 감소)
정부 지원	소득에 따라 비용 차등, 일부 비용 부담 가능	일부 연방주에서 무료 제공 (예: 베를린, 함부르크)
사회적 역할	집단 환경 적응 및 초기 사회적 상호작용 지원	사회적 기술, 협력, 학교 준비를 위한 환경 제공
교육 방식	놀이와 신뢰 형성을 통한 초기 발달 지원	놀이 기반 학습을 통한 전인적 성장 및 학습 준비

표 17 독일 Krippe와 Kindergarten의 차이

방과 후 돌봄(Hort)

독일의 방과 후 돌봄(Hort)은 초등학교 재학생을 대상으로 제공되는 돌봄 서비스로, 학교 수업이 끝난 후부터 저녁까지 아이들을 안전하게 돌보는 시설이다.

Hort는 학습 지원, 여가 활동, 그리고 사회적 상호작용을 위한 다양한 프로그램을 제공한다. 아이들은 이곳에서 숙제를 하거나 독서를 통해 학습을 이어갈 수 있으며, 예술, 스포츠, 놀이 등 다양한 활동을 한다.

운영 시간은 부모의 근무 일정에 맞춰 유연하게 조정되며, 보통 학교 수업 종료 후 오후부터 저녁까지 운영된다. 일부 시설은 이른 아침부터 저녁까지 확장 운영되며, 학기 중뿐만 아니라 방학 기간에도 돌

봄 서비스를 제공하는 경우가 많다.

예를 들어, 베를린의 한 방과 후 돌봄 시설은 초등학교와 연계되어 운영되며, 수업 종료 후 아이들이 안전하게 머물 수 있는 공간을 제공한다. 이곳에서는 숙제 지도, 독서 시간, 예술 활동, 스포츠 프로그램 등이 진행된다. 아이들은 숙제를 마친 후 그림 그리기, 공예 활동, 축구도 한다.

또 다른 사례로 뮌헨의 방과 후 돌봄 시설은 방학 기간에도 운영되어 부모가 휴가를 내지 않고도 아이를 맡길 수 있는 옵션을 제공한다. 이 시설은 자연 탐험, 요리 교실, 과학 실험 등 특별 프로그램을 통해 아이들이 재미있고 유익한 시간을 보낼 수 있도록 설계되었다.

하노버에서는 다문화 가정을 위한 특화된 방과 후 돌봄 프로그램이 운영된다. 이곳에서는 독일어 수업, 문화 교류 활동, 다문화 배경을 가진 아이들을 위한 심리적 지원 프로그램을 제공한다.

가정 보육(Tagespflege)

독일의 가정 보육(Tagespflege)은 소규모로 이루어지는 유연한 보육 형태로, 주로 생후 6주부터 만 3세까지의 영유아를 대상으로 한다. 가정 보육은 보통 Tagesmutter(가정 보육 제공자, 주로 여성)나 Tagesvater(남성 보육 제공자)에 의해 제공되며, 보육 제공자의 가정에서 이루어지는 경우가 많다.

가정 보육은 작은 그룹(최대 5명)의 아이들을 대상으로 하여 개별적인 관심과 세심한 돌봄을 받을 수 있는 환경을 제공한다. 이는 특히 유치원이나 어린이집(Krippe)과 같은 대규모 시설보다는 보다 가정적인 환경을 선호하는 부모들에게 인기가 있다.

보육 시간은 부모의 필요에 따라 유연하게 조정될 수 있다. 예를 들어, 일부 가정 보육은 이른 아침이나 늦은 저녁까지 운영되어 맞벌이 부모가 직장 생활과 육아를 병행할 수 있도록 돕는다. 또한, 보육 제공자와 부모 간의 협의에 따라 특정 요구 사항에 맞춰 보육 방식을 조정할 수도 있다.

4) 일·가정 양립 지원 제도

(1) 육아휴직(Parental Leave)[96]

육아휴직은 부모가 자녀를 직접 돌보고 양육하기 위해 직장 생활을 잠시 멈출 수 있는 무급 휴가 제도이다. 근로자는 고용주에게 육아휴직을 요청할 수 있으며, 고용주는 자녀 한 명당 최대 3년 동안 근로자의 업무를 면제해야 한다. 육아휴직 기간 동안 근로자는 일을 하지 않고 급여를 받지 않지만, 육아휴직수당(Elterngeld) 등의 경제적 지원을 신청할 수 있다. 독일에서는 별도의 '아버지 육아휴직' 제도는 존재하지 않으며, 육아휴직과 육아휴직수당 규정에 통합되어 운영된다.

부모는 육아휴직을 자녀의 만 3세 생일까지 사용할 수 있으며, 일부 기간은 자녀가 3세에서 8세 사이일 때 사용할 수 있다. 이 제도는 부모와 자녀가 필요에 따라 육아휴직을 유연하게 사용할 수 있도록 설계되었다. 또한, 육아휴직 기간 동안 근로자는 특별한 해고 보호를 받으며, 대부분의 경우 육아휴직 종료 후 이전 직장으로 복귀할 수 있다.

육아휴직 조건은 다음과 같다.

조건	비고
근로자로 고용되어 있어야 한다.	정규직, 비정규직, 파트타임, 단기 계약직 등 모든 고용 형태 포함
자녀와 함께 같은 가정에서 거주해야 한다.	
자녀를 직접 돌보고 양육해야 한다.	
육아휴직 중에는 일을 하지 않거나 주당 최대 30시간까지만 근무해야 한다.	2021년 9월 1일 이후 출생한 자녀의 부모는 주당 최대 32시간까지 근무 가능

표 18 https://familienportal.de 자료를 기반으로 작성함

육아휴직은 정규직, 비정규직, 파트타임, 단기 계약직, 미니잡(mini-job), 재택근무 등 모든 고용 형태에서 신청 가능하다. 학업, 직업 훈련, 재교육 또는 직업 개발을 병행하는 근로자도 육아휴직을 신청할 수 있다. 중요한 것은 독일에서 근로 중이거나 독일법에 따른 근로 계약을 체결한 경우에만 해당하며, 독일에 거주하지 않더라도 이 조건을 충족하면 육아휴직 신청이 가능하다. 공무원, 판사, 군인은 육아휴직과 유사한 특별 규정을 따르며, 일반적인 육아휴직 규정은 적용되지 않는다.

대상자녀	비고
친자녀	본인과 배우자가 낳은 자녀
배우자 또는 파트너의 친자녀	재혼이나 동거 등의 경우 배우자나 파트너의 자녀

본인이 친부임을 인정받기 위해 법적 절차를 진행 중인 자녀	법적 친부로 인정받기 위한 과정 중
위탁 가정에서 맡은 자녀	사회복지기관의 승인 하에 위탁받아 돌보는 자녀
입양 과정 중인 자녀	입양 절차가 진행 중인 자녀
성소수자 가정에서 양육 중인 자녀	성소수자 부모가 키우는 자녀
손자녀	부모가 미성년자이거나 18세 이전에 시작한 교육 과정을 이수 중이며, 양육 부모가 육아휴직을 사용하지 않는 경우
특수한 경우의 형제, 자매, 조카, 손자 또는 증손자	부모가 중병, 장애, 사망한 경우

표 19 육아휴직 대상(https://familienportal.de 자료를 기반으로 작성함)

자녀에 대한 법적 양육권이 없는 경우, 육아휴직을 신청하려면 양육권을 가진 부모의 동의를 받아야 한다.

육아휴직이 불가능한 경우는 다음과 같다.[97]

육아휴직 불가 또는 제외대상	비고
근로계약이 없는 사람 (예: 자영업자, 가정주부/주부, 학생, 자원봉사자, 실업자 등)	정규 고용 형태가 아니거나 고용주가 없는 경우
고용주가 없는 상태로 인해 해고 보호가 필요하지 않은 경우	고용주와의 계약이 없는 자영업자 등
자영업자	자체적으로 사업을 운영하는 사람
기업의 CEO 또는 독립적인 사업주	고용주의 지위에 있는 사람
가정주부와 가정남성	경제활동에 참여하지 않는 경우
학업 중인 학생	정식 근로계약이 없는 학생
사회봉사나 환경봉사(FSJ, FÖJ) 또는 연방자원봉사(BFD) 참여자	봉사활동으로 경제적 보상을 받지 않는 경우
실업 상태인 사람	실업 상태인 사람
명예직 활동 중인 사람	명예직으로 근무하며 정식 고용 관계가 없는 경우

표 20 육아휴직 불가 또는 제외 대상

독일의 육아휴직(Elternzeit)은 부모가 자녀 출생 후 최대 3년까지 사용할 수 있는 제도로, 이 기간 동안 고용주는 근로자의 고용을 보장해야 한다. 또한, 부모는 육아휴직 기간 중 일정 수준의 경제적 지원을 받게 되며, 이는 육아휴직수당(Elterngeld)을 통해 이루어진다. 육아휴직수당은 기본적으로 부모의 이전 소득의 65%를 지원하며, 최대 월 1,800유로까지 지급된다. 특히, 부모가 함께 육아휴직을 사용할 경우 총 14개월까지 지원 기간이 연장되며, 이 중 최소 2개월은 아버지가 사용해야 한다. 이는 남성의 육아 참여를 촉진하기 위한 정책적 장치로 작용하고 있다.

독일의 육아휴직 제도는 저출산 문제 해결에 긍정적인 영향을 미치고 있다. 2007년 이후 독일은 가족 정책 개혁을 통해 육아휴직 제도를 강화하였으며, 그 결과 출산율이 증가하는 추세를 보였다. 특히, 남성의 육아휴직 참여율이 높아지면서 여성의 경력 단절이 감소하고, 일과 가정의 양립이 가능해졌다. 이는 가정 내 성평등을 증진시키고, 자녀 양육에 대한 부담을 부부가 함께 나누는 문화를 형성하는 데 기여하였다.(김수정, 2019, 「출산율 제고를 위한 한국과 독일의 육아휴직제도 비교연구」참고)

(2) 유연근무제 (Flexible Arbeitszeiten)[98]

역사

독일에서 유연근무제는 1980년대 이후 노동자의 근무시간을 더 유연하게 조정할 수 있도록 단체교섭과 법률을 통해 발전해온 제도이다. 이 제도는 특정 시간대에 얽매이지 않고, 개인과 기업의 필요를 모두 고려하는 근무 방식을 도입하는 데 중점을 둔다.

2차 세계대전 이후 경제 재건 시기에는 주 6일 근무가 일반적이었다. 그러나 1956년 노동조합이 주 5일 근무제를 제안하면서 1970년대 중반에 대부분의 산업 분야에서 주 5일 근무제가 자리 잡았다. 1960년대 연간 근로시간은 약 2,081시간이었지만, 1975년에는 약 1,737시간으로 줄어들었다.

1980년대에는 금속산업 단체협약을 통해 주당 근무시간이 40시간에서 38.5시간으로 단축되었으며, 근로시간을 조정하거나 초과근무시간을 활용할 수 있는 유연근무제가 도입되었다.

1990년대 이후 정규직 근로자의 실제 근로시간이 다시 늘어나는 경향을 보였으며, 글로벌화와 경제 개혁의 영향으로 보상 없는 근무시간 연장이 일반화되었다. 이는 임금 삭감 효과를 가져왔지만 단기적인 경제 문제 해결책으로 여겨졌다.

이처럼 독일의 유연 근무제는 개인의 선택에 따라 근무 시간과 환경을 조절할 수 있는 선택적 근로시간제이다. 유연근무제는 처음에는 노동시간을 줄이기 위한 방안에서 시작했지만, 점차 근무 방식의 다양화와 유연성 확대라는 목표를 향해 발전해왔다. 기업 조직에 유연성을 제공하며, 기존의 틀에 박힌 근무시간과 정형화된 기준에서 벗어나 개인의 특성과 환경에 맞춘 다양한 근무 방식으로 생산성을 높이려는 기업경영 개선책이기도 하다.

현황

2024년 4월 22일 월요일, 베를린에서 열린 일·가정 양립제도 개선을 위한 공청회는 Paul-Löbe-Haus에서 진행되었다. 2024년 4월 22일 베를린에서 열린 일·가정 양립제도 개선을 위한 공청회가 저출생 극복과 긴밀하게 연결된 노동시간 유연화 문제를 심도 있게 다룬 자리였다. 이 공청회의 내용을 요약하고 그것이 저출생 극복을 위한 일·가정 양립에 미칠 영향을 전망해본다. (독일 연방의회: Deutscher Bundestag 기록 참고)

노동시간을 유연하게 바꾸는 것은 저출생 문제를 해결하는 데 중요한 역할을 할 수 있다. 사용자는 하루 근무시간이 아니라 주간 근무시간을 기준으로 정하자는 제안을 했으며, 이를 통해 직장 생활과 육아를 더 쉽게 병행할 수 있다고 보았다. 독일 사용자총연합(BDA)의 롤란드 볼프는 "일하는 방식을 다르게 만들어" 부모가 스스로 일정을 조정하여 육아 스트레스를 줄이고, 출산을 긍정적으로 생각할 가능성이 커진다. 주 단위 근무시간 전환은 가족 중심의 생활방식을 지원하고, 더 많은 부모가 일할 수 있는 환경을 조성한다.

반면, 노동조합은 지나친 유연성이 노동자들에게 오히려 부담이 될 수 있다고 우려하였다. 서비스 노동조합 베르디(Verdi)의 스테판 토이

서는 지나친 유연화가 노동자의 신체적, 정신적 건강을 해칠 수 있다고 경고하며, 예측 가능한 근무 환경이 더 중요하다고 강조하였다. 유연성이 늘어나더라도 부모가 아이들과 보낼 시간이 실제로 늘어나지 않을 가능성이 있다. 장시간 근무는 가정 내 스트레스를 증가시켜, 오히려 출산율 감소에 악영향을 미칠 수 있다.

전문가들은 단순히 근무시간을 유연하게 만드는 것만으로는 부족하며, 안정적이고 계획 가능한 근무 환경이 필요하다고 강조하였다. 이렇게 해야 근로자가 육아와 직업을 체계적으로 병행할 수 있는 기반이 마련된다. 예측 가능한 유연근무제를 도입하여 근로자가 가족과의 시간을 계획적으로 활용할 수 있도록 지원해야 한다. 유급 육아휴직 확대나 직장 내 보육시설 지원 같은 가족 친화적 정책을 함께 추진하여, 유연근무제가 실제로 출산율 증가에 기여하도록 해야 한다.

IIT 산업 협회 비트콤의 아델 홀담프-벤델은 디지털 기술과 유연근무제가 저출생 문제를 해결하는 데 중요한 역할을 할 수 있다고 주장하였다. 특히 재택근무와 원격근무는 부모가 자녀를 돌보면서도 일을 할 수 있는 환경을 만들어 준다. 재택근무 확대는 부모가 자녀와 더 많은 시간을 보낼 수 있는 기회를 제공한다. 디지털화는 도시와 농촌 간 격차를 줄이고, 어디서든 가족 친화적인 근무 환경을 만들 수 있도록 돕는다."

2024년 현재, 디지털화와 팬데믹의 영향을 받아 유연근무제의 적용

비율은 과거보다 크게 증가하였으며, 특히 특정 직종과 계층에서 더 널리 활용되고 있다. 2010년에는 전체 근로자의 약 37.8%가 유연근무제를 사용했으며, 2017년에는 이 비율이 38.8%로 소폭 증가하였다. 2024년 현재, 재택근무와 디지털 기술의 발달, 팬데믹 이후의 근무 형태 변화로 인해 유연근무제 사용 비율은 40% 이상으로 증가한 것으로 추정된다.

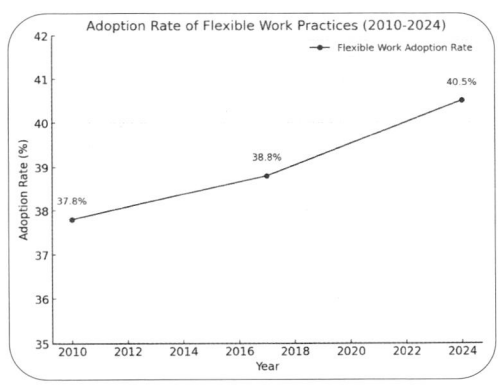

그림 40 유연근무제 적용 증가추세(위의 내용을 토대로 작성)

성별로 비교하면 2017년 기준, 남성의 39.9%, 여성의 37.4%가 유연근무제를 사용하였다. 그러나 2024년에는 남성과 여성 모두 약 40% 이상이 유연근무제를 활용하고 있는 것으로 보이며, 성별 간 격차는 점차 줄어들고 있다.

업종별로는 관리직 근로자의 약 70.3%가 유연근무제를 활용하고 있으며, 과학자와 사무직, 상업직에서도 50% 이상이 높은 유연성을 누리고 있다. 이러한 직종은 업무 성격상 시간과 장소를 조정할 수 있는 여지가 많아 유연근무제가 더 잘 적용되는 경향을 보인다. 서비스업 및 제조업에서는 유연근무제의 적용 비율이 상대적으로 낮다. 서비스업에서는 21.4%, 제조업 관련 직군에서는 13.1%만이 유연근무제를 사용하고 있다.[100]

업종	유연근무제 활용비율(%)
관리직	70.3
과학자/사무직/상업	50.0
서비스업	21.4
제조업	13.1

표 21 업종별 유연근무제

유연 근무제에는 플렉시타임(Gleitzeit), 근로시간 저축계좌제(Arbeitszeitkonto), 재택근무(Homeoffice) 등이 포함된다.

글라이츠아이트(Gleitzeit)

독일의 글라이츠아이트는 플렉시 타임, 즉 유연근무제를 의미한다. 근로자는 정해진 핵심 근무시간(Kernzeit) 동안은 반드시 근무해야 하고, 나머지 근무시간과 출퇴근 시간을 자율적으로 조정할 수 있다.

플렉시타임은 근로자와 고용주 간의 사전 합의와 법적 규제 준수를 전제로 한다. 예컨대 독일 노동법은 주간 최대 근로시간을 48시간으로 제한하고, 하루 최소 11시간의 휴식시간을 보장해야 하다고 규정한다. 이 규제를 준수하면서도 근로자는 자신의 일정을 조정할 수 있기 때문에 일과 삶의 균형을 유지할 수 있다. 특히 육아, 학업, 개인적인 여가 활동과 병행할 수 있다는 장점이 있다. 또한 러시아워를 피한 출퇴근 시간 조정은 교통 스트레스를 줄이고 근로 만족도를 높인다.

고용주의 입장에서는 근로자가 가장 효율적으로 일할 수 있는 시간대에 근무하도록 허용함으로써 생산성을 높이고, 다양한 시간대에 근로자들이 분산되어 일함으로써 효율적인 업무 분배가 가능하다는 장점이 있다.

다만 해결해야 할 과제가 있다면 팀워크 부족은 근무 시간이 서로 다른 직원들 간의 협업을 어렵게 만들 수 있다는 점이. 또한, 근로시간 기록 및 조정과 같은 관리 업무의 증가는 HR 부서에 추가적인 부담을 줄 수 있다.

그럼에도 불구하고 플렉시타임은 부모가 자녀 양육에 더 많은 시간을 할애할 수 있는 환경을 조성해 출산과 육아에 대한 부담을 줄여준다. 특히 출산과 육아 초기 단계에서 부모의 부담을 줄여줄 수 있다. 그뿐 아니라 출산 후 직장 복귀에 대한 부담을 줄여주고, 부부가 근무시간을 조정하여 자녀 양육을 분담을 가능케 한다.

근로시간 저축계좌제(Arbeitszeitkonto)

독일에서 근로자의 시간 관리를 유연하게 조정하기 위해 도입된 제도로, 정해진 근로시간을 초과하거나 부족한 시간을 계좌에 기록하여 추후에 활용할 수 있도록 하는 방식이다.

근로시간 저축계좌제는 근로자가 정해진 근로시간보다 더 일하거나 적게 일한 시간을 기록하는 방식으로 운영된다. 초과 근로시간은 계좌에 저축되어 나중에 보상 휴가로 활용하거나, 추가 수당으로 지급받을 수 있다. 반대로, 부족 근로시간은 이후 근무를 통해 보충하거나, 다른 방식으로 상쇄할 수 있다.

이 계좌는 기업과 근로자 간의 협의를 통해 관리되며, 정해진 기간 내에 초과나 부족한 시간을 조정하도록 설계된다. 이러한 관리 방식은 일반적으로 월별, 분기별, 또는 연간 단위로 이루어지며, 시간 기록과 활용의 투명성을 유지하는 데 중점을 둔다.

근로시간 저축계좌제의 도입은 많은 이점을 제공하지만, 고용주와 근로자 모두에게 몇 가지 도전 과제를 안겨준다. 이를테면 시간 추적 시스템과 관리 부담 등 행정적으로 복잡하다는 것이다.

법적 및 규제 준수를 위해서는 국가 노동법, 예를 들어 독일의 근로시간법에 따라 주간 최대 근로시간과 최소 휴식 시간을 반드시 준수해야 하며, 이를 뒷받침하기 위해 세부적인 기록을 투명하고 정확하게 유지해야 한다. 그러나 이러한 기록 관리 과정은 시간이 많이 소요되고 오류가 발생할 가능성이 있다.

또한, 근로시간 저축계좌제가 근로자에 의해 부실하게 관리될 경우 초과 근무를 과도하게 축적하거나 잦은 휴가 사용으로 인해 업무 흐름이 방해받고 인력 부족이 발생할 수 있다. 일부 근로자가 유연성을 남용하여 어려운 작업을 피하려고 하면 다른 근로자에게 불균형한 업무 부담이 전가되는 문제도 나타날 수 있다.

고용주 입장에서는 재정적 위험도 존재한다. 축적된 초과근무 시간이 근로자가 퇴사 시 미사용 상태로 남아 있으면 추가적인 재정적 의무가 발생할 수 있으며, 바쁜 시기에는 근로자의 잔여 시간을 보장하기 어려워 적절한 인력 배치에 문제가 생길 가능성도 있다.

이와 함께, 공정성 문제도 제기된다. 제조업이나 고객 서비스 직무처럼 유연성을 제공받기 어려운 근로자는 유연근무제에서 소외되었다고 느낄 수 있으며, 고정 교대제나 운영 중심 역할을 맡은 근로자 역시 이 제도의 혜택에서 배제되었다는 인식을 가질 수 있다.

근로자의 복지와 관련해서는 번아웃과 일과 삶의 불균형이 우려된다. 미래 휴가를 위해 초과근무를 과도하게 축적하면 피로와 생산성 저하로 이어질 수 있으며, 명확한 근무 경계가 없으면 정규 근무시간을 초과해 일해야 한다는 압박감을 느끼게 된다.

한편, 고용주와 근로자 간의 요구 충돌도 문제다. 고용주는 성수기 동안 더 많은 근무를 요구할 수 있지만, 근로자는 개인적으로 적합한 시간에 휴가를 선호할 수 있다. 특히 대규모 조직에서는 개인의 선호와 팀의 요구를 조화롭게 조정하는 것이 쉽지 않다.

마지막으로, 문화적 저항도 도입 과정에서 중요한 도전 과제로 남아 있다. 고정된 근무 구조를 가진 조직에서는 유연근무제로 전환하려 할 때 관리자와 근로자의 저항에 부딪힐 수 있으며, 제도의 이점과 운영 방법을 교육하고 설득하는 데 시간과 노력이 요구된다.

파트타임 근무제(Teilzeitarbeit)

독일에서는 파트타임 근무가 정규직의 한 형태로 인정되며, 법적 권리와 사회보장 혜택이 정규직 근로자와 동일하게 주어진다. 근로자는 자신의 상황에 맞게 주당 근로시간을 줄일 수 있는 권리를 보장받을 수 있기 때문에 육아·학업 등 개인적인 사정이 있는 근로자들에게 유용하다.

파트타임 근무제는 근로자가 개인의 필요에 따라 근로시간을 조정할 수 있다는 것이 주요 특징이다. 일반적으로 주당 15~30시간의 근무 시간을 선택하며, 근로조건은 정규직과 동일하다. 또한 정규직과 동일하게 연금, 건강보험 등의 사회보장 혜택을 받으며, 임금은 근무 시간에 비례하여 지급된다.

독일의 파트타임 및 한시적 고용법(TzBfG)에는 근로자가 파트타임 근무를 신청할 수 있는 법적 권리가 명시되어 있다. 이 법을 근거로 고용주는 근로자의 요청을 정당한 이유 없이 거절할 수 없다.

파트타임 근무를 통해 부모는 근로시간을 줄이고 자녀 양육에 더 많은 시간을 할애할 수 있어 가족 간 유대감을 강화한다. 이러한 환경은 출산과 양육에 긍정적인 영향을 미치며, 출산율 제고에도 기여할 수 있다. 또한, 파트타임 근무는 여성의 경력 단절을 예방하고, 출산 후에도 경제활동을 유지할 수 있도록 돕는다. 이로 인해 가정의 경제적 안정성이 높아지고, 추가 출산에 대한 심리적 및 경제적 부담이 완화된다.

그러나 파트타임 근무제에는 몇 가지 한계와 과제가 존재한다. 첫째, 근로시간 단축에 따라 소득이 감소할 수 있어 가정의 경제적 안정성이 낮아질 가능성이 있다. 이를 보완하기 위해 육아지원금, 세제 혜택 등의 추가적인 재정적 지원이 필요하다. 둘째, 파트타임 근무는 경력 개발 기회가 상대적으로 제한될 수 있다. 이는 근로자의 승진 가능성을 낮추거나 장기적으로 경력에 부정적인 영향을 미칠 수 있다. 이러한 문제를 해결하기 위해 파트타임 근로자도 교육 및 승진 기회를 보장받을 수 있는 체계적인 지원이 요구된다. 셋째, 일부 특정 직종에서는 업무 특성상 파트타임 근무가 어려운 경우가 있다. 예를 들어, 제조업이나 고객 서비스와 같은 직종에서는 시간 조정이 어렵기 때문에 파트타임 근무 제도를 적용하기 어렵다. 이를 해소하기 위해 직종 간 격차를 줄이는 정책적 대책이 필요하다.

(https://www.babyahoi.ch/schwangerschaft/rechtliches/teilzeitarbeit-500)

그림 41 파트타임 근무는 가족과 일의 균형을 더 잘 맞추는 방법으로 많은 부모들에게 인기가 있다.

신뢰근로시간제(Vertrauensarbeitszeit)[101]

독일의 신뢰근로시간제는 근로자의 자율성과 책임을 강조하는 근무 방식으로, 근무 시간보다는 업무 성과에 중점을 둔다. 이 제도에서 근로자는 출퇴근 시간을 포함해 자신의 근무 시작과 종료 시간을 자유롭게 결정할 수 있으며, 회사는 근로시간을 엄격히 통제하지 않고 대신 업무 목표 달성과 성과를 주요 평가 기준으로 삼는다.

근무시간의 길이는 부차적인 요소로 간주되며, 업무 결과와 목표 달성이 중요시된다. 이러한 방식은 근로자가 자신에게 가장 적합한 시간대와 방식으로 효율적으로 일할 수 있는 환경을 제공한다. 독일 노동법에 따라 주당 최대 48시간 근로와 하루 최소 11시간의 휴식 규정이 여전히 적용되지만, 이 규정을 근로자가 스스로 관리하며 책임을 갖고 준수해야 한다.

또한, 근무시간 기록이 필수적이지 않아 디지털 협업 도구와 커뮤니케이션 기술이 중요한 역할을 한다. 이를 통해 근로자와 팀 간의 원활한 소통과 업무 조율이 가능하다. 신뢰근로시간제는 주로 IT, 연구, 컨설팅, 창의적 업무와 같은 성과 중심 직종에서 활용되며, 특히 근로자의 자율성과 성숙도가 높은 직군에서 효과적으로 작동하며 자기 주도적인 업무 수행을 요구한다.

이 제도는 근로자가 자신의 업무를 자율적으로 관리하며 성과를 중심으로 일할 수 있도록 지원하는 방식으로, 성숙한 근로 환경과 높은 자율성을 바탕으로 성과를 극대화하는 데 적합하다.

재택근무(Homeoffice)

독일의 재택근무(Homeoffice)는 근로자가 사무실에 출근하지 않고 가정이나 원하는 장소에서 업무를 수행할 수 있도록 허용하는 근무 형태로, 디지털화와 팬데믹(특히 COVID-19)의 영향을 받아 급격히 확산되었으며, 현재 많은 기업에서 유연근무제도의 한 축으로 자리 잡고 있다.

재택근무는 독일 노동법과 Arbeitsstättenverordnung(작업장 규정)에 의해 규제되며, 근로자는 재택근무를 요청할 수 있으나 모든 근로자가 이를 보장받는 것은 아니며 기업과의 협의를 통해 시행된다. 고용주는 재택근무 환경이 안전하고 건강을 해치지 않도록 보장하며, 필요한 기술적 장비를 제공해야 한다. 또한, 근로시간은 노동법에 따라 관리되며, 주당 최대 근로시간 48시간과 최소 휴식시간 11시간을 준수해야 한다.

재택근무의 확산은 강력한 디지털 인프라와 협업 도구의 발전이 뒷받침되었다. Zoom, Microsoft Teams, Slack과 같은 소프트웨어는 팀 간 소통을 원활히 하고 업무 효율성을 높이는 데 기여하며, GDPR을 통한 강력한 데이터 보안이 이를 지원한다. 팬데믹 이후 많은 기업이 재택근무를 도입하거나 확대하였으며, 하이브리드 모델이 일반화되어 주 1~3일은 사무실에 출근하고 나머지 시간은 재택근무로 운영된다. 특히 IT, 컨설팅, 금융 등 지식 중심 산업에서 재택근무 비율이 높으며, 제조업과 서비스업에서는 제한적이다.

재택근무는 일과 가정의 균형을 맞추는 데 중요한 역할을 하며, 출산과 육아 단계에서 부모에게 많은 이점을 제공한다. 부모는 재택근무를 통해 자녀와 더 많은 시간을 보낼 수 있으며, 아이의 일상 활동을 관리하고 업무와 육아를 병행할 수 있다. 부모는 아이와의 시간을 통해 심리적 안정감을 얻고 가족 간 유대감을 강화하며, 출퇴근 시간 단축으로 더 많은 에너지를 육아에 투자할 수 있다.

그러나 재택근무는 업무와 가정생활의 경계를 흐리게 만들어 부모가 업무와 육아 스트레스를 동시에 경험할 가능성을 높일 수 있다. 또한, 자녀가 있는 가정에서는 조용하고 효율적인 작업 공간을 확보하기 어렵고, 일부 근로자는 재택근무를 위한 기술적 장비나 인터넷 환경이 충분하지 않을 수 있다. 팀워크와 소통 문제가 발생할 수 있으며, 이는 직무 효율성에 부정적인 영향을 미칠 수 있다.

재택근무의 긍정적인 영향을 극대화하기 위해 정책적 지원이 필요하다. 직장 내 또는 지역 사회에서 보육 시설을 확충하여 부모가 재택근무와 육아를 병행할 수 있도록 돕고, 고용주는 재택근무를 위한 장비와 인터넷 지원을 제공하여 근로 환경을 개선해야 한다. 또한, 모든 근로자가 재택근무를 요청할 수 있는 권리를 보장하는 법적 체계를 구축하고, 부모의 심리적 스트레스를 줄이기 위한 상담 및 멘탈 케어 서비스를 제공할 필요가 있다.

여러 가지 한계와 도전과제는 존재하지만 독일의 재택근무는 일과 가정의 균형을 맞추고, 출산과 육아를 지원하며, 부모가 경제활동을 지속할 수 있는 환경을 조성하는 데 효과적인 도구이다.

2023년 연방통계청의 자료에 따르면, 지난해 적어도 일부 시간 동안 재택근무를 한 근로자의 비율은 23.5%였다. IT 서비스 부문에서는 거의 4분의 3(74.7%)이 최소한 가끔씩 재택근무를 했으며, 이는 다른 부문보다 훨씬 앞선 수치였다.

비슷하게 높은 재택근무 비율은 기업 경영 및 경영 컨설팅 직종(72.5%)과 보험 및 연금 펀드 직종(68.6%)에서도 나타났다. 반면, 의료 분야(6.4%)와 소매업(8.3%)과 같은 직종은 재택근무 비율이 가장 낮았다. 재택근무 비율은 회사 규모에 따라서도 차이를 보였는데, 250명 이상의 직원을 둔 기업에서는 비율이 33.8%에 달한 반면, 49명 미만의 직원이 있는 소규모 기업에서는 13.8%에 불과했다.

2023년에는 팬데믹 시기에 비해 재택근무 활용이 줄어들었다. 2023년에는 약 절반(44%)의 근로자가 재택근무보다 사무실에서 근무하는 경우가 더 많거나 동일한 빈도로 일했다. 이는 2022년의 39%에 비해 증가한 수치이다. 또한, 2023년에는 완전 재택근무를 한 사람들의 비율이 26%로 감소했으며, 이는 2022년의 31%보다 낮은 수치였다.

그러나 팬데믹으로 특징지어진 2021년과 2022년에 비해 재택근무율은 약간만 감소했다. 2022년 3월 팬데믹으로 도입된 재택근무 의무가 종료된 이후, 연간 재택근무 비율은 24%로 집계되었다. 반면, 2019년에는 이 비율이 12.8%에 불과했다. EU 평균 22.4%와 비교했을 때 독일의 재택근무율은 약간 높은 수준이지만, 네덜란드(52.0%), 스웨덴(45.8%), 핀란드(42.0%)와 같은 국가에 비하면 크게 뒤처진다.

이처럼 재택근무의 비율이 소폭 하락하긴 했으나 여전히 든든하게 자리잡고 있다. 한 예로 베텔스만 재단의 온라인 채용 공고 분석과 같은 다른 연구도 재택근무가 독일 근로 환경에서 확고히 자리 잡았음을 보여준다. 베텔스만 재단은 재택근무가 많은 산업에서 "숙련 노동자 확보를 위한 중요한 논점"으로 자리 잡았다고 평가했다.[102]

현재 독일 정부는 재택근무 중인 부모를 지원하기 위해 공공 및 민간 기관에서는 아이의 발달을 돕는 다양한 온라인 학습과 놀이 프로그램을 제공하고 있다. 또한, 재택근무와 육아를 병행하는 부모들이 서로 정보와 경험을 공유할 수 있는 디지털 플랫폼을 제공할 계획이다.

탄력근로제(Flexible Arbeitszeitmodelle)[103]

독일의 탄력근로제는 업무량에 따라 근로시간을 탄력적으로 조정하면서 주당 평균 근로시간을 법정 근로시간 기준에 맞추는 제도이다. 이는 산업 현장에 맞게 업무량에 따라 근로시간을 조정할 수 있어 효율적인 업무 수행이 가능하다.

앞서 설명한 플렉시타임과 혼동의 여지가 있지만 개념과 적용 방식에 차이가 있다. 탄력근로제가 플렉시타임보다 더 포괄적이다. 즉 플렉시타임은 탄력근로제에 포함된 하나의 유형으로, 특정한 근무시간 조정 방식이다. 이 둘의 차이점을 표로 만들어 비교한다.

특징	탄력근로제	플렉시타임
개념	다양한 유연근무제를 포괄하는 광범위한 개념	특정한 형태의 유연근무제
구성요소	플렉시타임, 근로시간 저축계좌제, 재택근무 등이 포함됨	Gleitzeit 자체만을 지칭
목적	근로시간 전반의 유연성을 지원하고 다양한 옵션 제공	근무 시간을 유연하게 조정해 개인 스케줄 관리 지원
적용 직종	다양한 산업 및 직종에서 사용 가능	주로 사무직, 연구직 등 협업이 필요한 직종에 적합

표 22 2024 독일연방통계청(Statistisches Bundesamt) 자료를 토대로 작성함

(3) 기타

일 · 가정 양립 지원 제도에는 이 외에도 일자리 공유제(Job Sharing), 집중 근무제(Compressed Workweek) 등 다양한 형태가 있다.

일자리 공유제(Job Sharing)

이것은 하나의 정규직 일자리를 두 명 이상의 근로자가 나누어 맡는 근무 형태이다. 근로자들은 근무시간과 업무를 분담하여 협력하며, 각자의 필요와 일정에 맞춰 일할 수 있다. 이 제도는 특히 육아나 학업 등 개인적인 사정으로 인해 풀타임 근무가 어려운 사람들에게 적합하며, 고용주는 다양한 역량을 가진 인력을 활용할 수 있는 장점이 있다. 또한, 근로자 간의 협력이 중요하며, 업무 분담의 명확한 계획이 필수적이다.

집중 근무제(Compressed Workweek)

이것은 주당 근무시간은 동일하게 유지하면서 근무일을 줄이는 방식이다. 예를 들어, 5일 근무 대신 하루 근무시간을 늘려 주 4일 근무로 운영하는 형태이다. 이 제도는 근로자가 더 긴 휴식일을 가질 수 있도록 해 일과 삶의 균형을 맞추는 데 기여하며, 장기적인 업무 피로를 줄이는 효과가 있다. 고용주에게는 업무 집중도를 높이고 직원 만족도를 향상시키는 이점이 있지만, 근무시간이 길어짐에 따라 집중력 저하나 피로가 발생할 가능성이 있다.

4. 독일의 세대 간 돌봄과 저출생 극복

　독일에서 세대 간 돌봄은 가족 내에서 자녀 양육과 노인 돌봄의 책임을 세대 간 협력을 통해 분담하는 체계를 의미한다. 이 체계에서 부모 세대는 주로 자녀 양육을 담당하며, 조부모 세대는 노인 돌봄과 더불어 일부 자녀 돌봄을 지원하여 가족 전체의 돌봄 부담을 효과적으로 경감시킨다. 이러한 세대 간 협력은 가족 간의 유대를 강화할 뿐만 아니라, 국가 차원의 제도적 지원과 결합함으로써 돌봄 부담을 분산시키고 가족 구성원들이 돌봄 활동에 보다 적극적으로 참여할 수 있도록 돕는다.

　독일은 저출생 문제 해결을 위해 다각적인 정책적 접근을 시도해 왔으며, 그중에서도 세대 간 돌봄은 핵심적인 역할을 한다. 이는 인구 감소와 노동력 부족이라는 구조적 문제를 완화할 뿐만 아니라, 변화하는 가족 구조와 현대 사회의 복잡한 요구에 발맞춘 적절한 대응책이다. 세대 간 돌봄 체계는 양육과 돌봄의 책임을 가족과 지역사회, 국가가 함께 분담하는 모델로, 보다 지속 가능한 사회를 구축하는 데 기여하고 있다.

세대 간 돌봄은 독일이 저출생 문제를 해결하기 위한 중요한 전략으로 자리 매김 하기 위해 잡았다. 특히 세대 간 돌봄을 실질적으로 뒷받침하기 위해 다세대 센터(Mehrgenerationenhaus), 조부모 육아지원 휴가(Großelternzeit)등과 같은 정책을 시행하고 있다.

1) 세대 간 돌봄(Generationenpflege) 정책 사례

(1) 다세대 센터(Mehrgenerationenhaus)[104]

독일 전역에 있는 다세대 센터는 독일의 사회적 연대를 강화하는 상징적인 모델이다. 독일 전역에는 약 550개의 다세대 센터(Mehrgenerationenhaus)가 운영되고 있다. 2006년부터 시작된 이 제도는 다양한 세대가 함께 교류하고 상호 지원하며, 지역사회를 기반으로 운영되는 공공 시설이다. 이 시설은 독일 정부가 고령화와 저출생 문제에 대응하고 세대 간 유대와 협력을 강화하기 위해 도입한 대표적인 정책 모델로, 젊은 세대와 노년 세대가 서로의 필요를 충족시킬 수 있는 다양한 활동과 서비스를 제공하며 세대 간 상호작용을 촉진하는 공간으로 설계되었다.

이 센터는 어린이부터 노인까지 다양한 세대가 어울릴 수 있도록 설계된 다목적 공간으로, 육아 지원, 노인 돌봄, 취미 활동, 교육 프로그램 등을 통해 세대 간 교류를 장려한다. 지역 주민들은 자율적으로 운영에 참여하며, 활동을 기획하거나 새로운 프로그램을 제안할 수 있다.

다세대 센터는 커뮤니티 공간, 카페, 놀이방, 워크숍 공간 등으로 구성되어, 다양한 세대의 요구를 충족시키는 다목적 시설로 활용된다. 독일 연방정부와 지방정부는 이러한 센터의 운영과 프로그램을 적극 지원하며, 세대 간 돌봄과 교류를 활성화하고 사회적 고립을 방지하는 데 중요한 역할을 하고 있다.

다세대 센터의 운영 방식은 세대 간 상호 보완적 관계를 기반으로 한다. 젊은 세대는 노인들에게 디지털 기술을 가르치고, 노인들은 젊은 세대와 어린이들에게 생활 경험과 지혜를 전수한다. 특히 노인들이 보육 시설의 자원봉사자로 참여해 어린이들을 돌보거나 동화책을 읽어주기도 한다. 이처럼 다세대 센터에서는 세대 간 교류 활동, 육아 및 돌봄 지원, 자원봉사 및 사회 참여, 교육 및 문화 프로그램, 다문화 및 통합 지원 등 지역사회의 특성과 필요에 따라 다양한 프로그램을 운영한다.

베를린 크리에이티브하우스(Das KREATIVHAUS Berlin)[105]

베를린에 위치한 크리에이티브하우스는 연극교육원, 다세대주택, 패밀리센터를 하나로 프로그램을 제공하는 다세대 센터로, 초기에는 연극 교육 센터로 시작하여 현재는 다세대 하우스, 가족 센터, 지역 커뮤니티 허브로서의 역할을 통합적으로 수행하고 있다.

이곳에서는 어린이, 부모, 어르신들이 모두 참여할 수 있는 다양한 수업과 활동이 진행된다. 어린이와 부모는 창의적인 놀이와 운동 프로그램에 참여하며, 어르신들은 다양한 워크숍과 활동을 통해 지역사회와 연결될 수 있는 기회를 얻는다. 특히, 이 센터는 지역 유치원과 학교와 연계된 교육 및 창작 프로젝트를 운영하며, 청소년과 청년을 위한 연극 그룹을 통해 창의성과 협동심을 키우는 데 기여하고 있다.

노인을 위한 프로그램은 디지털 격차를 줄이기 위해 시니어 컴퓨터 클럽과 같은 디지털 교육 활동을 포함한다. 이를 통해 어르신들이 현대 기술을 배우고 활용할 수 있도록 돕는 동시에, 지역사회 내에서 적극적으로 소통할 수 있는 기회를 제공한다.

센터는 단순히 프로그램 제공에 그치지 않고, 카페, 정원, 놀이터와 같은 공간을 활용하여 세대 간 자연스러운 만남과 교류를 촉진한다. 이러한 환경은 공식적인 활동 외에도 일상 속에서 세대 간 교류가 이루어질 수 있는 기회를 제공하며, 서로의 삶을 이해하고 협력하는 기반을 마련한다.

베를린 크리에이티브하우스는 어린이와 청소년(성인과 노인을 포함하여)을 위한 다양한 사회적 및 문화적 프로그램을 운영한다. 이곳의 AktionsRaum은 어린이와 청소년을 대상으로 한 창의적이고 문화적인 프로그램을 제공하는 공간이다.

어린이들이 자유롭게 참여할 수 있는 창의적 활동 프로그램인 개방형 프로그램은, 특정 주제나 프로젝트를 중심으로 한 그룹 활동을 통해 협동심과 팀워크를 배양하는 그룹 프로그램, 학생들의 학습을 지원하는 학교 지원프로그램과 더불어 지역 사회와 연계된 문화 행사와 축제를 개최한다.

이 외에도 자조 활동, 교류 및 상담, 방학 프로그램, 언어 지원 프로그램, 공예, 음악, 노래, 춤 관련 프로그램이 있고, 놀이터와 테라스와 함께 음료, 커피, 케이크를 즐길 수 있는 카페 'CoCo'가 있다.

그림 42 베를린 크리에이티브하우스

(https://tickikids.ams3.cdn.digitaloceanspaces.com/z5.cache/gallery/organizations/21/image_5aa5351333b299.10305546.jpg)

키타 암 자이지그브르그(Kita am Zeisigberg)

키타 암 자이지그브르그는 브란덴부르크 주 밀로제에 위치한 다세대 센터로 어린이 집과 양로원이 한 울타리 안에 있다. 따라서 노인과 어린이가 함께 생활하며 상호 돌봄과 지원을 실현한다. 시설 내에서는 정원, 놀이터, 다목적 공간과 같은 공유 시설이 마련되어 있다. 키타 암 자이지그브르그는 독일 내에서도 세대 통합의 성공적인 사례로 주목받고 있다.

그림 43 브란덴 부르크 다세대 센터
(https://gut-zeisigberg.de/wp-content/uploads/2020/01/Rauumlichkeiten.jpg)

(2) 조부모 육아휴직(Großelternzeit)

최근들어 독일은 초저출생 시대로 접어들었다. 2024.12.24. 《중앙일보》기사를 일부 인용하면, "영국 파이낸셜타임스(FT)는 유럽 내 인구 최다국 독일의 지난해 합계출산율이 1.35명으로 떨어져, 유엔이 정한 초저출산 기준선인 1.4명보다 낮아졌다고 24일 보도했다. 초저출산 기준선인 '합계출산율 1.4명'은 출산율 감소 추세를 뒤집기 어렵다는 의미다. 에스토니아(1.31)와 오스트리아(1.32)도 독일과 함께 초저출산 국가 리스트에 올랐다. EU 내 초저출산 국가는 전년까진 9개국이었는데, 이번에 독일・에스토니아・오스트리아 3개국이 추가돼 12개국으로 늘었다."

독일은 저출생 문제를 해결하기 위해 오랜 기간 다양한 가족 정책을 추진해왔다. 부모 육아휴직(Elternzeit)과 보육 지원금 같은 제도를 시행했지만, 여전히 출산율은 낮고 고령화는 가속화되고 있다. 이러한 상황에서 조부모 육아휴직은 획기적인 해결책으로 주목받고 있다. 이 제도는 2000년대 후반 가족 정책을 강화하는 과정에서 도입되었으며, 조부모가 손자녀를 돌볼 수 있는 법적 권리를 제공한다. 2010년대 초에는 균형 잡힌 지원 방안을 통해 시행되기 시작했고, 2020년대에 이르러 체계가 더욱 정비되었다.[106]

그림 44 조부모 육아휴직 도입당시
〈stuttgarter-zeitung〉에 실린 기사에 첨부된 사진(2012.04.12)

조부모 육아휴직은 부모가 육아휴직을 사용할 수 없거나 직장 복귀 등으로 양육이 어려운 경우 적용된다. 조부모는 최대 3년까지 휴직하거나 근로 시간을 줄이며 손자녀 양육에 전념할 수 있다. 휴직 기간 동안 고용 안정성이 보장되며, 이후 원래 근무 조건으로 복귀할 수 있다.

이 제도는 조부모가 손자녀 돌봄에 참여해 세대 간 양육 부담을 나누도록 지원한다. 조부모는 직장에서 안정성을 유지하면서 가족 내 양육에 적극적으로 기여할 수 있는 기회를 얻는다. 이는 부모육아휴직 제도와 비슷한 방식으로 운영된다.

독일 정부는 조부모 육아휴직을 위해 법적 보호와 경제적 지원을 마련했다. 휴직 기간 동안 조부모는 육아 수당뿐만 아니라 근로 시간 단축에 따른 소득 보전 혜택을 받을 수 있다. 이 소득 보전 혜택은 조부모가 줄어든 근로 시간에 대해 일정 비율의 소득을 보전받을 수 있도록 설계된 제도이다.

그러나 조부모가 손자녀를 돌보기 위해 휴직을 사용하는 경우는 드물다. 이 제도가 비교적 최근에 도입되어 아직 광범위하게 시행되지 않았기 때문이다. 또한, 조부모가 직접 육아휴직을 사용하는 경우보다 부모가 육아휴직을 활용하는 사례가 더 일반적이다.

전문가들은 조부모 육아휴직이 부모에게는 유리한 제도지만, 조부모에게는 경제적 부담과 직장에서 불이익을 초래할 가능성이 있다고 지적한다. 특히, 조부모 중에서도 할머니가 주로 육아를 담당하는 경우가 많아 성별 불평등 문제가 발생하기도 한다. 독일의 육아휴직 제도는 부모에게 최대 3년의 휴직 기간을 제공하며, 이 중 12개월 동안 부모수당(Elterngeld)을 지급한다. 아버지가 육아휴직을 사용할 경우 추가로 2개월의 수당이 지급되어 최대 14개월까지 받을 수 있다. 그러나 이러한 제도가 조부모에게 직접 적용되는 사례는 매우 드물다.

2) 독일의 세대 간 돌봄

한 지붕 아래 대가족이 함께 살던 이상적인 과거 농촌의 모습을 그려보라. 부모는 식탁에 음식을 올리고, 조부모는 어린아이들을 돌보며, 건강한 가족들은 약한 가족들을 살뜰히 챙겼다. 그러나 산업혁명이 불러온 변화는 이 공동체적 모델의 쇠퇴를 알린 것이다. 이제 많은 노인들은 요양원에서 여생을 보내고, 어린아이들은 유치원에서 돌봄을 받으며, 각 세대는 서로 분리된 채 살아간다. 하지만 젊은이와 노인이 다시 함께 일상을 꾸려간다면 어떤 모습일까?

1951년, 슈투트가르트의 여성 권리 운동가 안나 하크는 바트 칸슈타트에 독일 최초의 세대 간 주택을 열었다. 당시에는 지금처럼 세대 간 주택이라는 이름으로 불리지 않았지만, "미혼 여성과 소녀들을 위한 숙소"는 청소년 센터, 청소년 도서관, 여러 공예실과 작업장, 그리고 동네 아이들을 돌보는 공간까지 품고 있었다. 그녀의 아이디어는 빠르게 전국으로 확산된 것이다.

오늘날, 안나 하크 세대 간 주택은 여전히 선구적인 모델로 자리 잡고 있다. 시니어 센터, 어린이집, 교육 센터, 그리고 청년을 위한 지원 주택이 조화를 이루며 다양한 세대가 함께 살아가는 환경을 만들어가고 있다. 투명한 공간으로 설계된 신축 건물은 건축가 협회에서 모범 사례로 인정받았으며, 공동 정원 가꾸기부터 "세대 간 아침 식사"에 이르는 다양한 프로그램은 젊은이와 노인을 자연스럽게 연결하고 있다. 대가족이 함께 살아가던 과거의 따뜻함이 현대적인 방식으로 재현되는 셈이다. 단지 이제는 어머니 대신 "세대 및 지역사회 매니저"라는 이름이 붙은 것이다.(슈투트가르트 세대 공존의 집 소개글을 재구성함)

(1) 가족지원센터(Familienzentrum)[107]

독일의 가족지원센터(Familienzentrum)는 지역 사회에서 세대 간 상호작용을 장려하고 가족 단위의 돌봄을 지원하는 시설이다. 이곳에서는 부모 교육, 어린이 돌봄, 노인 돌봄 프로그램을 동시에 운영하며, 가족 구성원 모두를 위한 통합적인 지원을 제공한다. 예를 들어, 가족지원센터는 매주 가족 상담 세션과 세대 간 요리 프로그램을 제공하며, 노인과 아이들이 함께하는 독서 모임도 개최한다. 이러한 활동을 통해 세대 간 이해와 협력을 촉진하고 지역 사회의 연대감을 강화하고 있다.

가족지원센터는 가족의 모든 구성원을 지원하는 데 초점을 맞추고 있다. 부모 교육, 어린이 돌봄, 청소년 지원, 노인 돌봄 프로그램 등 다양한 서비스를 통합적으로 제공하여 가족 전체의 복지를 증진한다. 독일의 가족지원센터는 다양한 서비스를 통합하여 제공하는 원스톱 서비스 모델을 따르고 있다.

부모 지원으로는 육아 상담, 부모 교육, 스트레스 관리 워크숍 등이 있다. 어린이 돌봄 서비스는 유아 및 초등학생을 대상으로 하며, 돌봄 프로그램과 방과 후 활동을 통해 안전하고 교육적인 환경을 제공한다. 노인 지원은 노인 돌봄 서비스와 사회 활동 프로그램이, 지역 커뮤니티 활동으로는 가족 상담, 세대 간 네트워킹 이벤트, 지역 축제 등이 있다.

또한 가족지원센터는 지역 내 학교, 보육 시설, 병원, 노인 센터, 자원봉사 조직 등과 긴밀히 협력하여 운영된다.[108] (《슈투트가르트》 지역신문 2015.04.02. 기사를 재구성함)

쾰른의 가톨릭 가족지원센터[109]

쾰른–미테(Köln–Mitte) 지역에서는 "함께라면 외롭지 않다"라는 모토 아래 8개의 가족지원센터가 하나로 모여 "쾰른–미테 가톨릭 가족지원센터 네트워크(Netzwerk katholische Familienzentren Köln-Mitte)"로 자리 잡았다.

이 네트워크는 가족을 지원하기 위한 종합적인 허브 역할을 하며, 모든 센터가 "NRW 가족지원센터(Familienzentrum NRW)" 인증을 획

득하였다. NRW 가족지원센터 인증은 독일 노르트라인베스트팔렌(NRW) 주에서 시행하는 공식 인증 제도로, 가족지원센터가 제공하는 서비스의 품질과 포괄성을 보증하는 인증이다.

쾰른 가족지원센터 네트워크는 다양한 가족 형태와 상황에 맞춘 폭넓은 서비스를 제공한다. 각 센터는 교육, 상담, 돌봄, 그리고 가족 간 만남의 기회를 마련하여 지역 사회의 가족들에게 중요한 자원이 되고 있다. 부모 워크숍, 주제별 부모 교육 저녁 모임, 부모 교육 과정 등 부모를 위한 프로그램과 상담 서비스는 물론, 어린이와 성인을 위한 음악 및 창의적 활동도 포함된다.

협력 파트너들과 함께 매 반기마다 다양한 프로그램을 세심하게 준비하여 제공하며, 가족들이 쉽게 참여할 수 있도록 반기별 프로그램 일정과 세부 정보를 제공한다. 네트워크는 가족지원센터와 유치원(Kita), Agnesviertel에 위치한 가족포럼(FamilienForum), 그리고 다양한 협력 파트너들과 함께 일하며, 지역 주민들에게 폭넓은 지원과 서비스를 제공하고 있다.

그림 45 쾰른-미테 가톨릭 가족지원센터 네트워크
(Netzwerk katholische Familienzentren Koln-Mitte)"

슈투트가르트 세대 공존의 집(Stuttgart Haus der Generationen)

독일 슈투트가르트 중심부에 있는 '슈투트가르트 세대 공존의 집'에서는 모든 세대와 함께 삶의 이야기를 엮어간다. 노인 요양원과 어린이 보육센터를 한 지붕 아래 결합한 모델인 이곳은 세대 간의 경계를 허물고 연결의 가치를 실현하는 혁신적인 공간이다.

이곳에서는 공존과 배움을 위한 다채로운 프로그램이 운영된다. 음악, 미술, 요리 등 전통적인 활동 외에도, 최신 기술과 문화를 결합한 프로그램이 운영된다. 예를 들어, 어린이와 노인이 함께 만드는 디지털 아트 프로젝트, 세대별 요리 레시피를 교환하며 하나의 요리를 완성하는 '세대의 맛집' 프로그램, 또는 노인이 아이들에게 손뜨개나 전통 공예를 가르치고, 아이들이 노인들에게 스마트폰 사용법이나 게임을 가르치는 '역방향 멘토링' 활동 등이 있다.

자연과 함께하는 힐링 공간으로 건물 중앙에는 정원과 텃밭이 자리잡고 있어, 어린이와 노인이 함께 식물을 심고 가꾼다. 이 텃밭에서 수확한 재료로 요리하는 활동은 자급자족의 기쁨을 제공하며 세대 간 협력의 의미를 일깨운다. 또한, 정원에는 세대별 기억을 담은 '기억의 벤치'와 같은 설치물이 있어, 각 세대의 경험과 역사를 되새길 수 있는 공간도 마련되어 있다.

이곳은 "열린 커뮤니티, 확장된 네트워크"로 불리는데 그 이유는 시설 안에서의 교류에만 머무르지 않고 지역 사회와의 협력을 적극적으로 추진하기 때문이다. 예컨대 역 주민과 소규모 기업이 함께 참여할 수 있는 주말 플리마켓, 세대 통합 공연 및 전시회, 지역의 사회적 약자를 돕기 위한 자선 이벤트 등 다양한 행사를 벌인다.

아울러 슈투트가르트 세대 공존의 '진정한 세대의 집'이라는 칭송과 함께 세대 간 연결의 미래를 여는 살아 있는 공동체의 모델이 되었다. 이곳에서 시작된 세대 간 교류 모델은 독일 내 여러 도시와 전 세계로 확산되고 있으며, 각 지역의 문화와 필요에 맞춘 새로운 형태로 변모하고 있다. (Stuttgart Haus der Generationen 공식 웹사이트)

(2) 노인과 어린이 센터(Senioren- und Kinderzentrum)

함부르크 노인과 어린이 센터[110]

함부르크의 한적한 주택가에 자리한 노인과 어린이 센터는 서로 다른 세대가 자연스럽게 어우러지며 교류와 배움이 이루어지는 특별한 공간이다. 이곳은 노인과 어린이를 위한 복지시설에 머물지 않고 세대 간의 벽을 허물고 관계를 맺는 다리 역할을 한다.

이러한 세대 통합 센터는 함부르크만의 독창적인 시도가 아니다. 독일 전역에는 다양한 형태로 운영되는 다세대 공간들이 있다. 센터의 아침은 어린아이들의 웃음소리로 시작된다. 유리벽으로 연결된 보육 공간에서는 아이들이 자유롭게 뛰놀고, 한쪽에서는 선생님과 함께 그림을 그리고 있다. 그 바로 옆에는 노인들이 한가롭게 차를 마시며 신문을 읽는 모습이 보인다. 두 세대는 물리적으로 가까운 공간에 있지만, 이들의 연결은 단순한 거리 이상의 무언가로 이루어진다.

아이들은 노인들에게 노래를 불러 주고, 노인들은 아이들에게 직접 만든 장난감을 선물한다. 정원에서는 노인들이 아이들에게 오래된 나무를 심는 법을 가르치고, 아이들은 함께 흙을 만지며 새싹을 심는다. 시간의 흐름을 이해하지 못하는 어린 세대와 시간의 깊이를 몸으로 체험한 노년 세대가 이렇게 자연스럽게 연결된다.

센터의 정원은 단순한 공간이 아니다. 계절마다 변화하는 풍경 속에서 세대의 삶이 함께 피어난다. 봄에는 꽃을 심고, 여름에는 정원을 가꾸며 땀을 흘리고, 가을에는 함께 나뭇잎을 모아 미술 작품을 만든다. 겨울이면 따뜻한 온실에서 서로의 이야기를 나누며 시간을 보낸다. 이 모든 과정은 두 세대 모두에게 새로운 의미를 부여한다. 아이들에게는 자연의 흐름을 배우는 교육의 장이 되고, 노인들에게는 활력을 되찾는 치유의 시간이 된다.

지역 사회와 밀접하게 연결되어 있다. 주민들은 주말마다 센터에서 열리는 세대 간 이벤트에 참여하며 함께 축제를 즐긴다. 노인들이 만든 수공예품과 아이들이 준비한 작은 연극 공연은 지역 주민들에게 새로운 시선을 선사하며, 모두가 어우러지는 시간을 만든다.

그림 46 함부르크 노인과 어린이 센터
(https://img.sparknews.funkemedien.de/
214153011/214153011_1525013827_v16_9_1200.jpeg)

(3) 마더센터(Mutterzentrum)

1980년대 독일에서 시작되어 현재 전 세계 약 20개국에서 운영되고 있으며, 총 1000여 개의 네트워크를 형성하고 있는 마더센터는 그 출발점에서부터 특별한 가치를 품고 있었다. 공동육아라는 소박한 시작은 시간이 흐르며 독일 전역에서 세대와 문화를 연결하는 다목적 커뮤니티 공간으로 진화했다. 마더센터는 단순히 자녀를 돌보는 장소를 넘어, 사람과 사람 사이의 연대를 실현하는 살아 있는 공동체의 중심지가 되었다. 현재 독일 전역에 400여 개가 운영되고 있다.[111]

함부르크의 마더센터는 이러한 변화의 대표적인 사례다. 이곳에서는 어린이 돌봄 프로그램과 노인을 위한 일일 케어 서비스를 함께 제공하며, 세대를 잇는 특별한 활동을 기획한다. 예컨대 노인의 손끝에서 탄생하는 전통 레시피는 아이들에게 살아 있는 역사가 되고, 아이들의 활기는 노인들에게 새로운 활력을 선사한다.

이 센터는 또한 지역의 다양한 필요를 충족시키며 진정한 '모두의 공간'으로 자리 잡았다. 이민자 가족을 위한 언어 교실은 새로운 환경에서의 적응을 돕고, 지역 주민들을 위한 상담 서비스는 일상 속 문제를 해결하는 든든한 버팀목이 된다. 마더센터의 진정한 가치는 돌봄 사각지대에 놓인 취약 계층에게 실질적인 도움을 주고, 세대 간의 경계를 허물고 이해와 공감을 키우는 데에 있다. (독일 연방가족부(BMFSFJ) 웹사이트와 각 지역 센터 안내문 참조)

독일의 주요 대도시들에는 다양한 마더센터(Mother Center)가 설립되어 지역 사회의 연대와 세대 간 교류를 촉진하고 있다. 예를 들어, 뮌헨에는 '트루더링 패밀리센터((Trudering Family Center)'라는 이름으로 마더센터가 운영되고 있다. 하노버시에도 30년 역사를 지닌 마더센터가 운영되고 있다.

뮌헨 '트루더링 패밀리센터(Trudering Family Center)'

뮌헨의 조용한 주택가에 자리 잡은 '트루더링 패밀리센터'는 마더센터의 철학을 바탕으로 이 센터는 다양한 세대와 국적의 사람들이 모여 독특한 공동체 문화를 만들어가고 있다.

아이들을 위한 안전한 돌봄 공간과 보호자를 위한 편안한 휴식처, 누구나 이용할 수 있는 컴퓨터 실, 계절의 변화를 느낄 수 있는 야외 정원과 놀이터까지, 모든 세대가 편히 사용할 수 있는 환경이 마련되어 있다. 특히, 거동이 불편한 노인과 어린아이들을 고려한 설계는 센터의 따뜻한 철학을 잘 보여준다.

이곳에서는 디지털 취약계층을 위한 온라인 교육 프로그램, 아이들과 노인이 함께 요리를 배우고 즐기는 교류 시간, 다양한 세대가 참여할 수 있는 회의 등이 진행되며, 세대 간의 자연스러운 교류와 협력을 이끌어낸다.

그림 47 뮌헨 '트루더링 패밀리센터' 공식 사이트에 올려진 사진
(https://www.familienzentrum.com/handysammelbox/english-version/)

그림 48 세대 간 만남(뮌헨 '트루더링 패밀리센터')
(https://www.familienzentrum.com/handysammelbox/english-version/)

하노버 마더센터

하노버 도렌(Döhren) 지역의 중심부에 자리한 마더센터(Mutterzentrum)는 1985년에 설립된 비영리 단체로 현재까지 운영되고 있다. 도렌뿐만 아니라 뷜펠(Wülfel), 미텔펠트(Mittelfeld) 등 하노버 남부 지역을 아우르는 이 센터는, 가족들을 위한 든든한 상담소 역할을 한다. 다양한 사회 기관과 단체, 시 당국과의 탄탄한 네트워크를 기반으로 교육과 돌봄, 사회적 지원이 어우러진 포괄적 프로그램을 제공하며, 지역 사회의 심장부로 자리매김하고 있다.

2004년, 이 센터는 '다세대 센터(Mehrgenerationenhaus)' 프로그램에 참여하며 새로운 도약을 이루었다. 노인 그룹과의 협력을 통해 세대 간의 벽을 허물고, 서로의 경험과 지혜를 나누는 상호작용을 자연스럽게 끌어내고 있다. 이곳에서 아이들과 노인들이 함께 웃고, 부모들은 안심하며 자신의 시간에 집중할 수 있는 모습은 새로운 가족 문화의 가능성을 보여준다.

센터는 세대를 아우르는 다양한 활동으로 활기를 띤다. 부모와 자녀를 위한 따뜻한 모임, 다양한 문화적 배경을 가진 주민들을 위한 언어 교실, 창의력을 펼칠 수 있는 예술과 공예 워크숍, 그리고 건강한 삶을 위한 세미나 등이 열리며, 누구나 참여할 수 있는 열린 문화를 지향한다. 특히 지역 주민들이 자연스럽게 모여 소통할 수 있는 '오픈 카페'는 센터의 상징적인 공간으로, 사람과 사람을 연결하는 중요한 역할을 한다.

운영 시간은 주중 오전 9시부터 오후 5시 30분까지이며, 금요일에는 오전 10시부터 정오까지 운영된다. 이 센터는 단순히 프로그램을 제공하는 곳이 아니라, 지역 사회의 모든 구성원이 서로를 지원하며 함께 성장하는 따뜻한 쉼터로서, 하노버의 공동체 정신을 대변하고 있다.

그림 49 하노버 마더센터
(https://media04.myheimat.de/article/2016/02/04/4/2450004_L.jpg?1671143188)

5. 저출생 극복을 위한 정부와 종교단체의 동행

　독일은 전 세계적으로 저출생 문제가 심각한 국가 중 하나로, 출산율 감소와 고령화는 경제와 사회적 구조에 중요한 영향을 미치고 있다. 이에 독일 정부는 다양한 정책을 통해 저출생 문제를 해결하려 노력하고 있으며, 특히 종교단체와의 협력이 주목받고 있다.

　독일의 주요 종교단체인 가톨릭과 개신교는 저출생 문제 해결에 적극적으로 참여하고 있다. 이들은 단순히 출산 장려 캠페인을 펼치는 데 그치지 않고, 지역 사회와 연계하여 부모와 가족에게 실질적인 지원을 제공하는 다양한 창의적인 프로그램을 운영하고 있다. 예를 들어, 가톨릭은 신앙적 기반 위에 현대적인 심리 상담과 재정 지원을 결합한 독창적인 네트워크를 구축하였으며, 개신교는 지역 주민들이 교회 시설을 다목적 공간으로 활용하도록 함으로써 사회적 연결성을 강화하고 있다. 이러한 접근은 단순한 출산 장려를 넘어선 통합적이고 지속 가능한 해결책을 제시한다.

　독일 정부는 종교단체와의 협력을 통해 정책의 실효성을 높이기 위해 다음과 같은 협력 방안을 추진하고 있다.

재정지원

종교단체가 운영하는 가족 지원 프로그램에 정부 보조금을 제공하여 재정적 안정성 확보를 돕는다.

정책연계

정부의 가족 정책과 종교단체의 활동이 서로 보완적으로 작용하도록 설계되어, 부모와 자녀에게 필요한 지원이 체계적으로 전달되도록 한다.

예를 들어, 바이에른 주의 뮌헨 외곽 지역에서 가톨릭과 개신교가 협력하여 진행한 "가족과 함께하는 미래" 프로그램은 출산 장려를 위한 종합적인 접근 방식을 적용해 큰 성과를 거두었다. 이 프로그램은 첫째로 출산을 앞둔 부부에게 무료 심리 상담과 재정 지원을 제공하며, 출산 후에는 교회 네트워크를 통해 자녀 돌봄을 지원하는 멘토 시스템을 운영하였다.

또한, 지역 주민과 협력하여 커뮤니티 내 보육 공간을 확충하고 부모와 자녀 워크숍을 개최하여 가족 간 유대감을 강화했다. 이러한 노력의 결과로, 해당 지역의 출산율은 3년 만에 약 15% 증가하였으며, 참여 가정의 80% 이상이 심리적 안정과 육아 부담 감소를 경험했다고 보고되었다. (바이에른 주 가톨릭과 개신교 협의체 연례보고서 참조)

1) 종교단체 가정지원 네트워크

(1) 가정을 위한 네트워크(Netzwerk für Familien)[112]

독일 가톨릭교회는 "가정을 위한 네트워크(Netzwerk für Familien)"[113]라는 프로그램을 운영하며, 임신부터 육아까지 상담 서비스, 교육 프로그램, 재정 지원을 한다. 이 네트워크의 운영 방식은 지역 내 교구와의 협력으로 이루어지며, 각 교구가 자체적으로 부모와 가정을 위한 지원 서비스를 제공한다. 예산은 교회 자체 기금과 정부 보조금, 그리고 기부금을 통해 조달된다.

예를 들어, 바이에른 지역에서 이 프로그램을 통해 2022년 한 해 동안 약 5,000여 명의 부모가 상담과 워크숍에 참여했으며, 참여 가정 중 70% 이상이 육아 스트레스 감소와 심리적 안정 효과를 보고했다. 특히 경제적 어려움을 겪던 한부모 가정의 사례에서는, 재정 지원을 통해 출산 이후의 생활 안정과 직업 복귀가 가능해졌다는 긍정적 결과가 보고되었다.[114]

즉 부모들이 겪는 심리적, 재정적 스트레스를 해결하기 위해 전문 상담사를 배치하며, 개인별 맞춤형 솔루션을 제공한다. 부모 교육과 자녀 양육에 관한 워크숍뿐만 아니라, 부모-자녀 관계 강화 활동과 놀이 치료 세션도 포함하여 실질적이고 즐거운 학습 경험을 제공하는 교육 프로그램을 운영한다. 또한 경제적 어려움을 겪는 가정에게 금전적 지원뿐 아니라, 긴급 상황 대응 기금과 재무 관리 워크숍도 병행하여 출산과 육아의 부담을 체계적으로 완화시키고 있다.

(2) 복음주의 루터 교회의 네트워크(Netzwerk Familien)[115]

Nordkirche. 즉 독일 북부 복음주의 루터 교회(Evangelisch-Lutherische Kirche in Norddeutschland)는 독일 북부 지역을 관할하는 주요 개신교 교단 중 하나이다. 이 교회는 2012년 독일의 슐레스비히-홀슈타인, 함부르크, 그리고 메클렌부르크-포어포메른 지역의 세 개 교단이 통합하여 설립되었다.

Nordkirche는 약 190만 명 이상의 신자를 보유한 독일의 주요 개신교 교단 중 하나로, 지역 사회를 중심으로 다양한 종교적, 사회적 활동을 전개하고 있다. 이 교회는 신앙 전파와 함께 지역 주민들에게 교육, 문화, 복지 서비스를 제공하며, 특히 가족, 아동, 청소년을 위한 지원 활동에 중점을 두고 있다.

주요 활동으로는 기독교적 가치에 기반한 사회적 지원 네트워크 운영, 지역 교회와 협력한 예배 및 신앙 교육, 기후 변화 및 사회적 정의와 같은 현대적 문제에 대한 공공 정책 참여 등이 있다. 'Netzwerk Familien'과 같은 프로그램은 Nordkirche의 가족 지원 노력의 일환으로, 교회가 지역 사회와 연결되며 실질적인 도움을 제공하고 있다.

이 교회의 가족 전문 부서 책임자인 마르기트 바움가르텐(Margit

Baumgarten)은 이렇게 말한다.

"가족은 아이의 성장, 함께 살아가는 일상, 그리고 노인 돌봄과 같은 다양한 모습으로 우리의 삶과 사회를 지탱하는 든든한 뿌리입니다. 그러나 이제 가족은 단순히 주어진 제도가 아니라, 구성원들이 끊임없이 재구성하고 새롭게 만들어가는 역동적인 관계로 자리 잡았습니다. 이를 위해서는 변화하는 시대에 맞는 지원과 신선한 사회적 네트워크가 절실히 필요합니다.

오늘날의 복잡한 질문들에 어제의 답변으로는 더 이상 충분하지 않습니다. 우리 네트워크는 이러한 새로운 질문들을 정면으로 마주하며, 교회와 사회가 이 문제들에 더 깊은 관심을 기울이고 함께 해결책을 모색하도록 돕고자 합니다."[116]

그림 50 "가족에게는 지원과 새로운 사회적 네트워크가 필요합니다" (Nordkirche 홈페이지)
(https://www.nordkirche.de/fileadmin/_processed_/7/0/csm_11641-Familie_und_Beruf_Symbolbild_iStock_000018129206XSmall_Gene_Chutka_77aa117614.jpg)

(3) 독일 개신교회의 가족지원 네트워크[117]

독일 개신 교회(EKD, Evangelische Kirche in Deutschland)는 독일 내 주요 개신교 교단의 연합체로, 루터교, 개혁교회, 그리고 연합교회를 포함한 20개의 지역 교회를 아우르고 있다. EKD는 독일 사회에서 종교적, 문화적, 그리고 사회적 활동에 중심적인 역할을 하며, 가족, 교육, 환경, 정의 등 다양한 사회적 이슈에 대해 적극적으로 목소리를 내고 있다.

EKD는 가족을 독일 사회의 근본적이고 중요한 단위로 간주하며, 다양한 프로그램과 네트워크를 통해 가족을 지원하고 있다. 특히, 가족의 다변화된 형태와 현대 사회의 복잡한 요구를 반영하여 가족들이 안정적이고 조화로운 삶을 유지할 수 있도록 돕는다. 이를 위해 EKD는 가족을 단순한 제도적 구조가 아니라, 지속적으로 재구성해야 하는 동적인 관계로 이해하며, 사랑과 상호 책임을 강조한다. 또한, 결혼과 파트너십의 다양성을 존중하며, 이러한 관점은 교회 내부의 정책과 사회적 활동 전반에 반영되어 있다.

EKD는 독일 연방정부의 제8차 가족보고서 "가족을 위한 시간: 지속 가능한 가족 정책의 기회로서 가족 시간 정책"에 대해 적극적으로 지지를 표명하며, 이 보고서를 기반으로 한 정책 권고를 교구와 지역 교회, 그리고 디아코니아(Diakonie)와 같은 복지 단체에 전달하고 있다. 보고서는 가족과 직업의 균형을 개선하기 위한 구체적이고 실질적인 제안을 담고 있으며, EKD는 이를 바탕으로 가족이 직면한 현실적인 도전 과제를 해결하고자 한다.

EKD는 보고서의 권고를 실행하기 위해 지역 교구와 협력하여 부모와 자녀를 위한 다양한 지원 프로그램을 운영하고 있다. 특히, 부모의 육아 부담을 덜어주고 가족 간의 시간을 확장할 수 있는 환경을 조성하는 데 중점을 두고 있다. 이러한 노력의 일환으로 EKD는 교육과 상담, 재정적 지원 등 다각적인 접근 방식을 통해 가족들이 안정적이고 지속 가능한 삶을 누릴 수 있도록 돕는다.

EKD 산하의 사회복지 단체인 디아코니아는 빈곤, 실업, 장애 등으로 어려움을 겪는 가족을 대상으로 폭넓은 복지 서비스를 제공하고 있다. 또한, 지역 교구는 자체적인 프로그램을 통해 각 지역 가족들의 필요에 맞는 지원을 제공하며, EKD는 이러한 프로그램의 방향성을 제시하고 적극적으로 지원하고 있다.

EKD의 가족 지원 활동은 현대 사회에서 가족의 역할을 강화하고, 교회와 사회 간 협력을 통해 지속 가능한 가족 환경을 조성하는 데 기여하고 있다. 이를 통해 EKD는 독일 사회 내 가족의 안정성과 조화를 유지하는 데 중요한 역할을 수행하고 있다.

EKD와 디아코니아의 10가지 지침[118]

그림 51 EKD와 디아코니아의 10가지 지침

(다음 10개 항목은 해당사이트의 글을 전문 번역한 것임)

1. 가족은 스스로 가족의 정의를 내리는 존재이다.

모든 가족은 삶과 관계를 스스로 만들어간다. 여러 세대가 함께 살며 서로 책임을 나누는 점이 가족을 하나로 묶는 공통된 특징이다. 이는 다양한 가족 형태를 보여주는 성경의 전통과도 일치하며, '가족'의 의미는 시대에 따라 끊임없이 변화해왔다.

2. 가족을 있는 그대로 인정하고 존중하는 것이 중요하다.

복음주의 교회와 디아코니아는 가족의 다양한 형태와 자율성을 존중한다. 모든 가족의 모습을 있는 그대로 진지하게 받아들이고 소중히 여긴다. 교회와 디아코니아의 책임자들은 열린 마음과 사람에 대한 사랑을 바탕으로, 자신들의 가족에 대한 고정관념을 지속적으로 반성하고 재검토해야 한다.

3. 가족의 목소리를 대변하는 것이 교회의 사명이다.

복음주의 교회와 디아코니아의 사명은 구체적인 생활 지원과 함께 사람들을 위한 대변 역할을 수행하는 것이다. 교회와 디아코니아는 가족의 삶을 위한 환경을 개선하고자 정치와 사회에 영향을 미친다. 현장에서 가족과 함께 일하는 전문가들은 가족의 다양한 생활 방식과 그들이 필요로 하는 것들을 이해하며, 공정하고 가족의 가치를 존중하는 가족 정책을 주장한다.

4. 가족의 강화를 위한 노력이 필요하다.

교회와 디아코니아는 가족을 위한 다양한 지원과 프로그램을 제공하고 있다. 하지만 많은 가족이 자신들에게 어떤 도움을 받을 수 있는지 스스로 찾아야 하는 현실에 놓여 있다. 가족 중심의 프로그램을 기획하는 책임자들은 이들 서비스를 잘 조율하고 연결하며, 가족의 필요와 잠재력을 중심으로 프로그램을 구상해야 한다. 이를 위해 가족이 직접 참여하여 프로그램의 계획과 발전에 기여할 수 있도록 하는 것이 중요하다.

5. 가족의 영적·문화적 다양성을 존중해야 한다.

기독교적 생활방식과 전통이 가정에서 자연스럽게 이어지는 것은 더 이상 당연하지 않다. 교회는 가족이 실제로 살아가는 다양한 영성과 종교 교육 방식에 관심을 가져야 한다. 다른 세계관을 가진 가족이 기독교 신앙과 복음주의 교회를 배우고자 할 때, 교회와 디아코니아는 이를 민감하고 존중 있게 다뤄야 한다. 교회는 사람들을 초대하여 함께 참여하도록 독려하며, 가족이 하나님을 찾고 그분의 사랑을 경험하고 축하할 수 있는 공동체를 만들어야 한다.

6. 몸과 마음, 가족 중심으로 하나로 잇다!

몸과 마음은 서로 연결되어 있으며, 이는 살아 있는 신앙의 생동감을 나타낸다. 이러한 관점은 실천에서도 실현되어야 한다. 교회와 디아코니아는 가족들이 생애의 전환점, 계절의 흐름, 그리고 주요 축제에서 함께할 수 있도록 동행한다. 또한 이별, 위기, 갈등의 순간에도 지원을 아끼지 않는다. 대표적인 예로는 복음주의 가족 상담, 가족 예배, 가족 교육, 가족 지원, 세례 안내, 유치원 활동, 가족 사목, 가족 휴양 프로그램 등이 있다.

7. 가족과 함께 새로운 교회 및 디아코니아의 공간을 만들다

가족들이 교회 또는 디아코니아 활동과 접촉하고 이를 인식하며 참여할 때, 새로운 '교회의 공간'이 형성된다. 이 공간은 불완전한 형태일지라도 하나님의 사랑과 인간애의 메시지를 생생하게 전달한다. 가족들은 이 공간에서 복음주의 교회의 넓은 품 안에서 기쁨, 희망, 신앙, 확신, 위로, 실질적인 도움을 경험하며 특별한 순간을 공유할 수 있다. 이는 새로운 방식이나 익숙하지 않은 형태로도 나타날 수 있다.

8. 사회적 공간을 가족 중심으로 설계하다

가족의 필요와 관심을 중심으로 생각하는 것은 지역 내 모든 가족 관련 활동들이 잘 연결되어야 한다는 것을 의미한다. 가족이 있는 곳으로 직접 다가가고, 그들을 활동에 포함시키는 것이 필수적이다. 가족들이 사는 지역에서는 지역 협력 파트너들이 함께 가족 중심 프로그램을 개발해야 한다. 교회, 디아코니아, 교육 기관 등은 가족을 위한 모든 관련 단체와 가능한 한 긴밀히 협력해야 한다. 이러한 협력의 방식은 지역마다 다르게 나타날 수 있다. 교회나 디아코니아가 항상 주도적 역할을 맡아야 하는 것은 아니다. 중요한 것은 어떤 결정도 가족의 의견을 무시한 채 이루어지지 않아야 한다는 점이다. 가족들은 자신들이 어떻게 살고 신앙생활을 하고 싶은지에 대한 아이디어를 가지고 있다.

9. 분석, 연계적 사고, 전략적 계획 및 전문성 강화

교회와 디아코니아가 가족의 생활공간인 사회적 공간을 더 잘 이해하고 반영하려면 새로운 역량이 필요하다. 가족과 함께 일하고 프로그램을 계획하는 사람들은 네트워크와 협력, 그리고 정치적 영역까지 연결하는 방법을 배워야 한다. 이러한 역량은 목회자, 디아코니아 및 교회 교육자, 유치원 교사, 사회복지사, 종교 교사, 상담가,

성인 교육자, 음악가, 그리고 가족과 관련된 활동에 책임을 지는 자원봉사자들을 위한 교육 및 연수 과정에 포함되어야 한다. 복음주의 가족 교육 기관, 가족 센터, 세대 간 프로젝트는 다양한 전문 분야가 협력할 수 있는 이상적인 장소이다.

10. 가족 중심 사고와 교회 발전을 함께 구상하다

가족을 위해 헌신하는 교회와 디아코니아는 가족 중심의 사고를 통해 더욱 다양하고 풍부해지며, 이는 복음의 본질에 부합한다. 가족을 위한 모든 복음주의적 노력은 교회의 발전을 자연스럽게 촉진한다. 교회뿐만 아니라 디아코니아 서비스와 지역 교육 기관도 사회적 공간에서 가족 중심의 교회 발전을 함께 책임진다. 반대로 교회를 발전시키기 위한 모든 계획은 가족과 그들의 필요가 충분히 고려되었는지를 점검해야 한다. 교회가 이러한 방식으로 문을 열고 가족들에게 다가선다면, 교회는 계속 성장하고 발전할 수 있다.

2) 정부와 종교단체의 협력 정책과 프로그램

현대 사회에서 출산과 육아는 단순히 가정의 문제가 아니라, 사회 전체가 함께 풀어야 할 복잡한 도전 과제가 되고 있다. 이 거대한 과제를 해결하기 위해 정부와 종교단체가 손을 맞잡아 새로운 형태의 협력 모델과 프로그램을 만들어가고 있다.

(1) 다름슈타트(Darmstadt) 다세대센터

다름슈타트(Darmstadt)의 한 다세대센터에서는 "조부모와 함께하는 이야기 시간"이라는 프로그램을 통해 아이들에게 전통과 생활 지혜를 전수하고 있다. 아이들은 이를 통해 사회적 유대감을 배우고 성장하고 있다. 이 다세대센터는 세대 간 협력을 강조하며 다양한 프로그램을 운영하고 있다.

노년층이 자원봉사자로 참여하여 아이들에게 이야기 시간을 제공하거나 전통적인 놀이와 기술을 가르치는 조부모-손주 활동을 통해 세대 간 유대감을 형성하고 있다. 또한, 다양한 연령대가 함께 지역 사회 정원을 가꾸며 협력과 소통을 배우는 공동 정원 가꾸기 활동도 진행하고 있다.

이 센터는 맞벌이 부모들을 위해 교회 시설을 활용하여 저비용 또는 무료 보육 서비스를 제공하며, 긴급 상황을 위한 보육 옵션도 마련하고 있다. 부모들을 대상으로 최신 육아 트렌드와 심리학적 접근법을 다룬 교육 세션을 운영하여 육아와 가족 관계에 실질적인 도움을 주고 있다.

다문화 가정이 많은 프랑크푸르트 인근 지역의 특성을 반영하여, 센터는 문화 교류 프로그램을 통해 다문화 가정의 통합을 돕고 있다. 매주 열리는 공동 식사 프로그램은 지역 주민들이 서로 소통하며 유대를 강화하는 기회가 되고 있다.

이 다세대센터는 지역 개신교 교회와 독일 연방가족부(BMFSFJ)가 협력하여 운영되고 있다. 정부는 재정 지원과 정책적 지침을 제공하며, 교회는 시설과 인적 자원을 제공하여 프로그램의 운영을 돕는다. 센터 운영비는 정부 보조금, 교회 기금, 지역 주민들의 기부를 통해 충당되며, 자원봉사 프로그램을 통해 추가적인 인적 자원을 확보하고 있다. 다름슈타트와 프랑크푸르트 지역의 다른 다세대센터들과 협력하여 경험과 자원을 공유하며, 지역 네트워크와의 연계를 통해 효율적인 운영을 추구하고 있다.

다세대센터는 저비용 또는 무료로 제공되는 보육 서비스를 통해 부모들의 경제적 부담을 줄이고 있다. 이러한 보육 서비스는 특히 맞벌이 부모들에게 실질적인 도움이 되고 있으며, 경제적 약자를 위한 지원 프로그램과 연계되어 다각적인 지원을 제공한다.

프랑크푸르트 인근에서 운영되는 이 다세대센터는 개신교 교회를 중심으로 한 지역 커뮤니티 센터로, 세대 간 교류를 증진하고 지역 사회의 가족 지원을 목적으로 운영되고 있다. 이 센터는 독일 다세대센터 네트워크와 정부 지원을 통해 성공적으로 운영되고 있으며, 지역 주민들을 위한 일자리 상담과 청소년 멘토링 프로그램을 포함하여 다양한 세대 간 교류를 촉진하고 있다. 젊은 부모들이 직업 훈련을 받는 동안 아이들은 센터 내에서 안전하게 보살핌을 받을 수 있는 시스템도 갖추고 있다.

1989년 설립된 프랑크푸르트 다문화지원센터(Amt für Multikulturelle

Angelegenheiten, AmkA)는 다양한 이민 배경을 가진 주민들의 통합과 지원을 목표로 활동하고 있다. 이 센터는 통합 방법 개발, 관련 기관 간 네트워크 지원, 거주자들 간의 관용과 이해를 돕는 역할을 하고 있다. 갈등 중재 및 예방, 언어 및 직업 교육, 여성과 인권, 건강 등 다양한 분야에서 활동하며, 종교단체와의 협력을 통해 지역 사회의 평화와 조화를 도모하고 있다.

다세대센터는 지역 주민들에게 중요한 통합 사례를 제공하고 있다. 예를 들어, 한 난민 가정은 센터에서 제공하는 독일어 교육과 지역 공동체 활동에 참여하며 지역 사회에 성공적으로 적응했다. 이 과정에서 아이들은 무료 보육 서비스를 통해 안정된 환경을 제공받았으며, 노년층 참여자들은 손주 세대와의 활동을 통해 삶의 활력을 되찾고 젊은 세대는 지역 사회와의 유대감을 형성하였다. 한 노년층 참여자는 "이 활동은 단순히 시간을 보내는 것이 아니라 젊은 세대에게 나의 경험을 나눌 수 있는 소중한 기회입니다"라고 전했다.

다세대센터는 출산율 증가에도 긍정적인 영향을 미치고 있다. 지역 내 출산율은 지난 5년 동안 소폭 증가했으며, 센터를 이용한 가정 중 약 70%가 육아 스트레스 감소와 삶의 질 향상을 경험했다고 보고하였다.[119]

(2) 가톨릭-개신교 협력 프로젝트, '가족 간의 다리(Familienbrücke)'[120]

가톨릭교회와 개신교회가 협력하여 운영하며, 2021년 기준 약 3,500명의 지역 주민이 이 센터의 프로그램에 참여하였다. 주요 프로그램으로는 '가족 간의 다리(Familienbrücke)' 프로젝트가 있다. "Familienbrücke"는 독일어로 "가족의 다리"를 의미하며, 세대 간의 연결을 상징한다. 이 프로그램은 부모, 자녀, 조부모 간의 유대감을 강화하고 세대 간 단절을 해소하기 위해 설계된 가족 중심 프로그램이다. 가톨릭과 개신교가 협력하여 지역 사회 내 가족 관계를 회복하고 공동체를 강화가 주 목적이다.

즉 조부모, 부모, 자녀가 서로 교류하며 관계를 돈독히 하고 가족 내 역할과 책임을 재확립하도록 돕는다. 또한, 가족 구성원 간의 소통을 촉진하여 심리적 안정을 제공하며, 갈등을 예방하거나 해소하는 데 중점을 둔다. 이와 더불어, 가족이 지역 사회와 연계되어 상호 의존적이고 지속 가능한 관계를 형성하도록 지원한다.

주요 활동으로는 세대 간 대화 워크숍이 있다. 가족 구성원들이 함께 참여하여 세대 간 소통의 어려움을 극복하는 활동을 포함한다. 예를 들어, 조부모는 자신의 어린 시절 이야기나 가족 전통을 자녀와 손주들에게 들려주며 공감과 이해를 증진한다. 공동 창작 활동도 이루어진다. 가족 구성원이 미술, 음악, 정원 가꾸기 등의 활동에 함께 참여하여 협력과 창의성을 발휘하며 새로운 추억을 형성하도록 돕는다.

심리 상담 및 갈등 해결 세션은 가족 내 갈등이 있는 경우 전문 상담사가 중재자로 참여하여 문제를 해결하고 건강한 소통 방법을 교육한다. 이 세션은 가족 구성원 모두가 자신의 감정과 의견을 안전하게 표현할 수 있는 기회를 제공한다. 조부모-손주 멘토링 프로그램에서는 조부모가 손주들에게 삶의 지혜와 전통을 전달하고, 손주들은 디지털 기술이나 최신 정보를 조부모에게 공유한다.

재정 지원은 정부 보조금, 교회 기금, 지역 기부를 통해 프로그램 운영비를 조달한다. 또한 심리 상담사, 사회복지사, 커뮤니티 리더가 활동에 참여하여 전문적인 지원을 제공한다. 다만, 정부와 교회의 재정 지원이 중단될 경우 프로그램 운영이 어려워질 수 있다는 점은 지속 가능성 측면에서 중요한 과제로 남아 있다.

(3) 정부-종교단체 협력 캠페인, 바이에른 "행복한 가족, 밝은 미래"

"행복한 가족, 밝은 미래" 캠페인은 2020년에 바이에른 주에서 시작된 출산 장려 및 가족 지원 프로젝트이다. 이 캠페인은 바이에른 주 정부와 가톨릭 및 개신교 종교단체가 협력하여 기획되었으며, 저출생 문제를 해결하고 지역 사회 내 가족의 유대감을 강화하는 것을 주요 목표로 한다. 캠페인은 가족의 중요성과 출산의 가치를 알리는 데 중점을 두며, 부모들에게 실질적인 재정적, 심리적, 그리고 교육적 지원을 제공하는 것을 핵심으로 삼고 있다. 이를 위해 강연, 워크숍, 지역 행사를 통해 부모와 가족이 겪는 다양한 도전과 어려움을 해결하는 데 기여하고 있다.

캠페인은 경제적 부담을 줄이기 위해 출산 및 육아와 관련된 다양한 보조금 프로그램을 제공하였다. 첫 출산을 앞둔 가정을 대상으로 출산 준비 비용을 지원하고, 자녀수에 따라 단계적으로 보조금을 지급하였다. 이는 특히 젊은 부모들이 출산과 양육에 대해 느끼는 부담을 덜어주는 데 효과적이었다.

또한 부모들이 출산과 육아 과정에서 겪는 스트레스를 줄이기 위해 전문 심리 상담을 지원하였다. 지역 교구와 협력하여 정기적인 상담 세션과 부모 그룹 토론을 진행하며, 이를 통해 육아와 가정 내 갈등 해결에 실질적인 도움을 주었다. 자녀 양육에 필요한 최신 정보와 기술을 공유하는 부모 교육 프로그램도 포함되었다. 놀이 치료, 긍정적 훈육, 부모-자녀 관계 강화 프로그램 등이 제공되었으며, 캠페인 참여 부모 중 90% 이상이 이 워크숍이 유익했다고 평가하였다.

지역 사회 내에서는 가족의 날(Familientag)과 같은 행사를 개최하여 주민들이 소통하고 협력할 기회를 제공하였다. 캠페인의 메시지를 전달하기 위해 지역 미디어와 소셜 미디어를 적극 활용하여 가족의 중요성과 출산 장려 메시지를 널리 알렸다.

캠페인이 시행된 첫 3년 동안 바이에른 주 일부 지역에서는 출산율이 평균 8% 증가하였다. 특히 캠페인에 참여한 가정 중 70% 이상이 두 번째 출산을 긍정적으로 고려한다고 답하였다. 부모들의 정서적 안정과 육아 부담 감소 효과도 두드러졌는데, 상담 프로그램 참여자 중 85%가 상담 이후 가족 간 갈등이 줄어들고 육아 스트레스가 완화되었다고 보고하였다. 가족의 날과 같은 공동체 행사를 통해 지역 주민 간의 유대감이 강화되었으며, 캠페인 참여자 중 80% 이상이 지역사회에서 새로운 네트워크를 형성했다고 응답하였다. (바이에른 주 정부 공식 보고서: "Bayern Familienförderung 2023")

헝가리
HUNGARY

1. 헝가리의 정치·사회·문화적 특성과 인구현황[121]

헝가리는 의회제 민주주의 체제를 운영하며, 대통령은 국가 원수, 총리는 정부 수반의 역할을 수행한다. 의회는 단원제 구조로, 199명의 의원으로 구성된다. 주요 정당으로는 피데스(Fidesz)와 헝가리 사회당(MSZP) 등이 있으며, 현재 피데스가 주도하는 보수 정권이 장기 집권하고 있다.

최근 몇 년간 헝가리는 민주주의와 법치주의 훼손 문제로 유럽연합(EU)과 갈등을 빚고 있다. 예를 들어, 언론 자유 제한, 사법부 독립 약화, 소수자 권리 침해 등은 국제 사회에서 비판을 받고 있다. 그러나 동시에 헝가리는 강력한 국가 주권을 강조하며 유럽 내에서 독자적 노선을 추구하고 있다.

헝가리는 9세기 마자르족에 의해 건국된 이래로 독특한 민족 문화를 발전시켰다. 오스트리아-헝가리 제국의 일부로 번영했던 시기와, 이후 공산주의 치하에서의 경험은 헝가리인의 정체성에 큰 영향을 미쳤다. 헝가리는 유럽의 문화적 교차로로, 동유럽과 서유럽의 문화적 특성을 조화롭게 융합했다. 헝가리어는 우랄어족에 속하며, 주변국 언어와는 전혀 다른 독특성을 지닌다. 종교적으로는 대다수가 로마 가톨릭(약 50%)이며, 개신교와 기타 종교도 존재한다. 종교는 헝가리인의 일상과 전통 축제에서 중요한 역할을 한다.

헝가리는 음악, 문학, 예술 분야에서 세계적인 유산을 남겼다. 프란츠 리스트(Franz Liszt)와 벨라 바르톡(Béla Bartók) 같은 작곡가는 헝가리의 음악 유산을 대표하며, 헝가리 와인은 전 세계적으로 인정받고 있다. 특히, 부다페스트는 문화적 중심지로 다양한 예술적 행사와 역사적 명소를 자랑한다.

2024년 기준 헝가리의 인구는 약 970만 명으로, 지속적인 감소 추세를 보이고 있다. 저출산과 인구 고령화가 주요 요인으로 꼽히며, 총출산율은 약 1.5명으로 EU 평균보다 낮다. 고령화로 인해 65세 이상 인구가 전체의 약 20%를 차지한다.[122] 헝가리 정부는 저출산 문제를 해결하기 위해 다양한 정책을 시행하고 있다. 예를 들어, 다자녀 가정에 대한 세금 감면, 주택 지원금, 무상 교육 확대 등이 포함된다. 이러한 정책은 단기적으로 출산율을 약간 상승시키는 효과를 보였지만, 인구 감소를 장기적으로 막기에는 역부족이라는 평가를 받고 있다.

헝가리는 EU 회원국이지만, 엄격한 이민 정책을 유지하고 있다. 노동력 부족 문제 해결을 위해 제한적인 외국인 노동자 수용이 이루어지고 있지만, 정부는 주로 헝가리인의 국내 출산과 복귀를 촉진하는 데 초점을 맞추고 있다.[123]

헝가리는 정치적으로 독특한 위치를 점하고 있으며, 사회·문화적으로도 풍부한 유산을 지닌 나라다. 그러나 인구 감소와 고령화는 헝가리가 직면한 중대한 과제다.

2. 저출생 극복을 위한 재정지원 정책

헝가리 정부는 저출생 문제를 해결하기 위해 GDP의 약 5%를 관련 정책에 투입하며, 주택 대출 제공, 유자녀 가구에 대한 소득세 감면 또는 면제, 육아 휴직 시 최대 3년간 급여 보장 등 다양한 지원책을 시행하고 있다. 정부는 인구 감소를 국가적 위기로 인식하며, 가족 정책 강화와 재정 지원 확대를 통해 출산율을 높이고자 지속적으로 노력하고 있다. 2024년 기준 헝가리의 인구는 약 970만 명으로, 지속적인 인구 감소와 고령화 문제에 직면해 있다. 총출산율은 약 1.5명으로, 이는 유럽연합(EU) 평균인 1.6명을 밑돌며, 세대 교체를 위해 필요한 2.1명에 한참 못 미치는 수준이다(Central Statistical Office of Hungary, 2024).

저출산 현상의 주요 원인으로는 경제적 불안정과 높은 육아비용이 꼽힌다. 특히, 제한적인 보육 서비스 접근성과 직장과 가정의 양립 어려움은 가임기 여성의 출산 결정을 저해하는 주요 요인으로 작용하고 있다. 여기에 높은 주택 비용과 청년층의 경제적 자립 어려움도 출산율 감소를 가속화하는 문제로 지적되고 있다(Central Statistical Office of Hungary, 2024). 이러한 배경 속에서 헝가리 정부는 저출생 문제를 해결하기 위해 이를 최우선 과제로 설정하고 적극적인 대응책을 마련하고 있다.

1) 출산 및 자녀 양육 지원 정책[124]

(1) 출산 보너스 (Baby Bonus)

헝가리의 출산 보너스는 자녀를 출산한 가정을 대상으로 제공되는 일회성 재정 지원 정책이다. 이 정책은 모든 출산 가정을 대상으로 하며, 특별한 소득 제한 없이 누구나 지원받을 수 있다. 헝가리 정부는 이러한 지원을 통해 모든 가정이 안정적으로 자녀를 양육할 수 있도록 보장하고 있다.

출산 보너스의 지급 금액은 자녀수에 따라 증가하며, 정확한 액수는 정부 예산과 지역 정책에 따라 달라질 수 있다. 다자녀 가정일수록 더 높은 금액을 지급받을 수 있는 구조를 가지고 있다.

(2) 미래 아기 대출(Babaváró Hitel)

헝가리 정부는 출산율을 높이고 가족 중심 사회를 구축하기 위해 다양한 재정 지원 정책을 시행하고 있다. 이 중 핵심 정책으로 꼽히는 미래 아기 대출은 결혼한 부부를 대상으로 최대 1,100만 HUF(2024.12.30 기준 환율약 4,106만 원)를 무이자로 대출해 주는 제도이다. 이 정책은 자녀 출산 여부에 따라 대출금의 일부 또는 전액을 탕감받을 수 있는 조건부 지원 방식을 채택하고 있다.

구체적으로, 첫 자녀 출산 시 대출 이자가 면제되며, 둘째 자녀 출산 시 대출금의 30%가 탕감된다. 셋째 자녀를 출산하면 대출 전액이 면제되는 혜택이 제공된다. 예를 들어, 1천만 HUF(약 3,732만 원)를 대출받은 가구가 둘째 자녀 출산 후 상환 잔액이 700만 HUF(약 7,465만 원)로 줄어들고, 셋째 자녀 출산 시 잔액이 모두 면제되는 구조이다. 이로 인해 초기 자녀 출산에 따른 경제적 부담을 크게 줄일 수 있다.

해당 정책은 가구당 최소 연소득 2천만 HUF 이상인 조건을 충족해야 신청할 수 있으며, 주로 젊은 부부와 중산층 가구를 대상으로 한다. 시행 이후 약 15%의 다자녀 가구가 이 혜택을 받은 것으로 나타났으며, 이는 헝가리 정부의 가족 중심 정책의 핵심으로 자리 잡고 있다.

헝가리 정부는 이 같은 정책들을 통해 2030년까지 출산율을 2.1명으로 끌어올린다는 목표를 세우고 있으며, 적극적인 재정 투입과 다양한 지원책을 통해 가족 중심 사회를 실현하고자 노력하고 있다.(Hungarian Government, 2023).

정책명	지원형태	지원금액	대상 및 조건
출산보너스	자녀 출산 시 일회성 재정 지원	자녀수에 따라 증가하며, 정확한 액수는 정부 예산과 지역 정책에 따라 다름	모든 출산 가정, 소득 제한 없음
미래아기대출	결혼한 부부에게 무이자 대출 제공, 자녀 출산 시 대출금 일부 또는 전액 탕감 혜택 제공	최대 1,100만 HUF (약 4,100만 원)	결혼한 부부, 여성 나이 30세 이하, 첫 자녀 출산 시 이자 면제, 둘째 자녀 출산 시 대출액의 3분의 1 탕감, 셋째 자녀 출산 시 대출 전액 탕감

표 23 출산보너스와 미래아기대출 비교표

(3) 가족수당 (Családi pótlék)

헝가리어 "Családi pótlék"은 영어로 "Family Allowance"와 "Child Benefit", 우리 말로는 "가족수당" 또는 "자녀수당"으로 번역될 수 있다. 용어만 다를 뿐 헝가리 내에서는 동일한 하나의 정책이다. 이 책에서는 "가족수당"으로 표기한다.

헝가리의 가족 수당은 미성년 자녀를 양육하는 모든 가정을 대상으로 하며, 장애가 있거나 특별한 교육적 요구가 있는 자녀의 경우 성년 이후에도 지원이 가능하다. 이 수당은 매월 일정 금액이 가정에 지급되며, 자녀수에 따라 지급 금액이 달라진다. 또한, 한부모 가정이나 장애 자녀를 둔 가정 등은 추가 지원을 받을 수 있다.

2024년 기준으로 지급 금액은 한 자녀의 경우 약 12,200 헝가리 포린트(HUF)/월, 두 자녀의 경우 자녀당 약 13,300 HUF/월, 세 자녀 이상의 경우 자녀당 약 16,000 HUF/월이다. 한부모 가정은 추가 지원을 받아 약 17,000에서 25,900 HUF/월까지 지급받을 수 있다.

	양부모가정	한부모 가정
한 자녀	HUF 12,200(약 45,540원)	HUF 13,700(약 51,139원)
두 자녀	자녀 한 명당 HUF 13,300(약 49,646원)	자녀 한 명당 HUF 14,800(약 55,245원)
세 자녀 이상	자녀 한 명당 HUF 16,000(약 59,725원)	자녀 한 명당 HUF 17,000(약 63,458원)
장기질환(long-term illness)이나 심각한 장애가 있는 자녀	자녀 한 명당 HUF 23,300(약 86,974원)	자녀 한 명당 25,900 HUF
성인이 된 장애 자녀	자녀 한 명당 HUF 20,300(약 75,776원)	자녀 한 명당 HUF 20,300

표 24 "Safe in Hungary"에 실린 자료를 토대로 작성했음.

(4) 자녀 양육 지원금

헝가리는 자녀 양육 단계에 따라 다양한 지원금을 제공한다.

GYES(Gyermekgondozási segély)

자녀가 3세가 될 때까지 매월 고정 금액을 지급하는 제도로, 부모의 근로 여부와 관계없이 모든 부모가 받을 수 있다. 금액은 최저임금 수준으로 책정되어 있으며, 부모가 초기 양육에 집중할 수 있도록 돕는 데 목적을 두고 있다.

GYED(Gyermekgondozási díj)

출산 후 첫 2년 동안 근로 소득의 70%를 지급하는 제도로, 출산 전 최소 6개월 이상 근로한 부모를 대상으로 한다.

GYET(Gyermeknevelési támogatás)

세 자녀 이상을 둔 가정을 위한 추가 지원금으로, 막내 자녀가 만 8세가 될 때까지 지급된다.

2) 주택 구입 지원 및 세제 혜택

(1) 가족 세금 감면(Családi adókedvezmény)

헝가리의 가족 세금 감면은 저출생 문제를 극복하고 가족의 경제적 부담을 줄이기 위해 도입된 세제 혜택 정책이다. 이 정책은 자녀수에 따라 점진적으로 세금을 감면하는 방식으로 운영되며, 헝가리 정부의 저출생 대응 전략에서 핵심적인 역할을 하고 있다.

세금 감면의 종류는 자녀수와 부모의 소득에 따라 크게 세 가지로 구분된다. 첫째, 한 자녀를 둔 가정을 위한 기본 세금 감면 혜택이 있다. 이는 부모 중 한 명의 소득세에서 일정 금액을 감면받는 방식으로, 2024년 기준으로 월 10,000 헝가리 포린트(HUF) 정도가 감면된다. 둘째, 두 자녀를 둔 가정을 위한 확대된 세금 감면이 있다. 두 자녀를 둔 가정은 자녀 한 명당 월 20,000 HUF를 감면받을 수 있다. 셋째, 세 자녀 이상 가정을 위한 특별 세금 감면 혜택이 있다. 세 자녀 이상 가정은 자녀 한 명당 월 33,000 HUF를 감면받으며, 네 자녀 이상의 어머니는 평생 소득세 면제 혜택을 받을 수 있다.

자녀수	세금 감면 혜택	특이 사항
한 자녀	월 10,000 HUF (약 37,000 원)	부모 중 한 명의 소득세에서 감면
두 자녀	자녀당 월 20,000 HUF (약 74,000 원)	맞벌이 가정에서 부부 합산 소득 적용 가능
세 자녀 이상	자녀당 월 33,000 HUF (약 122,000 원)	네 자녀 이상의 어머니는 평생 소득세 면제

표 25 위의 내용을 표로 작성했음

(2) 주택 지원 정책 (CSOK: Családi Otthonteremtési Kedvezmény)

헝가리 정부는 "CSOK"으로 알려진 주택 지원 정책을 통해 다자녀 가구가 저렴한 비용으로 주택을 구입하거나 건설할 수 있도록 돕고 있다. 사실 이 정책은 세제혜택이라기 보다는 재정지원 정책에 가깝다. 주택 구매 또는 건설 시 가족 단위의 경제적 부담을 줄이기 위해 직접적인 재정 지원금 형태로 운영되기 때문이다.

다만 CSOK와 연계된 낮은 금리 또는 무이자 대출 프로그램이 포함되기에 이 책에서는 세제혜택 항목에 포함시킨다. 따라서 헝가리에서 주택을 구매할 때는 CSOK 지원금뿐만 아니라 관련 세금 혜택까지 포함한 종합적인 재정 지원 제도를 함께 살펴보는 것이 중요하다.

이 정책은 자녀수에 따라 단계적으로 금액이 증가하는 보조금과 저금리 대출을 제공하여 가족의 주거 안정을 지원한다. 최대 1,500만 헝가리 포린트(HUF)의 보조금과 최대 3,000만 HUF에 이르는 무이자 대출이 지원되며, 보조금은 자녀수에 따라 지급 금액이 달라진다. 예를 들어, 두 자녀를 둔 가구는 약 6,000만 HUF까지의 주택 구입 지원을 받을 수 있으며, 세 자녀 이상 가구는 최대 금액을 지원받을 수 있다.

CSOK은 신규 주택 구매뿐 아니라 기존 주택 개보수까지 포함하며, 주택 마련 과정에서 유연성을 제공한다. 특히, 지방 거주자들 중 약 25%가 이 정책의 수혜를 받은 것으로 나타났다.(Central Statistical Office of Hungary, 주거 정책 보고서, 2024)

CSOK 프로그램은 젊은 부부가 주택을 구입하거나 건축할 때 초기 자금 부담을 완화하고, 가족이 안정된 주거 환경을 갖추도록 돕는 데 효과적이다. 예를 들어, 부다페스트에 거주하는 한 세 자녀 가구는 이 프로그램을 통해 1,500만 헝가리 포린트(HUF)의 보조금과 3,000만 HUF의 무이자 대출을 받아 신규 아파트를 구매했다. "CSOK 덕분에 예상보다 빠르게 주택을 마련할 수 있었다"고 말했다. (Magyar Hírlap,

2023.11.15. 기사)

또한, 지방에 거주하는 한 두 자녀 가구는 기존 주택을 개보수하기 위해 6,000만 HUF의 지원을 받아 주거 환경을 개선했다는 사례도 있다. 저금리 대출 옵션은 특히 중소도시와 농촌 지역의 다자녀 가구들에게 경제적 부담을 줄이는 데 크게 기여하고 있다.

헝가리 중앙 통계국에 따르면, 2023년 한 해 동안 약 5만 가구가 CSOK의 혜택을 받았으며, 그중 60%가 다자녀 가구였다. 이는 정책이 출산 장려와 주거 안정이라는 두 가지 목표를 동시에 달성하는 데 효과적임을 보여준다.

3) 육아 지원 정책

(1) 무료 보육(Ingyenes gyermekgondozás)

헝가리는 2010년대부터 급격한 인구 감소 문제에 직면했다. 무료 보육 정책은 특히 여성의 경제 활동 참여를 촉진하고 아동들이 양질의 교육을 받을 수 있는 기회를 제공하기 위해 도입되었다. 이 정책은 조기 교육의 중요성에 대한 사회적 인식 변화와 국가 경쟁력 강화를 위한 인적 자원 개발 필요성에서 출발하였다.

헝가리의 무료 보육 정책은 3세 이상의 모든 아동을 대상으로 하며, 소득 수준에 관계없이 유치원을 무료로 제공한다. 유치원은 공립 시설을 중심으로 운영된다. 또한, 2024년 현재, 헝가리 정부는 총 23,500개의 새로운 보육 시설을 설립하여 부모들이 접근 가능한 유치원 선택권을 더욱 확대하였다. 이는 2022년 이후 추가적으로 2,500개의 시설이 확충된 결과이며, (2022년 가족 및 청소년 정책 보고서) 지속적인 인프라 확충 노력이 진행 중이다.

헝가리의 무료 보육 정책은 부모의 경제적 부담을 경감시키는 데 중요한 역할을 하였다. 유치원 비용 면제는 가계 지출에서 큰 비중을 차지하던 양육비용을 줄여주어 중산층과 저소득층 가정에 실질적인 도움을 주었다. 이로 인해 가계 여유 자금을 확보하게 되어 소비 증대와 지역 경제 활성화에도 기여하였다. 여성의 경제 활동 참여율 또한 눈에 띄게 증가하였다. 무료 보육은 여성들이 경제 활동에 다시 참여할 수 있는 기회를 제공하여 가정과 직업의 균형을 맞추는 데 크게 기여하였다.

실제로 헝가리 정부의 통계에 따르면 2020년 이후 여성 경제 활동율이 8% 상승한 것으로 나타났다. (2023, 헝가리 통계청) 아동의 교육 격차를 줄이는 데도 기여하였다. 조기 교육에 대한 평등한 접근이 가능해지면서 사회적, 경제적 배경에 따른 교육 격차가 완화되었다. OECD 보고서(2023)에 따르면, 헝가리의 조기 교육 참여율은 95%를 넘어섰으며, 이는 유럽 평균을 상회하는 수치이다.

그러나 몇 가지 한계도 존재한다. 보육 시설의 질적 차이가 문제로 지적되고 있다. 유치원 시설이 양적으로 확충되었지만, 일부 지역에서는 교사와 교육 자원의 부족으로 인해 교육 품질이 저하되는 사례가 발생하고 있다. 예를 들어, 농촌 지역의 경우 유치원 교사 한 명당 아동 수가 도시 지역보다 두 배 이상 많아 균등한 교육 기회를 제공하는 데 어려움이 있다.

공립 유치원의 수요가 증가하면서 특정 지역에서 대기 시간이 길어지는 문제도 나타났다. 예를 들어, 부다페스트와 같은 대도시 지역에서는 유치원 등록 대기가 평균 6개월 이상 걸리는 사례도 보고되었다. 정책의 장기적인 재정적 지속 가능성에 대한 우려 또한 있다. 보육 정책에 필요한 예산이 지속적으로 증가함에 따라 국가 재정 부담이 커지고 있으며, 이를 해결하기 위한 재정 확보 방안이 필요하다.

(2) 무료급식(Ingyenes étkezés)

헝가리의 무료 급식 정책의 역사는 20세기 중반으로 거슬러 올라간다. 당시 헝가리 정부는 전후 복구와 함께 아동 복지 증진을 위해 공립학교에서 무료 급식을 시작하였다. 이후 2010년대 들어 빈곤율 증가와 사회적 불평등 심화에 대응하여 정책이 더욱 확대되었다. 2016년부터는 저소득층 가정을 대상으로 급식비 전액 면제 정책이 시행되었고, 2020년에는 이 지원이 농촌 지역의 모든 학생으로 확대되었다. (2020년 아동 복지 및 교육 정책 보고서, 유럽연합 통계국(Eurostat) 자료)

무료 급식 정책으로 아이들의 영양 상태가 크게 개선되었다. 헝가리 보건부의 2022년 보고서에 따르면, 무료 급식이 도입된 이후 아이들의 비타민 섭취율이 15% 증가하고, 빈혈 발생률이 8% 감소하였다. OECD의 2023년 보고서에 따르면, 무료 급식을 받은 아이들은 그렇지 않은 학생들에 비해 시험 점수가 평균 10% 높게 나타났다. 무엇보다 사회적 평등이 촉진되었다. 급식비 면제로 인해 저소득층 학생들도 동등하게 양질의 식사를 제공받게 되면서 학교 내 차별이나 낙인 효과가 줄어들었다.

2024년 현재, 헝가리의 무료 급식 정책은 더 많은 학생들에게 혜택을 제공하기 위해 계속 발전하고 있다. 헝가리 교육부는 2024년 초 공립학교의 90% 이상에서 무료 급식을 제공하고 있으며, 이를 통해 약 150만 명의 학생이 혜택을 받고 있다. 또한, 급식 메뉴의 다양화를 위해 현지 농산물을 활용하는 "지역 농산물 사용 캠페인"이 진행 중이다. 이 캠페인은 학생들에게 건강한 식단을 제공함과 동시에 지역 농업 경제를 활성화하는 데 기여하고 있다. 하지만 여전히 몇 가지 과제가 남아 있다. 도시 지역에 비해 농촌 지역에서는 급식 시설이 부족한 경우가 많아 지역 간 격차가 존재하며, 일부 학교에서는 음식의 질과 위생 문제가 보고되고 있다.

무료 급식 정책에 대한 피드백은 대체로 긍정적이지만, 개선이 필요한 부분도 제기되고 있다. 학부모와 교사들은 급식 메뉴의 다양성 부족과 품질 개선을 요구하고 있으며, 일부 지역에서는 급식 준비 시간이 학사 일정과 충돌하는 문제도 발생하고 있다. 헝가리 정부는 이러한 문제를 해결하기 위해 예산을 추가 확보할 예정이다.

그림 52 헝가리 아동보호법 조항에 따라 빈곤가정에 무료 급식제공
(Péter Sipeki/Eastern 헝가리) (https://www.heol.hu/helyi-kozelet/2024/03/ingyenes-etkezes-tavaszi-szunet-gyongyos)

(3) 아동돌봄서비스 바우처[125]

헝가리의 아동돌봄 서비스 바우처는 2020년에 도입된 제도로, 부모가 민간 돌봄 서비스를 이용할 수 있도록 지원하는 정책이다. 이 제도는 공공 보육시설이 부족한 지역에서 활용도가 높으며, 부모들에게 선택의 폭을 넓혀주고 있다.

바우처는 부모가 등록된 민간 돌봄 기관에서 서비스를 이용할 경우 정부가 일정 금액을 보조하는 방식으로 운영된다. 부모는 바우처를 통해 민간 돌봄 시설 이용비용의 일부를 지원받으며, 지원 금액은 부모의 소득 수준과 자녀의 나이에 따라 차등 지급된다. 이를 통해 경제적 부담을 줄이고, 민간 돌봄 서비스 이용률을 높이고자 하는 것이 이 제도의 목적이다.

2024년 기준, 바우처 제도를 활용하는 가구는 전체 아동 돌봄 서비스 이용 가구의 약 15%에 달하며, 특히 시골 지역에서 활용도가 높다. 시골 지역에서는 공공 보육시설이 부족하거나 접근성이 떨어지는 경우가 많기 때문에 민간 서비스 이용이 필수적이다. 이 제도는 부모들이 공공 서비스의 제한을 극복하고, 자녀를 안전하고 질 높은 환경에서 돌볼 수 있도록 지원한다는 점에서 긍정적으로 평가받고 있다.

헝가리 정부는 바우처 제도를 통해 민간 돌봄 서비스 시장을 활성화하고, 돌봄 서비스 접근성을 확대하는 데 기여하고 있다. 다만, 민간 시설의 서비스 품질 관리와 제도 운영의 지속 가능성은 여전히 과제로 남아 있다.

3. 일·가정 양립과 돌봄 서비스 지원

1) 출산 및 육아휴가 정책

(1) 출산휴가

헝가리에서는 출산 전 4주와 출산 후 20주를 합쳐 총 24주(약 6개월)의 출산휴가가 제공된다. 출산휴가는 출산 예정일에 맞춰 유연하게 조정할 수 있으며, 의학적 사유가 있는 경우 출산 전 기간을 추가로 연장할 수도 있다.

출산휴가 기간 동안 지급되는 출산수당(Maternity Benefit)은 출산 전 평균 월급의 70%에 해당한다. 만약 출산 전 6개월 평균 월급이 500,000 HUF(헝가리 포린트, 약 210만 원)라면, 출산수당으로 매달 350,000 HUF(약 147만 원)를 받게 된다. 출산수당은 세금 공제 후 지급되며, 건강보험료와 연금 기여금을 포함하지 않는다. 둘째 아이를 출산하면 출산수당 지급 기간이 추가로 연장된다.

세 자녀 이상일 경우, 육아휴가(GYES)로 연계하여 경제적 지원이 강화된다. 출산휴가 동안 고용은 법적으로 보호되며, 휴가 종료 후에는 동일한 직무로 복귀할 권리가 보장된다. 헝가리의 평균 월급은 약 500,000 HUF(약 210만 원)로 추정된다. 출산휴가 기간 동안 약 350,000 HUF(약 147만 원)씩 6개월간 지급되며, 총액은 2,100,000 HUF(약 882만 원)에 달한다. 고소득 근로자의 경우 월 급여가 1,000,000 HUF(약 420만 원)를 초과할 수 있으나, 출산수당은 고정 상한(750,000 HUF, 약 315만 원)을 초과할 수 없으며 매달 약 525,000 HUF(약 220만 원)를 수령하게 된다.

이상의 내용을 이해하기 쉽도록 표로 만들었다.

항목	세부내용
출산휴가 기간	출산 전 4주 + 출산 후 20주 = 총 24주 (약 6개월)
출산휴가 조정 가능 여부	출산 예정일에 맞춰 유연하게 조정 가능, 의학적 사유 시 연장 가능
출산수당 지급 기준	출산 전 평균 월급의 70% 지급
평균 월급 예시	500,000 HUF (약 210만 원)
월 출산수당 예시	350,000 HUF (약 147만 원)
총 출산수당 예시	2,100,000 HUF (약 882만 원) (6개월 기준)
고소득 근로자 상한	월 750,000 HUF (약 315만 원), 상한 초과 불가
고소득 근로자 출산수당	525,000 HUF (약 220만 원)
다자녀 혜택	둘째 아이 출산 시 지급 기간 연장, 셋째 아이 이상 시 육아휴가 연계 지원
고용 보호 여부	법적 보호 보장, 동일 직무로 복귀 권리 보장

표 26 2024년 헝가리 중앙통계청 보고서를 기반으로 작성함

헝가리의 출산휴가 제도는 유럽 평균과 비교했을 때 유급 휴가 기간이 길고, 보상 수준도 상대적으로 높은 편이다. 예를 들어, 독일에서는 출산휴가 급여가 평균 소득의 약 65% 수준이며, 체코는 70%로 헝가리와 비슷한 수준이다. 헝가리의 출산휴가 제도는 출산율 증가와

여성의 노동시장 참여 확대에 기여하는 중요한 정책이다. 2010년 이후 출산휴가 및 육아 지원 강화로 인해 출산율이 1.25명(2010년)에서 1.57명(2024년)으로 증가하는 성과를 보이고 있다. (헝가리 중앙통계청, 2024년 보고서)

(2) 육아휴가

헝가리의 육아휴가는 부모 중 한 명이 자녀가 만 3세가 될 때까지 사용할 수 있는 장기 휴가 제도다. 출산휴가가 종료된 이후 최대 3년까지 육아휴가를 사용할 수 있다.

육아휴가 기간 동안 부모는 첫 2년 동안 평균 월급의 70%를 지급받는 GYED(육아수당)를 받을 수 있다. GYED는 상한이 정해져 있으며, 최대 약 280만 원(750,000 HUF)이 지급된다. 자녀가 만 2세 이후 만 3세까지는 고정 금액의 GYES(고정 육아수당)가 지급되며, 이는 약 8만 원(28,500 HUF)에 해당한다. 육아휴가는 부모 중 한 명만 사용할 수 있으며, 이 기간 동안 부모의 고용은 법적으로 보호된다. 또한, 부모는 유연근무제로 전환하거나 육아휴가를 분할해서 사용할 수 있다.

(3) 아빠 출산휴가

아빠 출산휴가는 2022년에 도입되어 모든 정규직 근로자를 대상으로 시행되고 있다. 현재 5일간 제공되며, 2025년까지 10일로 확대될 예정이다. 이 휴가는 출산 후 2주 이내에 사용해야 하며, 정부의 보조금 지원을 통해 기업의 재정적 부담을 완화하고 있다. 이를 통해 아버지들이 신생아 돌봄과 배우자 지원에 더 적극적으로 참여할 수 있는 기회를 제공하고 있다.

헝가리 정부는 가족 친화적인 기업 환경을 조성하기 위해 세제 혜택과 인증 제도를 도입했다. 가족 친화 기업으로 인증 받은 회사는 법인세 감면, 고용 보조금 등의 혜택을 받을 수 있으며, 이를 통해 기업이 직원들의 일·가정 양립을 적극 지원하도록 장려하고 있다. 또한, 일부 기업은 자체적으로 유연근무제를 도입하거나 사내 어린이 돌봄 시설을 운영하고 있다. 이러한 노력은 직원들의 직장 내 복지 수준을 높이고, 기업의 이미지와 생산성을 동시에 향상시키는 효과를 발휘하고 있다.

아빠 출산휴가는 자녀 출생 직후 아빠에게 제공되는 단기 휴가 제도로, 2025년부터는 10일간의 유급 휴가로 확대된다. 현재 이 휴가는 아빠가 자녀 출생 직후부터 사용할 수 있으며, 휴가 기간 동안 100% 유급으로 보장된다. 급여는 평균 월급을 기준으로 지급되며, 예를 들어 한 헝가리 근로자가 월급 400,000 HUF(약 170만 원)를 받는 경우, 출산휴가 기간 동안 동일한 금액을 지급받는다.

한 예로 헝가리의 선도적인 IT기업 'evosoft'(는 다음과 같은 파격적인 발표를 했다.

"우리에게 가장 중요한 가치는 동료입니다. 따라서 우리는 직책을 맡는 것이 단순한 업무가 아니라 실질적인 경험이 되도록 하는 것을 우선순위 중 하나로 생각합니다. 개인적인 목표와 회사의 목표를 일치시켜야 한다고 믿습니다. 즉, '존재'와 '행동', '내재적 동기'와 '일상 활동'을 통해 진정한 헌신으로 성장할 수 있으며, 동료들은 창의성과 혁신을 발휘하기 위해 노력할 수 있습니다. 우리 회사 직원 가정에서는 매년 약 100명의 자녀가 태어나며, 이들은 10일의 육아 휴가를 받을 자격이 있습니다. 우리는 돌봄의 가치와 정신을 따르기 위해 법적 요건을 넘어 동료들에게 육아 휴가 기간 전체에 대해 100% 급여를 제공하기로 결정했습니다."

헝가리 중앙통계청에 따르면, 아빠 출산휴가를 사용한 남성 근로자의 85%가 자녀와의 유대감이 강화되었다고 보고하고 있다. 기업의 70%는 이 제도가 직장 내 가족 친화적 분위기를 조성하는 데 긍정적인 영향을 미친다고 응답했다. 아빠 출산휴가는 법적으로 보장된 권리로, 고용주가 이를 거부할 수 없다.

그림 53 10일간의 아빠출산휴가, 100%유급 (evosoft 공식 웹사이트)

(4) 조부모 육아휴가

헝가리는 전통적으로 가족 내에서의 상호 돌봄이 중요시되는 문화적 배경을 지니고 있다. 세대 간 돌봄에는 물리적, 정서적, 경제적 지원이 모두 포함된다. 헝가리에서는 조부모가 손주를 돌보는 전통이 여전히 강하게 유지되고 있다. 특히 농촌 지역에서는 세대 간 공동체 생활이 흔하며, 부모가 직장에서 일하는 동안 조부모가 아이들을 돌보는 경우가 많다. 도시 지역에서도 조부모가 육아에 적극적으로 참여하는 사례가 증가하고 있다.

예를 들어, 2021년에 발표된 헝가리 가족 연구소의 조사에 따르면 헝가리 부모의 약 60%가 조부모의 육아 지원을 정기적으로 받고 있다고 보고되었다. 이러한 배경 속에서 헝가리는 2020년부터 조부모가 손주를 돌보기 위해 육아휴직을 사용할 수 있는 제도를 도입했다. 이 제도를 통해 근로 중인 조부모는 부모를 대신하여 육아휴직을 신청할 수 있으며, 매월 약 123만 원의 급여를 받을 수 있다.

헝가리에서 조부모 육아휴가의 역사는 비교적 짧지만, 그 영향은 이미 가시적인 변화를 가져오고 있다. 2020년 이 제도가 도입되기 이전에는 조부모의 돌봄 역할이 비공식적인 방식으로 이루어졌으나, 제도화 이후 조부모의 육아 참여가 국가적 지원 아래 공식화되었다.

조부모의 돌봄 참여율은 계속 증가하고 있다. 헝가리 통계청의 자료에 따르면, 2023년 기준으로 조부모 육아휴직을 이용한 근로자의 수가 매년 증가하고 있으며, 이는 세대 간 돌봄 강화와 출산율 증가라는 목표에 부합하는 것으로 평가된다. 특히, 부모 세대는 경제적 부담을 덜고 직장과 가정의 균형을 유지할 수 있는 환경을 제공받고 있다.

조부모 육아휴가가 출산율에 미치는 영향도 주목할 만하다. 헝가리의 출산율은 제도 도입 전인 2019년에 1.48명이었으나, 2023년에는 1.5명으로 소폭 상승했다. 2024년 현재, 헝가리 중앙통계청(Central Statistical Office of Hungary)의 최신 데이터에 따르면, 출산율은 1.51명으로 다시 소폭 상승했다. 이는 조부모 육아휴가를 포함한 다양한 가족 지원 정책과 사회적 인식 변화의 결과로 평가된다. 이는 조부모 육아휴가를 포함한 다양한 가족 지원 정책의 결과로 볼 수 있다. 조부모의 육아 참여는 부모가 자녀 계획을 세우는 데 긍정적인 요인으로 작용하며, 육아비용 절감과 정서적 지원을 통해 출산 의지를 높이는 데 기여하고 있다.

향후 헝가리의 조부모 육아휴가는 더욱 발전할 가능성이 크다. 첫째, 제도의 지속 가능성을 높이기 위해 재정 지원 확대와 함께 추가적인 정책적 보완이 필요하다. 예를 들어, 조부모가 육아휴직을 활용할 때 직장 복귀를 지원하는 프로그램을 도입하거나, 세대 간 돌봄 센터와 연계하여 더 체계적인 지원을 제공할 수 있다. 둘째, 사회적 인식 변화도 중요한 과제다. 조부모 육아휴가가 단순히 경제적 지원을 넘어 가족 내 세대 간 관계를 강화하고, 돌봄 문화의 변화를 이끌 수 있도록 홍보와 교육이 필요하다.

헝가리의 조부모 육아휴가 제도는 저출생 문제 해결을 위한 중요한 시도로 평가된다. 이 제도는 조부모와 부모 세대 모두에게 혜택을 제공하며, 가족 내 연대와 지원을 강화하는 데 기여하고 있다. 향후 정책적 개선과 사회적 변화가 함께 이루어진다면, 조부모 육아휴가는 헝가리의 출산율 증가와 지속 가능한 가족 지원 체계 구축에 더욱 중요한 역할을 할 것으로 기대된다.

(5) 유연근무제

헝가리에서 유연근무제가 도입된 배경은 유럽연합(EU)의 노동 기준 강화와 여성의 노동 시장 참여 확대 요구와 맞물려 있다. 1990년대 헝가리는 공산주의 체제에서 시장 경제로 전환하며 노동 시장의 구조적 변화가 일어났다. 이 시기에 EU와의 협력으로 일·가정 양립 정책이 논의되기 시작했다.

2001년 노동법 개정을 통해 시간제 근무와 재택근무가 법적으로 허용되었다. 2010년대 들어 저출생 문제가 국가적 과제로 떠오르며 육아와 직장 생활 병행을 위한 유연근무제가 강조되었다. 2020년 이후 COVID-19 팬데믹으로 인해 재택근무가 급격히 확산되며 유연근무제가 필수적인 근로 형태로 자리 잡았다.

헝가리의 유연근무제는 재택근무, 시간제 근무, 그리고 탄력적 근로시간제로 구성된다. 재택근무는 육아 중인 부모가 자택에서 업무를 수행할 수 있도록 지원하며, 2024년 기준 헝가리 전체 근로자의 18%가 정기적으로 재택근무를 하고 있다. 이는 2020년 10%에서 증가한 수치이다. 시간제 근무는 부모가 자녀 양육 시간을 확보할 수 있도록 근무 시간을 단축할 수 있는 제도로, 2024년 현재 여성 근로자의 약 25%와 남성 근로자의 약 12%가 시간제 근무를 활용하고 있다. 탄력적 근로시간제는 직원들이 근무 시작과 종료 시간을 조정할 수 있는 제도로, 전체 근로자의 약 30%가 이 제도를 활용하며 특히 대기업에서의 도입률이 높다.

유연근무제를 가장 많이 활용하는 산업은 정보기술(IT)과 금융 부문으로, 이용률이 각각 65%와 55%에 달한다. 유연근무제를 활용한 여성의 노동시장 복귀율은 2024년 기준 72%로, 2015년 대비 15% 증가하였다. 여성 고용률 증가에 따라 출산율도 완만히 상승하여 2023년 기준 출산율은 1.58로 소폭 개선되었다. 유연근무제를 활용하는 직원의 85%가 일·가정 균형에 대해 긍정적으로 평가했으며, 이 제도는 직원 이직률을 약 12% 감소시키는 데 기여했다.[126]

저출생 문제 해결을 위해 부모가 일과 육아를 병행할 수 있는 환경 조성이 필수적이었다. 또한 글로벌 경쟁력 확보를 위해 노동 시장의 유연성과 효율성을 강화해야 한다는 요구가 증가했으며, COVID-19로 인해 대규모 재택근무가 불가피해지면서 기업들이 유연근무제를 적극적으로 수용하게 되었다.

중소기업의 경우 대기업에 비해 유연근무제 도입률이 약 20%로 낮은 수준이다. 이는 재정적 여력 부족과 제도적 이해 부족 때문이다. 일부 기업과 직원들은 전통적인 근로 방식에 익숙해 유연근무제 활용을 꺼리는 경향이 있다. 정부는 중소기업을 대상으로 유연근무제 도입에 대한 재정 지원과 교육 프로그램을 확대해야 한다.(Hungarian Labour Market Report, 2024.)

헝가리의 유연근무제는 육아와 직장 생활 병행을 지원하는 핵심 정책으로 자리 잡았다. 2024년 현재 유연근무제는 부모들의 일·가정 양립을 돕고, 여성의 노동시장 복귀와 출산율 증가에 긍정적인 영향을 미치고 있다. 그러나 중소기업의 낮은 도입률과 문화적 저항이라는 과제가 남아 있으며, 이를 해결하기 위해 정부와 기업 간의 협력이 더욱 강화되어야 한다.

2) 돌봄 서비스 지원 시스템

(1) 공공 돌봄 서비스

보육시설(Bölcsőde)

헝가리의 보육시설인 Bölcsőde는 0세에서 3세까지의 영유아를 돌보는 중요한 시설이다. 공립 Bölcsőde는 저렴한 비용으로 이용할 수 있으며, 부모의 소득 수준에 따라 추가적인 보조금을 받을 수 있다.

헝가리 정부는 Bölcsőde의 접근성을 높이기 위해 지속적으로 보육 시설의 확충과 질적 향상을 추진해왔다. 특히 저소득층 가정을 위한 보조금 제도는 부모들이 경제적 부담 없이 보육 서비스를 이용할 수 있도록 돕고 있으다. 2024년 헝가리 중앙통계청(KSH)에 따르면, 소득에 따른 보조금 지원을 받은 가정의 비율이 높아지면서 공립 Bölcsőde의 이용이 더욱 활성화되고 있다고 한다. 아울러 이용률도 꾸준히 증가하고 있다.

헝가리의 Bölcsőde 시스템은 공공과 민간 부문의 협력을 통해 운영되는데 무엇보다 이용료가 저렴하고 부모의 소득 수준에 따라 추가적인 재정 지원을 받을 수 있다. 또한 엄격한 규정을 준수하며, 정기적인 시설 점검과 교사 교육을 통해 서비스의 질을 유지하고 있기에 부모들의 신뢰가 높다.

유치원(Óvoda)

만 3세부터 6세까지의 유아를 대상으로 하는 공공 교육 기관이다. 2015년부터 유치원 등록이 의무화되었으며, 모든 아동은 무료로 유치원에 등록할 수 있다.

가정 돌봄 서비스

취약 계층과 장애 아동을 둔 가정을 대상으로 가정 내에서 아동을 돌보는 지원을 제공한다. 이 서비스는 전문 인력이 아동을 돌보며, 부모의 육아 부담을 경감시키는 역할을 한다.

학교 기반 돌봄 서비스

초등학교 이후에도 방과 후 돌봄 서비스를 제공하여, 학령기 아동이 안전하게 시간을 보낼 수 있도록 지원하고, 부모의 근무 시간과 조화를 이루는 데 중요한 역할을 한다. 이 서비스는 학교에서 운영되며, 방과 후에도 아동들이 안전하고 유익한 환경에서 다양한 활동과 프로그램에 참여한다.

(2) 사설 돌봄 서비스와 지원

사설 돌봄 시설의 이용 금액은 공공 보육시설에 비해 다소 높은 편이다. 평균적으로 월 이용료는 150,000 HUF(약 56만 원)~300,000 HUF(약 112만 원)이며, 서비스의 수준과 위치에 따라 차이가 있다. 대도시 지역일수록 비용이 높아지는 경향이 있으며, 교사 대비 아동 비율이 낮아 보다 개인화된 돌봄이 가능하다. 또한, 일부 사설 돌봄 시설은 추가적인 프로그램이나 특별 활동을 제공함에 따라 추가 비용이 발생할 수 있다.

기본적인 보육 서비스 외에도 조기 교육 프로그램, 예술 및 창의 활동, 스포츠 및 신체 활동, 언어 교육 등이 포함된다. 일부 시설은 STEM(과학, 기술, 공학, 수학) 교육을 강화하거나, 다문화 교육 프로그램을 통해 다양한 배경을 가진 아동들이 서로 교류할 수 있는 환경을 제공한다.

부모들의 반응은 전반적으로 긍정적이다. 사설 돌봄 서비스를 이용한 부모들 중 약 80%가 서비스에 만족한다고 응답했으며, 특히 개인화된 돌봄과 다양한 교육 프로그램에 높은 만족도를 보였다. 부모들은 사설 돌봄 시설이 공공시설보다 더 유연한 운영 시간과 맞춤형 서비스를 제공한다고 평가하며, 이는 직장 생활과 육아를 병행하는 데 큰 도움이 된다고 밝혔다. 또한, 일부 부모는 사설 돌봄 시설이 제공하는 고급 시설과 안전 관리에 대해 긍정적인 반응을 보이고 있다.(Hungary Childcare Services Official Website, 2024)

(3) 장애 아동 돌봄 서비스[127]

헝가리의 장애 아동 돌봄 서비스는 1990년대 초반에 시작되었다. 당시 헝가리는 공산주의 체제에서 벗어나면서 사회복지 시스템을 재정비하게 되었고, 장애 아동을 위한 전문 돌봄 서비스의 필요성이 대두되었다. 2000년대 들어 장애 인식의 변화와 함께 장애 아동을 위한 교육 및 돌봄 시설의 확대가 이루어졌으며, 2010년대에는 보다 체계적인 지원 체계가 마련되었다. 2020년에는 장애 아동 돌봄 서비스의 접근성을 높이기 위해 전국적으로 신규 시설이 설립되었고, 기존 시설의 현대화가 추진되었다.

2024년 현재 헝가리의 장애 아동 돌봄 서비스는 약 500개의 공공 및 사설 시설을 통해 제공되고 있다. 이들 시설은 장애의 종류와 정도에 따라 맞춤형 프로그램을 운영하며, 물리치료, 언어치료, 심리상담 등 다양한 전문 서비스를 포함하고 있다. 공공시설을 이용하는 장애 아동 수는 약 15,000명에 달하며, 사설 시설을 이용하는 경우 약 5,000

명이 참여하고 있다. 장애 아동 돌봄 서비스의 평균 이용비용은 월 200,000 헝가리 포린트(HUF)로, 소득 수준에 따라 정부 보조금이 추가로 지급되어 부모들의 경제적 부담을 줄이고 있다.

부모들의 반응은 대체로 긍정적이다. 설문조사에 따르면, 장애 아동 돌봄 서비스를 이용한 부모의 약 85%가 서비스의 질에 만족한다고 응답했으며, 특히 전문 인력의 친절함과 프로그램의 다양성에 높은 평가를 내리고 있다. 부모들은 장애 아동이 안전하고 지원적인 환경에서 성장할 수 있다는 점에 만족감을 표시하며, 이러한 서비스가 부모들의 직장 생활과 육아를 병행하는 데 큰 도움이 된다고 밝혔다. 또한, 장애 아동 돌봄 서비스가 아동의 사회적 통합과 자립 능력 향상에 기여한다고 평가하고 있다.

헝가리 정부는 장애 아동 돌봄 서비스의 향후 발전을 위해 여러 계획을 수립하고 있다. 장애 아동 돌봄 서비스의 지역 간 불균형을 해소하기 위해 지방 정부와 협력하여 신규 시설을 설립하고, 기존 시설의 접근성을 개선할 예정이다. 또한 장애 아동 돌봄 서비스의 질을 높이기 위해 전문 인력 양성 프로그램을 강화하고, 지속적인 교육과 훈련을 제공할 계획이다. 그리고 부모들의 참여와 피드백을 적극 반영하여 서비스 개선에 반영하고, 맞춤형 지원을 확대할 예정이다. 마지막으로, 기술을 활용한 디지털 돌봄 서비스 도입을 통해 장애 아동과 가족들이 보다 효율적으로 서비스를 이용할 수 있도록 지원할 방침이다.

또한, 헝가리 정부는 장애 인식 개선 캠페인을 통해 사회 전반의 장애에 대한 이해와 수용을 높이고자 노력하고 있다. 2024년 현재 헝가리 정부의 지속적인 투자와 정책적 지원을 통해 장애 아동 돌봄 서비스는 더욱 포괄적이고 효과적으로 운영되고 있다.

4. 헝가리 정부와 종교 단체의 협력 방안

1) 헝가리 가톨릭 교회의 신앙과 돌봄의 여정

헝가리는 오랜 세월 동안 기독교 문화의 중심지로 자리 잡아온 국가이다. 9세기 말, 마자르 부족에 의해 건국된 헝가리는 1000년 성 스테판 1세의 즉위와 함께 가톨릭 신앙을 국교로 채택하며 기독교적 가치를 국가의 근간으로 삼았다. 이로써 헝가리는 유럽 문화의 중심지로 번영했지만, 동시에 외세의 침략과 점령이라는 혼란의 역사를 겪었다.

1945년, 제2차 세계대전 이후 헝가리는 소련의 영향 아래 공산주의 체제를 수립하였다. 이 시기 교회는 심각한 박해를 받으며 그 존재 자체가 위협받았다. 공산주의 정부는 교회의 토지와 자산을 몰수하고, 종교 학교를 폐쇄하며, 종교 활동을 철저히 검열하였다. 전례와 교육은 제한되었고, 신자들은 숨어서 신앙을 지킬 수밖에 없었다.

이 암울한 시대에도 레넘 마리아눔과 같은 가톨릭 공동체는 비밀리에 활동을 이어갔다. 이들은 청소년 돌봄과 신앙 교육을 지속하며 다음 세대에 희망의 씨앗을 심었다. 사제들과 평신도들이 함께 이루어낸 이러한 저항은 헝가리 가톨릭 교회의 생존과 복음의 지속성을 가능하게 했다

1989년 공산주의 체제의 붕괴와 함께 헝가리는 민주주의를 회복하고 종교의 자유를 되찾았다. 가톨릭 교회는 다시금 활동의 중심으로 돌아왔지만, 공산주의 시대의 상처와 손실을 회복하기까지는 오랜 시간이 필요했다. 레넘 마리아눔은 이러한 재건의 과정에서 중요한 역할을 맡아, 헝가리 교회의 복음화와 공동체 재건의 기초를 마련하였다.

오늘날 헝가리 정부는 저출생, 고령화, 사회적 불평등 등 현대 사회의 문제를 해결하기 위해 종교 단체와의 협력을 강화하고 있다. 종교 단체는 지역사회와 밀접한 연계를 바탕으로 돌봄, 교육, 복지 서비스를 제공하며 정부 정책의 중요한 실행 파트너로 자리 잡았다. 헝가리 가톨릭 교회는 역사적 박해의 아픔을 기억하며, 그 경험을 바탕으로 신앙 공동체를 강화하고 있다

레넘 마리아눔을 비롯한 헝가리 가톨릭 교회의 여정은 억압 속에서도 신앙을 지키고, 새로운 시대를 맞아 사회적 가치를 실현하려는 노력의 연속이다. 오늘날 헝가리의 가톨릭 교회는 과거의 역경을 딛고, 미래를 향한 희망과 복음화를 이어가며 신앙과 사회적 연대를 강화하고 있다.

(1) 레넘 마리아눔 교회(Regnum Marianum church)

　헝가리 정부는 종교 단체에 아동 돌봄을 위한 직접적인 재정 지원을 제공하지는 않지만, 저출생 문제 해결을 위해 다양한 간접적 정책과 프로그램을 시행하며 이러한 단체들이 활동을 이어갈 수 있는 환경을 조성하고 있다. 이와 같은 정책의 성공적인 사례 중 하나가 바로 레넘 마리아눔이다. 헝가리에서 유일한 가톨릭 청소년 돌봄 단체인 레넘 마리아눔은 공산주의 정권 아래에서도 박해를 극복하며 비밀리에 활동을 지속해왔다. 오늘날 부다페스트에 위치한 레넘 마리아눔은 유아 교육과 돌봄을 제공하는 기관으로서 중요한 역할을 수행하고 있다.

　레넘 마리아눔 돌봄 센터는 주중 오전 8시부터 오후 4시까지 운영되며, 어린이들에게 신앙과 가치를 심어주는 다양한 프로그램을 제공한다. 프로그램은 기도 시간과 성경 이야기를 통해 신앙을 체험하고 내면화할 수 있도록 돕는 활동, 음악 및 미술 활동을 통해 창의성을 발달시키고 정서적 안정을 지원하는 활동, 그리고 사회성 발달 프로그램을 통해 협력과 상호작용을 촉진하여 공동체 의식을 형성하는 활동으로 구성된다. 또한 여름 캠프와 특별 행사와 같은 활동을 통해 어린이들이 가톨릭 신앙과 전통을 깊이 이해하고 체험할 수 있는 기회를 제공한다.

　레넘 마리아눔은 19세기 말 부다페스트의 빈민 지역에서 청소년들을 교육하고 돌보기 위해 헌신한 가톨릭 교구 사제들에 의해 설립되었다. 1902년에 공식적으로 설립되어 로마에서 "마리아의 회중"으로 등록된 이 공동체는 초기부터 청소년들에게 종교 교육과 신앙적 가치를 심어주는 데 집중하였으며, 헝가리 소년 스카우트 운동의 초기 선구자로도 활약했다. 공산주의 정권의 탄압 속에서도 레넘 마리아눔은 교회의 재산 몰수와 활동 금지 같은 심각한 제약 속에서 비밀리에 활동을 지속했다. 사제와 평신도 지도자들은 체포와 추방이라는 희생을 감내하면서도 청소년들에게 신앙과 돌봄을 제공하는 책임을 멈추지 않았다.

오늘날 레넘 마리아눔은 사제와 평신도가 함께하는 공동체로, 어린 아이부터 노인까지 모든 세대를 아우르는 포괄적인 돌봄과 교육을 제공하고 있다. 이 공동체는 "지리적 경계를 가지지 않은 교구"로 불리며, 전통적인 교회의 틀을 넘어선 혁신적인 돌봄 모델을 제시하고 있다. 레넘 마리아눔은 종교 교육을 넘어 사회적 연대를 강화하고 지역사회의 복지와 아동 돌봄의 모범적인 사례로 자리 잡았다. 이러한 활동은 헝가리 가톨릭 교회의 역사와 신앙의 지속성을 상징하며, 동시에 지역사회와의 협력을 통해 미래를 향한 희망을 보여주고 있다.

2) 정부와 종교 단체 협력의 필요성

헝가리는 유럽 내에서 급격한 인구 감소와 저출생 문제에 직면해 있다. 이러한 상황에서 정부는 복지 시스템 강화와 취약 계층 지원을 위해 종교 단체와의 협력을 확대하고 있다. 종교 단체는 지역 사회와의 밀접한 연계를 바탕으로 노인 돌봄, 장애인 지원, 어린이 복지 등 다양한 분야에서 중요한 역할을 하고 있다. 특히 헝가리 가톨릭 교회는 정부의 재정 지원과 협력으로 부다페스트 인근지역과 농촌 지역에서 어린이 돌봄 센터를 운영하고 있다.

예를 들어 에스테르곰과 게죄 지역에서 운영되는 어린이 돌봄센터는 주로 1~6세의 아동을 대상으로 하며, 취약 계층과 다자녀 가정의 아이들에게 초점을 맞춘다. 정부는 이 센터에 연간 약 2천만 헝가리 포린트(HUF)를 지원하고 있다.

이곳에서는 하루 세 끼 식사를 포함해서 다양한 돌봄 서비스를 제공한다. 운영 시간은 주중 오전 8시부터 오후 5시까지이며, 프로그램에는 유아기의 발달을 촉진하도록 설계된 체계적인 교육 활동과 종교적이고 윤리적인 가치 교육을 진행한다. 이러한 서비스를 발판으로 맞벌이 가정, 특히 취약 계층 부모들은 경제활동에 복귀할 수 있다.

2023년 기준으로 약 80명의 아동이 이 센터에 등록되어 있으며, 부모들의 만족도는 90% 이상으로 나타났다. 특히 경제적 자립 지원 면에서 센터를 이용하는 가정 중 약 70%가 부모의 경제활동 복귀를 성공적으로 이루었다. 부모들은 이러한 교육이 자녀들의 긍정적인 행동 변화에 큰 영향을 미쳤다고 평가하고 있다. 예를 들어, 설문조사 결과에 따르면 부모들의 85%가 자녀들이 센터에서의 활동을 통해 공동체 의식과 책임감을 배웠다고 응답했으며, 78%의 부모는 아이들이 또래 친구와의 상호작용에서 더욱 긍정적인 태도를 보였다고 밝혔다. 또한 종교 단체와 정부의 협력은 지역 사회 내 복지 네트워크를 강화하며, 공동체 중심의 돌봄 문화를 조성하고 있다.(헝가리 가톨릭 교회의 공식 웹사이트나 2023, 연례 보고서)

헝가리 정부와 종교 단체의 협력은 복지 서비스 제공에만 머물지 않고, 지역 사회를 하나로 묶는 강력한 연결 고리로 작용하고 있다. 가톨릭 교회의 어린이 돌봄 센터는 이 협력의 성공적인 사례로, 정부와 종교 단체가 손을 맞잡아 취약 계층을 지원하고 공동체의 가치를 다음 세대에 전수하고 있다.

(1) 헝가리 개신교와 유대인 공동 협력 센터

헝가리 개신교와 유대인 공동체 협력 센터는 부다페스트 내 다문화 지역에 위치하며, 다양한 문화적 배경을 가진 아동과 난민 가정을 포함한 취약 계층을 주요 서비스 대상으로 하고 있다. 현재 약 100명의 아동이 센터에 등록되어 있으며, 이들 중 60%가 난민 가정 출신이고 30%가 저소득층 가정에 속해 있다. 이 센터는 유럽연합(EU) 지원금과 헝가리 정부의 재정 지원을 통해 운영되며, 유럽연합의 European Social Fund(ESF)와 헝가리 정부의 공동 재원을 활용하여 연간 약 3천만 헝가리 포린트(HUF)의 예산을 편성하고 있다.

이 지원금은 언어 교육, 다문화 적응 프로그램, 그리고 시설 운영을 포함한 주요 서비스를 제공하는 데 사용된다. 구체적으로, 2022년 EU

와 헝가리 정부는 이 센터에 약 1억 헝가리 포린트(HUF)를 3년간 지원하기로 합의했으며, 이는 전체 운영 예산의 약 60%를 차지한다.

운영 방식은 언어 장벽을 허물고 지역 사회와의 통합을 촉진하는 다문화 가정을 위한 언어 지원 프로그램과 안전한 환경에서 포괄적이고 균형 잡힌 교육을 제공하며 종교와 문화적 다양성을 존중하는 아동 돌봄 서비스를 포함한다. 특히, 아동들이 기본적인 언어 능력을 갖추고 학교 생활에 적응할 수 있도록 돕기 위해 매주 15시간의 집중 언어 교육 프로그램이 제공된다. 또한 부모들을 위해 자녀 양육과 지역 사회 연결을 돕는 다양한 프로그램도 운영된다.

2023년에 센터 자체에서 실시한 설문 조사와 연례 보고서에 따르면 참여 부모의 80% 이상이 이러한 프로그램이 지역 사회 통합에 실질적인 도움을 준다고 응답했다. 또 부모의 85%는 센터의 지원 덕분에 자녀들이 사회적 상호작용 능력이 향상되었으며, 70%는 경제 활동에 복귀하거나 새로운 직업을 찾는 데 성공했다고 보고했다.

이처럼 저출생 극복이란 공동 목표를 향한 종교를 넘어선 협력과 정부의 지원은 그 성과가 예상을 뛰어넘고 있다.

이탈리아
ITALY

1. 정치·사회·문화적 특성과 인구현황

1) 정치·사회·문화적 특성

이탈리아는 공화국 체제를 채택하고 있으며, 1946년 왕정을 폐지한 이후 현대적 민주주의 체제로 전환되었다. 정치적 시스템은 중앙정부와 지역 자치 정부 간의 분권화가 특징이며, 이는 지역적 특성과 경제적 불균형을 관리하는 데 중요한 역할을 한다. 특히 남북 간 경제 격차는 정치적 논쟁의 핵심 주제 중 하나로, 북부 지역의 경제적 번영과 남부 지역의 상대적 낙후성은 인구 이동과 분포에 영향을 미쳐왔다. 또한, 이러한 경제적 불균형은 저출생 문제 해결을 위한 국가적 정책의 실행과 효과성에도 중요한 영향을 미치고 있다.

이탈리아는 역사적으로 가족 중심의 사회 구조를 유지해왔으며, 가족은 개인의 경제적, 정서적 안정의 중심축으로 작용해왔다. 20세기 중반까지만 해도 다세대 가구가 보편적이었고, 자녀 출산과 양육은 공동체적 책임으로 여겨졌다. 그러나 1970년대 이후 경제적 변화와 여성의 사회적 역할 확대가 결혼과 가족의 형태를 급격히 변화시켰다. 결혼율은 지속적으로 감소하고 있으며, 2024년 기준 평균 결혼 연령은 여성 32세, 남성 34세로 상승했다. 동시에 이혼율 증가와 비혼 가구의 확산은 가족 구조의 다변화를 보여준다.[128]

이러한 변화는 출산율 감소와 밀접히 연결되어 있으며, 최근 사례로는 정부가 2020년대 초반 도입한 보육 지원 정책이 효과를 제한적으로 발휘한 점이 있다. 2024년 이탈리아는 유럽연합 내에서도 저출생 문제 해결을 위한 다양한 접근법을 시도 중이지만, 사회적 변화의 속도에 비해 정책 대응은 여전히 부족하다는 평가를 받고 있다.

이탈리아는 예술, 음식, 패션 등 다양한 분야에서 독창적인 문화유산을 가지고 있다. 역사적으로 가톨릭교는 이탈리아 사회와 문화에 깊이 뿌리내려 결혼과 출산에 대한 전통적 태도를 형성했다. 중세와 르네상스 시대에는 가톨릭교가 출산과 가족 중심의 사회적 규범을 주도했으며, 이는 인구 증가와 지역사회의 연대를 강화하는 데 기여했다. 그러나 20세기 후반부터 세속화와 개인주의가 확산되며 이러한 가치관은 약화되기 시작했다. 최근 몇 십 년간 예술과 패션은 글로벌화의 영향을 받아 현대적이고 개인주의적인 정체성을 반영하고 있으며, 이는 결혼과 출산에 대한 태도의 변화를 초래했다. 2024년 현재, 전통적 가치관은 여전히 이탈리아의 문화적 정체성 일부로 남아 있지만, 세대 간 차이는 점점 더 커지고 있다.

이처럼 이탈리아의 저출생 문제는 정치, 사회, 문화적 특성과 밀접한 관련이 있다. 따라서 이탈리아 정부는 경제적 안정성을 강화하고 가족 중심의 지원 체계를 확대하며, 사회적 가치관 변화를 반영한 정책을 펼치는 등 다각적인 접근을 꾀하고 있다.

2) 이탈리아의 저출생 현황

이탈리아 통계청(ISTAT)에 따르면, 2022년 출생아 수는 39만 3천 명이었으며, 합계출산율은 1.24명을 기록했다. 2023년에는 출생아 수가 37만 9천 명으로 전년 대비 3.6% 감소하며, 1861년 통일 이후 최저치를 기록했다. 이 해 합계출산율은 1.20명으로 하락했다. 2024년에는 합계출산율이 1.2명으로 유지되었으며, 이는 유럽 연합 평균인 1.5명보다 현저히 낮아 세계 최저 수준에 해당한다. 이는 경제협력개발기구(OECD) 회원국 중 한국에 이어 두 번째로 낮은 수치다.

이와 같은 출산율 감소는 로마와 밀라노와 같은 대도시에서 특히 두드러지며, 출산 연령이 늦어지고 출생아 수가 줄어드는 추세가 지속되고 있다. 반면, 알토아디제 지역은 2021년 기준 합계출산율이 1.57명으로, 같은 시기 이탈리아 전체 평균인 1.25명보다 높다. 이는 지역 정부의 지속적인 가족 지원 정책의 결과로 분석된다.

출산율 감소는 인구의 자연 감소와 함께 고령화 문제를 심화시키고 있다. 현재 이탈리아 전체 인구 중 65세 이상 고령층이 23%를 차지하며, 이는 유럽에서 가장 높은 비율 중 하나다. 동시에 15세에서 24세 사이의 청년층 인구는 지속적으로 줄어들고 있어 경제 활동 가능 인구의 감소와 노동력 부족 문제가 심각하게 대두되고 있다.

이탈리아 북부 지역은 밀라노와 토리노 같은 산업 중심지가 위치한 곳으로, 경제적 안정성이 상대적으로 높아 출산율 또한 약간 더 높게 나타나고 있다. 남부 지역, 특히 나폴리와 시칠리아를 포함한 지역은 경제적 불안정성과 높은 실업률이 특징이며, 이로 인해 출산율이 북부 지역보다 더욱 낮은 수준에 머물러 있다. 이러한 지역 간 차이는 이탈리아의 경제적, 인구적 불균형을 보여주는 주요 지표로 작용하고 있으며, 이탈리아 정부가 저출생 문제에 대응하기 위해 지역별로 맞춤형 정책을 설계해야 하는 중요한 이유가 되고 있다.

연도	출생아수 (명)
2014	502,596
2015	485,780
2016	473,438
2017	458,151
2018	439,747
2019	420,084
2020	404,892
2021	399,431
2022	392,598
2023	379,000

표 27 최근 10년간 이탈리아 연도별 출생아수 (ISAT 2023자료 기반으로 작성)

2. 저출생 극복을 위한 재정지원 정책

1) 출산과 육아를 위한 재정지원

(1) 출산 보너스가 통합 가족 수당으로

출산 보너스(Bonus Bebè)는 2015년에 도입되어 신생아 및 입양아를 둔 가정에 한정적인 추가 재정 지원을 제공하기 위한 제도였다. 출생 후 최대 12개월 동안 지급되었으며, 소득 수준에 따라 금액이 차등 지급되었다. 연간 최대 금액은 1,920유로(약 290만 원)였으며, 소득 기준에 따라 1,440유로에서 1,920유로까지 차이가 있었다. 이 제도는 단기적인 지원으로 신생아 출산을 장려하기 위한 보너스 성격을 가지고 있었으나, 2022년 이후 폐지되고 통합 가족 수당(Assegno Unico Universale)으로 통합되었다.

통합 가족 수당 2022년부터 시행된 제도로, 통합 가족 수당은 유럽 연합의 재정 지원으로 운영되며, 공공·민간 근로자, 자영업자, 은퇴자, 실업자 등 모든 가정에 적용된다. 이 제도는 자녀수와 가정의 경제 상태를 기준으로 금액을 조정하여 매월 지급되며, 소득 수준이 낮을수록 더 많은 지원을 받을 수 있다.

   자녀 1인당 월 최대 지원 금액은 175유로(약 26만 원)로, 이는 ISEE(가구의 총소득, 재산, 금융 자산, 가구원 수 등을 고려하여 산출한 이탈리아 경제 상태 지표)를 기준으로 산정된다. 고소득 가정의 경우 최소 50유로까지 지급된다. ISEE는 가정의 소득과 자산을 종합적으로 평가하는 지표로, 지원 금액 차등 지급의 기준이 된다. 지급 대상은 18세 미만의 자녀이며, 자녀가 21세 미만일 경우 학업, 취업 준비 등 특정 조건을 충족하면 지원 기간이 연장된다.(세 자녀 이상을 둔 가정에 대해 매월 최대 85유로(약 13만 원)를 추가로 지급하는 다자녀 추가 지원이 있다.)

   장애 자녀가 있는 가정에는 추가 지원이 제공되며, 장애 정도에 따라 금액이 차등 지급된다. 예를 들어, 중증 장애를 가진 자녀의 경우 월 105유로에서 190유로까지 추가 지원을 받을 수 있다. 또한, 다자녀 가정을 장려하기 위해 셋째 자녀 이상부터는 월 최대 85유로가 추가 지급된다.

   이전의 출산 보너스(Bonus Bebè)와 가족 관련 세금 공제 정책을 통합하여 단일화된 지원책으로 설계되었다. 2024년 기준으로는 3세 미만의 자녀를 둔 가정에 연간 최대 1,500유로의 추가 지원금이 제공된다. 이는 자녀 양육 초기 단계에서의 경제적 부담 완화를 목적으로 하며, 가족의 소득 수준에 따라 차등 적용된다.

2025년부터는 통합 가족 수당이 21세 미만 자녀에게 적용되므로, 부양 자녀 세금 공제는 21세 이상 자녀만을 대상으로 한다.

21~24세 자녀는 연간 소득이 4,000유로 이하일 경우 부양 자녀로 간주되며, 24세 이상의 자녀는 2,840.51유로 이하의 소득 요건을 충족해야 공제를 받을 수 있다. 장애가 있는 21세 이상의 자녀는 통합 가족 수당과 세금 공제를 동시에 받을 수 있다.

(2) 출산 지원금(Bonus Mamma Domani)

출산 지원금(Bonus Mamma Domani)은 임신 중인 산모에게 일회성으로 제공되는 금전적 지원이다. 지원금 금액은 800유로(약 120만 원)이다.

이 지원금은 임신 7개월 이후의 산모 또는 출산 직후에 지급되며, 주로 출산 준비에 필요한 비용, 예를 들어 병원비, 의료 용품, 자녀 용품 구매 등 다양한 출산 관련 비용에 사용된다. 출산 지원금은 소득 수준에 관계없이 모든 임산부에게 지급된다.

구분	통합 가족 수당	출산 지원금
도입 목적	자녀 양육을 위한 지속적 지원 제공	임신 및 출산 비용 지원
대상	자녀를 양육하는 모든 가정	임신 후기 또는 출산을 한 모든 산모
지원 금액	자녀 1인당 월 최대 175유로	800유로 일회성 지급
지급 기간	자녀가 18세 미만일 때까지 지속적 지급	출산 전후 단기간 지원
소득 기준	ISEE에 따라 차등 지급	소득 기준 없음
지급 방식	매월 정기적 지급	일회성 지급

표 28 통합 가족 수당과 출산 지원금 차이

(3) 육아 휴직 보조금

육아휴직 보조금은 자녀를 양육하기 위해 직장을 휴직한 부모에게 지급되는 금전적 지원이다. 이 제도는 부모가 경제적 손실 없이 휴직 기간 동안 자녀를 돌볼 수 있도록 돕는 것을 목적으로 한다. 이탈리아 정부는 육아휴직 기간 동안 부모의 기존 급여의 최대 80%를 보조금 형태로 지원하며, 최대 12개월까지 적용된다. 보조금은 법적으로 보호되는 휴직 기간 동안 지급되며, 부모가 자녀를 직접 양육할 수 있는 환경을 제공한다.

(4) 무료 또는 보조 교육 서비스

이탈리아의 무료 또는 보조 교육 서비스는 유아를 둔 가정의 경제적 부담을 경감하고 조기 교육 기회를 확대하기 위해 마련된 제도로, 무료 교육 제공과 보조금 지급을 통해 운영된다. 공립 보육 시설의 경우, 공립 유치원(Scuola dell'Infanzia) 및 보육원(Asilo Nido)을 이용하는 저소득층 가정에는 완전 무료 서비스가 제공된다. 민간 보육 시설을 이용하는 경우에는 보조금이 지급되며, 연간 최대 3,000유로(약 450만 원)까지 지원된다. 지원 금액은 가구의 소득 수준과 ISEE(경제 상태 지표)에 따라 차등 지급되며, 저소득층 가정일수록 높은 금액을 지원받을 수 있다.

대상 연령은 보육원의 경우 0세부터 3세까지의 영유아, 유치원의 경우 3세부터 6세까지의 어린이로 나뉜다. ISEE 기준이 적용되며,

ISEE 값이 낮을수록 더 많은 혜택을 받을 수 있다. 일정 기준 이상의 소득을 가진 가정은 일부 혜택만 제공받을 수 있으며, 예를 들어 ISEE 값이 25,000유로 이하인 가정은 높은 보조금을 받을 가능성이 크다.

보조금을 받기 위해서는 가정이 거주하는 지역의 지방 자치 단체에 신청서를 제출해야 하며, 필요한 서류로는 ISEE 증명서, 자녀의 출생 증명서, 거주 확인서 등이 포함된다. 저소득층 가정, 다자녀 가정, 부모 중 한 명 이상이 실업 상태인 경우 우선적으로 지원받을 수 있다. 맞벌이 가정의 경우 보육비와 교육비 지원 우선순위가 높아, 직장과 양육을 병행하는 부모에게 실질적인 도움을 제공한다. 이러한 제도는 유아와 부모 모두에게 실질적인 혜택을 제공하며, 이탈리아의 조기 교육과 양육 환경을 개선하는 데 기여하고 있다.

(5) 육아용품 지원(Bonus Asilo e Pannolini)

이탈리아 정부는 영유아를 둔 가정의 경제적 부담을 줄이고, 자녀 양육에 필요한 기본적인 물품을 지원한다. 이 지원금은 주로 기저귀, 유아용품, 그리고 보육 관련 기기를 구매하는 데 사용되며, 가정의 소득 수준과 필요에 따라 차등적으로 제공된다. 지원 금액은 연간 최대 500유로(약 75만 원)로, 영유아 양육 초기 단계에서 반드시 필요한 물품을 구매하는 데 도움을 준다.

2) 세금 공제 및 감면 (Detrazioni per figli a carico)

(1) 부양 자녀 세금 공제

부양 자녀 세금 공제는 이탈리아의 소득세법(TUIR, Testo Unico delle Imposte sui Redditi)에 따라 규정된 세금 감면 혜택으로, 2023년 12월 30일 시행된 법령(D.Lgs. 216호)에 따라 개정되었다. 이 제도는 자녀를 부양하는 부모에게 정부가 제공하는 재정적 지원으로, 부모가 자녀를 부양할 때 발생하는 경제적 부담을 줄이는 것을 목적으로 한다. 공제는 총소득세(IRPEF)에 직접 영향을 미치며, 월급 명세서나 연말 소득세 신고 시 반영된다. 가족의 소득 수준에 따라 공제 혜택이 전부, 부분적으로, 혹은 전혀 적용되지 않을 수도 있다.

부양 자녀로 간주되기 위해서는 두 가지 조건을 충족해야 한다. 첫째, 자녀의 나이가 특정 기준을 충족해야 하며, 공제 유형에 따라 나이 제한이 다를 수 있다. 둘째, 자녀가 경제적으로 부모에게 의존해야 하며, 연간 소득이 자녀의 연령에 따라 정해진 특정 금액을 초과하지 않아야 한다.

세금 공제 및 감면 제도는 자녀를 둔 모든 가정에 대해 소득세를 경감하거나 공제 혜택을 제공하는 방식으로 운영된다. 공제 금액은 자녀의 연령, 가정 내 자녀수, 그리고 가족 소득 수준에 따라 달라진다. 18세 미만의 자녀는 기본 공제를 받을 수 있으며, 18세 이상 자녀는 학업, 취업 준비 등 특정 조건을 충족할 경우 공제가 계속 제공된다. 또한, 가정 내 자녀수가 많을수록 더 많은 공제가 적용되고, 소득 수준이 낮을수록 공제 금액이 크다. 반대로 고소득 가정은 공제 범위가 제한된다.

2024년 기준으로 가정은 자녀 1명당 연간 최대 1,200유로(약 180만 원)의 세액 공제를 받을 수 있다. 다자녀 가정은 추가 공제를 받을 수 있으며, 셋째 자녀부터는 최대 400유로가 추가로 지급된다. 이 제도는 가정의 경제적 부담을 줄이고 다자녀 가정을 지원하며, 자녀를 양육하는 데 필요한 재정적 도움을 제공한다.

(2) 기타 공제

교육비 공제

교육비 공제는 자녀의 학교 교육과 관련된 지출에 대해 세제 혜택을 제공하는 제도다. 공제 대상은 급식비, 스쿨버스 이용료, 수학여행 비용, 언어 강좌 등 학교와 관련된 모든 비용이 포함된다. 공제율은 해당 지출의 최대 19%로 적용되며, 자녀 1명당 연간 최대 800유로까지 공제가 가능하다.

유아 보육비 공제 (Asilo Nido)

유아 보육비 공제는 유아 보육 시설(Asilo Nido) 이용료에 대해 세금 감면 혜택을 제공하는 제도다. 보육비의 19%를 공제받을 수 있으며,

자녀 1명당 연간 최대 632유로까지 공제가 가능하다.

대학교 등록금 공제

대학교 등록금 공제는 국립 및 사립 대학의 등록금을 대상으로 제공된다. 국립 대학 등록금은 비용의 19%에 해당하는 금액을 공제받을 수 있다. 사립 대학 등록금의 경우, 공제 금액은 교육부 지침에 따라 결정되며, 대학의 위치와 등록금 수준에 따라 달라질 수 있다.

의료비 공제

의료비 공제는 의약품 구입, 전문의 진료, 실험실 검사 등 의료 지출에 대해 적용된다. 연간 129.11유로 이상의 의료비에 대해 19%의 공제율이 적용되며, 이는 의료비 부담을 줄이는 데 기여한다. 공제 금액에는 특정 상한선이 없어, 필요한 의료 지출에 대해 폭넓게 적용될 수 있다.

스포츠 활동비 공제

스포츠 활동비 공제는 만 18세 미만 자녀의 스포츠 활동과 관련된 비용에 대해 세금 공제를 제공한다. 공제 대상에는 체육 시설 등록비, 운동 수업 등 스포츠와 관련된 지출이 포함된다. 공제율은 해당 비용의 19%로 적용되며, 자녀 1명당 연간 최대 210유로까지 공제가 가능하다.

다자녀 가정 추가 공제

다자녀 가정 추가 공제는 셋째 자녀 이상을 둔 가정을 대상으로 한다. 이 제도는 셋째 자녀부터 추가로 매월 최대 85유로, 연간 최대 400유로의 세금 공제를 제공한다. 이러한 지원은 다자녀 가정의 경제적 부담을 완화하고, 더 많은 자녀를 갖는 가정을 장려하기 위해 마련되었다.

(3) 2025년 주요변경 사항[129]

통합 가족 수당(Assegno Unico Universale)

부양 자녀 세금 공제 제도는 부모의 세금 부담을 줄이고 자녀 양육을 지원하기 위한 중요한 경제 정책의 일부다. 과거에는 부모들이 이 제도를 통해 다양한 세금 감면과 공제 혜택을 받아왔으나 공제 제도에 중요한 변화가 생겼다.

2025년부터는 새로운 예산 법안(Legge di Bilancio)에 따라 부양 자녀로 간주되는 자격 요건이 변경되었다. 통합 가족 수당은 21세 미만 자녀에게 적용되며, 이에 따라 부양 자녀 세금 공제는 21세 이상 자녀만을 대상으로 한다.

21~24세 자녀의 경우, 연간 소득이 4,000유로 이하일 때 부양 자녀로 간주되며, 24세 이상의 자녀는 2,840.51유로 이하의 소득 요건을 충족해야 공제를 받을 수 있다. 또한, 21세 이상의 장애가 있는 자녀

는 연령 제한 없이 통합 가족 수당과 세금 공제를 동시에 받을 수 있는 혜택이 제공된다.

3) 주택 지원 정책

(1) 첫 주택 대출(Mutuo Prima Casa)

이탈리아 정부는 저출생 문제 해결을 위해 자녀가 있는 가정을 대상으로 주택 지원 정책을 시행하고 있다. 특히 첫 자녀를 출산한 가정을 중심으로 주택 구입과 임대를 위한 저금리 대출 및 보조금을 지원하며, 이를 통해 젊은 부부가 안정적인 주거 환경을 마련할 수 있도록 돕고 있다.

첫 자녀 출산 가정은 Mutuo Prima Casa(첫 주택 대출) 프로그램을 통해 혜택을 받을 수 있다. 이 프로그램은 36세 이하의 젊은 부부를 대상으로 하며, 주택 구입 자금의 최대 80%를 저금리로 대출받을 수 있는 기회를 제공한다. 대출 한도는 최대 25만 유로(약 3억 7천만 원)까지 설정되어 있으며, 이탈리아의 여러 지역에서 주택 구입을 장려하기 위해 적용된다.

특히, 이 정책은 주택 가격이 상대적으로 낮고 인구 감소가 심각한 남부 지역(예: 시칠리아, 칼라브리아, 풀리아)에서 더 큰 영향을 미치고 있다. 이러한 지역에서는 주택 보조금과 세금 감면 혜택이 추가적으로 제공되며, 젊은 가정이 이주해 지역사회에 정착할 수 있도록 유도하고 있다.

또한, 일부 지방 정부는 공공 임대 주택의 우선권을 자녀가 있는 젊은 가정에 부여하며, 월 임대료의 일부를 보조금 형태로 지원한다. 예를 들어, 밀라노와 로마와 같은 대도시에서는 임대료의 최대 30%를 지원받을 수 있으며, 소득 수준에 따라 차등 적용된다.

(2) 첫 주택 대출)의 지역별 특성과 혜택 비교

롬바르디아(밀라노)

저소득층 가정을 위해 월세의 최대 30%를 지원하는 주택 바우처를 제공한다. 젊은 부부나 첫 주택 구매자를 위한 특별 프로그램은 밀라노와 같은 대도시 내 부동산을 위한 저금리 대출을 제공하며, 자녀가 있는 가정, 특히 한부모 가정은 공공주택 우선권을 부여받는다.

베네토(베니스)

농촌이나 인구가 적은 지역의 주택 구매 또는 리모델링 비용을 보조하며, 가족이 도시 외곽 지역에 정착하도록 장려한다. 또한, 가정의 주택 에너지 효율성을 높이기 위한 추가 자금도 지원한다.

토스카나(피렌체)

저출생 지역으로 이주하는 가정에게 최대 2만 유로(약 2,860만 원)의 보조금을 제공하며, 특히 역사적 도시 중심지에서 높은 주택비용을 감당해야 하는 가정을 대상으로 임대 보조 프로그램을 운영한다.

라치오(로마)

자녀가 최소 한 명 있는 36세 이하의 부부를 대상으로 첫 주택 구매 시 무이자 대출을 지원한다. 또한, 소득 수준에 따라 최대 40%의 임대료를 감면받을 수 있는 프로그램도 운영된다.

시칠리아

인구 감소 문제를 해결하기 위해 최대 3만 유로(약 4,290만 원)의 보조금을 제공하여 소도시의 방치된 주택을 구매하고 리모델링할 수 있도록 지원한다. 경제적으로 어려운 지역에서 주택을 구매하는 가정을 위해 취득세를 낮추는 세금 감면 혜택도 제공된다.

칼라브리아

1유로(약 1,430원)로 방치된 주택을 구매할 수 있는 프로그램을 운영하며, 가정은 이를 리모델링 하고 거주해야 한다는 조건을 충족해야 한다. 또한, 인구가 적은 마을로 이주하는 가정은 이주비용의 최대 50%를 보조받을 수 있다.

풀리아

세 자녀 이상을 둔 가정을 대상으로 최대 1만 5,000유로(약 2,150만 원)의 주택 구매 지원금을 제공하며, 주요 도시 또는 농촌 마을에서 임대료를 최대 월 500유로(약 71만 원)까지 지원한다.

알프스(피에몬테)와 아펜니노 산맥(아브루초)

이 두 지역과 같은 산악 및 인구가 적은 지역에서는 일부 지방 자치 단체가 이주 가족에게 무료 토지나 방치된 주택을 제공한다. 젊은 자녀가 있는 가족은 월 500유로(약 71만 원)에서 1,000유로(약 143만 원)의 생활비 지원금을 받을 수 있으며, 해당 지역에서 구매한 주택에 대해 최대 10년간 재산세 면제를 받을 수 있다.

(3) '€1 주택 이니셔티브'

이탈리아의 1유로 주택 이니셔티브(€1 Homes Initiative)는 인구 감소와 지역 경제 침체 문제를 해결하기 위해 고안된 혁신적인 정책이다. 이 프로그램은 시칠리아(Sicily), 칼라브리아(Calabria), 사르데냐(Sardinia) 등 이탈리아의 인구가 적은 시골 지역에서 시작되었으며, 방치된 주택을 1유로(약 1,430원)라는 상징적인 가격에 판매하는 것을 핵심으로 한다.

1유로 주택 이니셔티브를 통해 시골 마을의 방치된 주택을 1유로의 명목 가격으로 판매하며, 구매자는 해당 주택을 리모델링 하고 거주할 것을 약속해야 한다. 이 프로그램은 시칠리아, 칼라브리아, 사르데냐 지역에서 시행되고 있다. 시골 또는 인구가 적은 지역으로 이주하는 가족과 개인은 이주비용의 최대 50%를 보조받거나 지역에 따라 €5,000에서 €20,000(약 715만~2,860만 원)의 현금 지원을 받을 수 있다. 어린 자녀를 둔 가족이 시골 지역으로 이주할 경우 월 €500에서 €1,000(약 71만~143만 원)의 생활비 보조금을 받을 수 있다.

방치된 주택 구매 및 리모델링 비용으로 최대 €30,000(약 4,300만 원)의 보조금을 지원하며, 특히 아브루초, 칼라브리아, 시칠리아 지역에서 이러한 혜택을 받을 수 있다. 시골이나 산악 지역에서 주택을 구매할 경우 최대 10년 동안 재산세 감면 또는 면제를 받을 수 있다. 일부 지방 자치단체는 시골 지역에 정착할 의지가 있는 가족에게 무료 토지나 방치된 주택을 제공하기도 한다.

정부는 시골 지역의 고속 인터넷 접근성을 확대하기 위한 프로그램을 통해 원격 근무와 디지털 비즈니스를 가능하게 하고 있다. 도로, 철도, 대중교통 인프라에 대한 투자를 통해 시골 지역과 도시 중심지를 더 잘 연결하고 있으며, 시골 지역의 학교, 의료 시설, 커뮤니티 센터를 개선하기 위한 자금 지원도 진행되고 있다. 이를 통해 필수 서비스에 대한 접근성을 보장하고 있다.

젊은 농업인과 농업 스타트업을 대상으로 토지 구매, 장비 현대화, 친환경 농업 관행을 위한 재정 지원을 제공한다. 시골 지역에서 운영되는 기업에는 법인세 감면 및 재생 가능 에너지 프로젝트를 위한 보조금 등 세금 인센티브를 제공하며, 오래된 주택을 게스트하우스로 개조하거나 문화 및 생태 관광 경험을 창출하는 농촌 관광 이니셔티브에 대한 재정 지원도 이뤄지고 있다.

사르데냐는 인구 3,000명 이하의 시골 마을로 이주하는 가족에게 최대 €15,000(약 2,150만 원)의 지원금을 제공하며, 칼라브리아는 인구 감소 위험이 있는 마을로 이주하는 개인과 가족에게 최대 €28,000(약 4,000만 원)의 재정적 인센티브를 제공한다. 피에몬테와 아브루초에서는 시골 가족이 주택을 건설하거나 사업을 시작할 수 있도록 무료 토지와 보조금을 제공한다.

역사적 건물과 전통적인 시골 주택을 복원할 수 있는 인센티브를 제공하며, 이러한 건물의 건축적 유산을 유지하는 데 중점을 둔다. 지속 가능한 에너지 시스템, 유기농업, 친환경 건축 관행을 지원하며 환경을 중시하는 개인과 가족을 유치하고 있다.

시골 지역의 학교와 무료 또는 보조 보육 서비스를 위해 추가 자금을 지원하여 어린 자녀를 둔 가족을 유치하고 있다. 젊은 사람들이 시골 지역에 머물거나 돌아오도록 장려하는 장학금 및 경력 개발 프로그램도 운영하고 있다.

이탈리아의 다각적인 시골 생활 장려 정책은 경제적, 사회적, 환경적 문제를 해결하면서 개인, 가족, 기업의 요구를 충족시키기 위한 맞춤형 인센티브를 제공한다. 이러한 노력은 시골 지역 사회를 재활성화하고 인구 분포를 균형 있게 조정하며, 이탈리아의 문화 및 자연 유산을 보존하는 데 기여하고 있다.

그림 54 1유로 주택, 2024년
(https://www.idealista.it/en/news/property-for-sale-in-italy/2024/03/13/133272-1-euro-houses-in-italy-2024)

    1유로 주택 이니셔티브는 저렴한 주택 구매 기회를 제공하여 젊은 가족이나 새로운 출발을 원하는 개인을 시골 지역으로 유도한다. 젊은 부부와 가족이 시골 지역으로 이주하면 지역 내 어린 연령층 비율이 증가할 수 있으며, 이는 인구 증가와 더불어 지역 사회에 새로운 생명이 탄생하는 기회를 제공할 수 있다.

    저렴한 주택 구매와 추가적인 지원(리모델링 보조금, 주택세 감면 등)은 가족의 경제적 부담을 줄여준다. 안정적인 주거 환경과 비용 절감은 자녀 계획을 세우는 데 있어 긍정적인 요인으로 작용할 수 있다. 특히 높은 임대료와 주택 가격으로 인해 자녀 출산을 미루던 부부들에게 새로운 가능성을 열어준다.

3. 이탈리아의 가족 중심 문화와 세대 간 돌봄을 통한 저출생 해결

1) 세대 간 돌봄의 당위성

이탈리아는 가족중심과 공동체 문화가 유난히 강한 나라이다. 따라서 세대 간 돌봄과 저출생 해결 정책과의 협력구조에 대한 기대효과가 상대적으로 크다. 세대 간 돌봄은 변화하는 사회적, 인구학적, 경제적 조건에 적응하며 발전해 온 중요한 돌봄 방식이다. 어린이, 생산 가능 연령의 성인, 그리고 노인을 포함한 다양한 연령대를 지원하며, 상호 도움과 자원 공유를 통해 모든 세대의 요구를 충족시킨다. 특히 이탈리아와 같이 인구 고령화와 저출생 문제가 동시에 심화되는 상황에서 세대 간 돌봄은 실질적인 해결책으로 주목받고 있다. 이탈리아 통계청(ISTAT)에 따르면, 60% 이상의 조부모가 주기적으로 손자녀를 돌보고 있으며, 이는 유럽 내에서도 높은 수치이다.

현대 사회에서 어린이 돌봄과 노인 돌봄 비용이 지속적으로 증가하면서, 가족과 정부는 보다 비용 효율적인 대안을 모색하고 있다. 세대 간 돌봄 모델은 이러한 문제를 해결할 수 있는 중요한 접근 방식으로, 공동 시설과 상호 돌봄을 통해 가정의 재정적 부담을 효과적으로 줄여준다.

기술의 발전은 세대 간 돌봄을 더욱 효율적으로 만든다. 디지털 플랫폼 기술은 멀리 떨어져 사는 가족 간에도 원격으로 소통할 수 있는 가능성을 제공한다. 앱과 스마트 기기를 통해 가상 돌봄과 정서적 지원이 이루어지고, 이는 가족 구성원 간의 물리적 거리에도 불구하고 긴밀한 유대감을 유지하도록 돕는다.

이탈리아 정부는 다양한 프로그램과 정책을 통해 세대 간 돌봄을 적극적으로 지원하고 있다. 보조금, 세금 공제, 커뮤니티 센터 및 공유 주거에 대한 지원금 제공은 세대 간 돌봄의 실행 가능성을 높이는 주요 수단이다. 비영리 단체와 지방 정부 역시 이를 뒷받침하며, 어린이 보육 시설과 노인 요양 시설을 결합한 프로그램을 운영해 인구 고령화와 저출생 문제를 완화할 수 있는 가능성을 보여준다.

2) 세대 간 돌봄 센터

그림 55 우리의 삶을 하나로 묶어주는 집
(CADIAI 공식 웹사이트)

(1) 카디아이(CADIAI)[130]

카디아이(CADIAI)는 1974년 이탈리아 볼로냐에서 설립된 사회적 협동조합으로, 노인, 어린이, 청소년, 장애인을 대상으로 통합 돌봄 서비스를 제공하고 있다. 특히 가정 내 돌봄 노동을 하던 여성들이 주도하여 설립되었으며, 현재 사회적 취약계층을 위한 다양한 돌봄 서비스를 제공하고 있다.

카디아이는 현재 7개의 요양시설, 5개의 주간 케어 시설, 25개의 유치원(Gaia)을 운영카이다이는 아이들이 마음껏 뛰놀고 배움과 성장을 경험할 수 있는 공간이다.

다음은 카이다이 공식 웹사이트의 소개글을 요약한 것이다.

"아들의 주체성을 존중하고 선택과 선호를 표현할 수 있는 권리를 인정하는 것이 중요하다. 가정과 지역 사회는 우리와 함께 교육 여정에 참여하며, 이는 상호 경청과 대화를 기반으로 한다. 우리는 돌봄을 통해 교육하며, 이를 통해 사회적 책임감을 형성한다. 무엇보다도 아이들과의 관계를 소중히 여기며 신뢰에 기반한 관계를 구축한다.

성장 단계에 적합한 공간과 재료를 제공하고, 미적 감각과 아름다움에 대한 인식을 높이기 위해 신중히 선택한다. 매일 어린이들과 그들의 가족, 필요, 이야기, 감정을 환영하며, 차이를 존중하고 열린 자세로 서로를 받아들인다. 또한, 부모들이 일과 삶의 균형을 더 잘 맞출 수 있도록 유연한 운영 시간을 제공해 필요를 충족시킨다."

0-3세: 첫 발걸음을 위한 보육시설

아이들의 학습은 특별한 교실에서만 이루어지는 것이 아니다. 일상의 경험이야말로 가장 중요한 교과서다. 평범해 보이는 일상이 아이들의 호기심과 창의력을 통해 놀라운 배움의 순간으로 변모한다. 우리는 성인의 따뜻한 시선과 조용한 지지가 아이들의 자신감을 북돋우며, 자율성을 존중하는 환경에서 아이들이 스스로를 발견하도록 돕는다. 외부 공간은 단순한 놀이터를 넘어 탐구와 발견의 확장된 교실이며, 계절의 변화 속에서 아이들은 자연과 교감하며 성장한다.

3-6세: 꿈을 키우는 유치원

유치원의 교실은 단순한 공간이 아니라 "흥미 실험실"이다. 여기서 아이들은 호기심을 탐구하고, 다른 아이들과 어울리며, 자기 표현의 기쁨을 배운다. 교사들은 아이들이 자율적으로 학습하고 감정을 표현하며, 다른 사람들과 소통하는 법을 배울 수 있도록 안내자 역할을 한다. 야외 활동과 자연 속에서의 경험은 아이들에게 단순한 즐거움을 넘어 세상을 탐구하는 기회를 제공하며, 지역 사회와의 연계는 배움의 범위를 넓힌다.

포용적 교육: 모든 아이를 위한 배움

포용적 교육은 장애가 있는 아이들뿐만 아니라, 어려운 상황에 처한 모든 아이들에게 개인화된 배움의 길을 제공한다. 가족, 지방 자치 단체, 지역 보건 서비스와의 긴밀한 협력을 통해 맞춤형 교육 계획(PEI)을 수립하며, 아이들이 자율성과 심리적 안녕을 경험할 수 있도록 돕는다.

그림 56 2022년 10월 Selargius의 Don Orione Center에서 열린 세대 간 워크숍

(2) 밀라노의 "세대의 집(Casa delle Generazioni)"

밀라노 시는 공공 도서관 및 커뮤니티 센터에서 조부모와 손자녀를 위한 다양한 워크숍과 활동을 운영하고 있다. 밀라노 중심부에 위치한 "세대의 집"으로, 매주 월요일부터 금요일까지 오전 9시부터 오후 6시까지 운영된다. 또한 부모들을 위해 저녁 시간대에 자녀를 맡길 수 있는 돌봄 서비스를 제공하고 있다.

주요 프로그램으로는 조부모와 손자녀가 함께 참여하는 "공예 워크숍", "요리 교실", 그리고 "세대 간 이야기 시간"이 있다. 특히 "세대 간 이야기 시간"은 조부모가 손자녀에게 전통 동화를 들려주고, 이를 기반으로 연극을 준비하는 활동으로 큰 인기를 끌고 있다.

이용자들의 반응은 매우 긍정적이다. 프로그램에 정기적으로 참여하는 한 이용자는 "이곳에서 손자와 함께 시간을 보내며 더 가까워졌고, 나 자신도 새로운 기술을 배우며 활력을 얻었다."고 밝혔다. 또 다른 이용자는 "손자와 함께 요리 교실에 참여하면서 서로에게 새로운 취미를 발견하는 즐거움을 느꼈다."고 전했다. 한 부모는 "저녁 돌봄 서비스를 통해 일과 육아를 병행하기 훨씬 수월해졌으며, 아이도 조부모와의 시간이 많아져 안정감을 느끼는 것 같다."고 말했다.[131]

(3) 토렌토 지자체의 조부모 지원제도

트렌토 지역에서는 조부모가 손자녀 돌봄에 사용하는 시간에 대해 시간당 10유로의 보조금을 지급하는 정책을 시행하고 있다. 이 정책은 특히 가정 내 돌봄 부담이 높은 맞벌이 가정을 대상으로 하며, 연간 최대 3,000유로까지 지원이 가능하다.

정책 시행 후 첫 해에 약 5,000여 가정이 이 프로그램을 신청했으며, 트렌토 지방 정부는 90% 이상의 신청자가 긍정적인 반응을 보였다고 보고했다. 한 조부모는 "손자와 함께 시간을 보내며 가정에 기여한다는 느낌이 자부심을 준다."고 말했다. 또 다른 부모는 "이 제도가 없었다면 직장을 그만둬야 했을 것"이라며 감사의 뜻을 전했다.

지원 대상은 손자녀를 주 15시간 이상 돌보는 조부모로 제한되며, 돌봄 활동은 지방 정부가 운영하는 프로그램에 등록되어야 한다.[132]

(4) 피렌체, '가족돌봄 프로그램'[133]

피렌체(Firenze) 시에서는 '가족돌봄 프로그램'이라는 이름으로 부모와 조부모가 협력하여 자녀 양육과 노인 부양을 함께할 수 있도록 지원하고 있다. 프로그램은 만 12세 이하 자녀를 둔 맞벌이 가정과 가정 내에서 손자녀를 돌보는 조부모를 대상으로 한다. 부모에게는 주중 돌봄 시간 연장과 자녀 교육 관련 비용 일부 지원이 제공되며, 조부모에게는 연간 최대 2,500유로의 보조금과 무료 건강 검진 혜택이 주어진다. 이 프로그램을 통해 공공 돌봄 시설이 확충되고 지역 커뮤니티 센터에서는 세대 간 프로그램이 운영되고 있다. 예산의 60%는 지방 정부가, 나머지 40%는 국가 복지 기금에서 지원받고 있다.

일과 육아를 병행하는 부모를 위해 야간 돌봄 서비스도 마련되어 있다. 커뮤니티 센터는 매일 오전 8시부터 오후 8시까지 운영되며, 주말에는 특별 프로그램으로 운영 시간이 연장된다. 정책 시행 첫 해에 약 3,000가정이 프로그램을 신청했다.

(5) 볼로냐(Bologna) 가족센터[134]

볼로냐의 가족 센터(Centro per le famiglie)는 0세부터 18세까지 자녀를 둔 가족을 위한 상담, 안내, 지원 서비스를 제공하고 있다. 이 센터는 가족들이 서로 소통하고 협력하며, 각자의 사회적, 관계적 자원을 활용할 수 있는 공간을 제공한다. 주된 목표는 가족과 함께 맞춤형 지원 경로를 만들어 어려운 시기를 극복하고, 아이들과 이를 돌보는 성인의 삶의 질을 높이는 것이다. 이를 위해 교육, 사회, 건강 관련 기관 및 지역 단체와 협력하고 있으며, 에밀리아 로마냐 주정부의 지원을 받고 있다.

센터에서는 정보 제공, 가정 지원, 자녀 양육, 지역 자원 활용 서비스를 이용할 수 있다. 정보 제공 분야에서는 '가족 및 어린이 정보창구'를 통해 교육, 학교, 보건, 문화, 여가 활동에 대한 안내를 제공하며, 가족 중재, 부모 교육 상담, 입양 및 위탁 가정 절차와 같은 서비스도 지원한다.

가정 지원 서비스로는 이혼이나 별거 중인 부부를 위한 가족 중재와 부모 상담 서비스가 있다. 사춘기를 겪는 자녀를 둔 부모와 교사를 위한 상담도 제공되며, 입양을 희망하는 부부와 위탁 가정이 되길 원하는 사람들을 위한 교육 프로그램도 운영된다. 또한, 부모 상담 그룹, 입양 부모 그룹, 위탁 가정을 위한 그룹, 사춘기 자녀 부모를 위한 자조 그룹도 마련되어 있다.

지역 자원 활용에서는 가족 간 연대와 환대 문화를 촉진하고, 가족 위탁 및 수용 프로젝트를 지원하며, 신생아 부모를 위한 지원 프로그램과 자조 그룹 활성화를 통해 연대 네트워크를 구축한다. 이외에도 신생아 부모를 위한 "Diamo voce alla nascita" 프로젝트를 통해 신생아 부모를 돕고, PIPPI(아동 문제의 조기 발견 프로그램)에 참여하여 취약한 아동과 가족을 지원한다.

센터는 월요일부터 금요일까지 오전 9시부터 오후 6시까지 운영되며, 다양한 서비스는 가족 및 어린이 정보창구를 통해 제공된다. 관련 법률로는 1989년 제정된 지역법 제27호, 2008년 제정된 지역법 제14호, 2015년 DGR 391호 등이 있다. (Centro per le famiglie 공식 정보 2024년 11월 27일 업데이트한 내용을 토대로 정리함.)

"Diamo voce alla nascita" 프로젝트

"Diamo voce alla nascita"는 한국어로 옮기기가 쉽지는 않지만 의미를 전달하자면 "새 생명을 대신하여 목소리를 내다"정도로 표현할 수 있다. 이 프로젝트는 볼로냐 가족 센터(Centro per le famiglie di Bologna)가 비영리 단체인 멜로그라노(Melograno)와 협력하여 진행하는 프로그램으로, 임신 중이거나 출산 후 초기 단계에 있는 외국인 여성들을 지원한다.

이 프로젝트는 이주 과정에서 모성을 경험하는 여성들의 심리적, 신체적 건강을 증진하고, 그들의 역량 강화를 도모하는 데 목적이 있다. 특히, 사회적 고립이나 배제, 개인적 또는 관계적 어려움을 겪는 여성들을 지원한다.

프로그램의 주요 활동 중 하나는 이탈리아어 학습 워크숍이다. 이 워크숍은 임신 중이거나 신생아를 둔 여성들을 대상으로 하며, 매주 화요일 오전 10시부터 12시까지, 목요일 오후 2시 30분부터 4시 30분까지 진행된다. 이 활동은 여성들이 자신의 모성 경험을 표현하고, 신체에 대한 이해를 높이며, 출산에 대한 자신감을 갖도록 돕는다.

또 다른 주요 활동은 문화 간 교류 공간으로, 출산 후 어머니와 신생아를 위한 모임이다. 다양한 문화적 배경을 가진 여성들이 모여 모성에 대한 경험과 지식을 공유하는 자리로, 이를 통해 여성들은 사회적 네트워크를 구축하고 지역 사회에 통합된다.

더불어 함께(Piùinsieme)'

'더불어 함께'는 볼로냐에 위치한 어린이 및 가족 센터로, 가족과 지역사회를 위한 다양한 지원 프로그램을 운영하는 공간이다. 이 센터는 특히 "Diamo voce alla nascita"와 같은 프로젝트를 통해 임신 중이거나 출산 후 초기 단계에 있는 외국인 여성들에게 필수적인 지원을 제공한다.

Piùinsieme의 활동은 교육, 심리적 지원, 사회적 통합을 목표로 하며, 지역사회의 다른 기관들과 협력하여 여성들이 안전하고 포용적인 환경에서 모성기를 경험할 수 있도록 돕는다. 이 센터에서 진행되는 프로그램은 이탈리아어 학습 워크숍, 문화 교류 모임, 모성 지원을 위한 그룹 활동 등으로 구성되며, 주중 운영되는 고정된 시간표와 맞춤형 서비스가 특징이다.

그림 57 볼로냐 "Diamo voce alla nascita"(관련 PDF자료 추출 이미지)

4. 이탈리아 정부와 종교 단체의 협력

이탈리아 정부는 종교 단체와의 협력을 통해 저출생 극복을 위한 통합적 해결 방안을 모색하고 있다. 예를 들어, 로마 가톨릭 교회는 정부와 협력하여 저소득층 가정을 위한 돌봄 센터를 운영하며, 이를 통해 안전하고 신뢰할 수 있는 돌봄 서비스를 제공하고 있다. 이러한 협력은 이탈리아 사회에서 종교 단체가 가족 중심의 사회적 가치를 강화하는 동시에, 정부의 정책적 한계를 보완하는 중요한 역할을 하고 있다. 2022년 발표된 '유럽 사회 정책 연구 보고서'에 따르면, 종교 단체가 제공하는 도덕적 교육과 정서적 지지는 아이들의 전인적 발달과 가정의 안정성에 긍정적인 영향을 미친다는 사실이 입증되었다. 따라서 이탈리아 정부는 종교적 가치를 기반으로 가족과 교육, 지역 사회의 통합적 지원을 늘려가고 있다.

(1) '가톨릭 돌봄센터'(Centro Cattolico di Assistenza all'Infanzia)

로마에 있는 가톨릭 돌봄 센터에서는 무료 보육 서비스를 제공하고 있다. 이 센터는 종교 기관이 제공하는 넓은 시설과 숙련된 인력을 활용해 매일 약 80명의 아이들을 돌본다. 평일 오전 7시부터 오후 7시까지 운영한다.

정부는 이 센터 운영을 위해 연간 약 50만 유로의 재정적 지원을 제공하며, 이 지원은 교사 급여, 시설 유지비, 그리고 프로그램 개발 비용으로 사용되고 있다. 또한, 정부는 취약 계층을 위한 추가 보조금 제도를 마련하여 더 많은 가정이 서비스를 이용할 수 있도록 하고 있다. 정부의 재정적 지원과 종교 단체의 헌신적인 운영이 결합된 이 센터는 정부와 종교단체의 협력 모델로 인정받고 있다.

(2) 로마 제일 침례교회(First Baptist Church)의 돌봄센터

로마에 있는 First Baptist Church는 교회 유휴 공간을 이용한 돌봄센터의 성공 모델이다. 지역 사회에서 종교적 가치와 가족 지원을 결합한 돌봄 프로그램을 운영하고 있다. 이 교회는 영유아부터 초등학생까지 돌봄 서비스를 제공한다. 예컨대 일일 보육, 방과 후 프로그램, 계절별 캠프 등을 운영하며 맞벌이 가정을 지원한다. 운영 시간은 평일 오전 7시부터 오후 7시까지이다.

이 돌봄센터는 지역 사회의 다양한 계층이 이용할 수 있도록 설계되었으며, 특히 경제적 어려움을 겪는 가정을 위한 장학금과 지원 프로그램을 운영하고 있다. 정부는 이 센터의 운영을 위해 연간 약 30만 유로를 지원한다. 이 지원금은 교사 급여, 시설 유지비, 교육 자재 구입 등에 사용되고 있다.

부모들은 이 프로그램이 경제적 부담을 줄여줄 뿐 아니라, 아이들에게 안정감과 긍정적인 경험을 제공한다고 평가하고 있다. 한 부모는 "아이들이 센터에서 다양한 교육적 활동과 사회적 상호작용을 통해 자신감을 키우고 있다."고 언급했으며, 또 다른 부모는 "센터에서 제공하는 도덕적 교육이 아이들의 행동과 가치관 형성에 큰 도움이 되고 있다."고 말했다. 전반적으로 프로그램의 유연한 운영 시간과 합리적인 비용 구조는 맞벌이 가정의 생활을 크게 개선시켰다는 데에 만족도가 가장 높게 나타났다. (2023 First Baptist Church 연례 보고서)

또한 주일과 수요일엔 교회 자체의 특별 프로그램이 별도로 운영된다. (한국교회의 주일학교와 비슷한 면이 있지만 보다 전문적이고 집중적이다.)

선데이 케어

주일 오전 9시 45분부터 10시 45분까지 성경 공부를 한다. 대상은 유아부터 유치원생까지이다. BaptistWay Press 유아 교육 커리큘럼을 사용한다. 각 유아 교실에는 최소 2명의 교사가 배정되며, 정부에서 정하는 안전규칙을 확실히 지키고 있다.

웬즈데이 케어

수요일 오후 5시 45분~ 6시 30분까지는 음악과 선교 활동이 진행된다. 3세 아이들은 음악 체험 프로그램에 참여하고, 이따금 요일 저녁 기도회나 기타 행사에서 공연을 한다.

4세부터 유치원 전 연령의 아이들은 조이플 싱어즈(Joyful Singers) 프로그램을 통해 리듬 악기 연주, 음의 높이 맞추기, 박자 맞추기 및 박수 치기, 간단한 노래 부르기를 배우며 음악을 즐긴다. 이 아이들 역시 연중 여러 차례 공연한다.

오후 6시 30분~7시 15분까지는 미션 프렌즈(Mission Friends) 프로그램이 진행된다. 4세부터 유치원 전 연령의 아이들은 지역 사회, 이탈리아의 주, 세계 각지의 선교 활동에 대해 배우며, 학습과 더불어 선교 활동을 실제로 느낄 수 있도록 기도하고 기부도 한다. 프로그램에 따라 세계 각지의 간식, 게임, 노래가 포함되어 학습 시간이 더욱 흥미롭고 생동감 있게 진행된다.[135]

풀 파티(Pool Party)

풀 파티는 가족 모두가 참여하는 여름 전통 행사이다. 참가자들은 수영을 즐기고 저녁 식사를 하며 교제한다. 해마다 7월이면 인근 수영장에서 열린다. 샌드위치, 핑거 푸드, 디저트를 가져와 함께 즐기며 친교를 쌓는다.

그림 58 First Baptist Church 어린이집(https://fbcrome.com/preschoolers/)

(3) 안첼레 델 산투아리오(Ancelle del Santuario)

가톨릭 여성 수도회인 안첼레 델 산투아리오의 어린이집은 로마 가르바텔라(Garbatella) 지역에 위치한 가톨릭 교회 교육기관인 "빈첸차 알타무라(Vincenza Altamura)"를 통해 운영된다. 이 센터는 종교적 가치를 기반으로 유아부터 중등학생까지 다양한 연령의 아이들을 대상으로 교육 서비스를 제공한다.

운영 시간은 평일 오전 8시부터 오후 6시까지로, 맞벌이 가정을 위한 유연한 이용이 가능하다. 주요 프로그램으로는 유아를 위한 놀이 기반 학습, 언어 및 수리 능력 개발, 종교적 가치 교육, 신체 활동, 그리고 창의적 예술 활동 등이 포함된다.

정부는 이 센터 운영에 연간 약 40만 유로의 재정 지원을 제공하며, 이 지원은 교사 급여, 시설 유지비, 교육 자료 구매 등에 사용된다. 부모들은 아이들의 정서적 안정감과 교육적 성장에 대해 높은 만족도를 보이고 있다. 한 부모는 "센터의 교사들이 아이들에게 세심한 관심을 기울이며, 아이들이 자신감을 키우고 있다."고 말했으며, 다른 부모는 "센터의 종교적 가치 교육 덕분에 아이들이 배려와 책임감을 배우고 있다."고 평가했다. 또한, 부모들은 아이들이 센터에서 또래 친구들과 긍정적이고 협력적인 관계를 형성하며 즐겁게 배우는 모습을 보며 안도감을 느낀다고 전했다.[136]

그림 59
어린이집(안첼레 델 산투아리오공식 웹사이트)

에필로그

저출생 위기는 우리의 삶과 사회 구조를 송두리째 흔드는 거대한 파도다. 이 책에서 살펴본 다섯 국가, 영국, 프랑스, 독일, 헝가리, 이탈리아의 정책과 프로그램은 이 파도를 헤쳐 나가기 위한 항해 기록이다. 각기 다른 역사와 문화 속에서 진행된 이들 국가의 노력은 대한민국이 직면한 위기를 해결하는 데 나침반 역할을 할 것이다.

영국의 유니버설 크레딧과 육아비용 부담을 덜어주는 세제 혜택, 프랑스의 가족수당법과 자녀 수에 따른 세율 감소, 독일의 부모수당과 아동 기본 보장 제도는 출산과 육아의 경제적 부담을 줄이는 데 효과를 보였다. 헝가리의 출산 보너스와 미래 아기 대출, 이탈리아의 육아용품 지원은 출산 초기의 어려움을 극복하도록 돕고 있다.

또한, 영국과 프랑스에서 성공적으로 시행된 유연근무제와 무상 보육 서비스, 독일의 보육 품질 개선을 위한 좋은 돌봄 시설법, 헝가리의 조부모 육아휴가 제도는 일과 가정을 양립시키는 구체적인 해법이다. 특히, 세대 간 돌봄과 공동체적 접근은 이 책이 강조하는 핵심이다.

무엇보다 세대 간 돌봄은 저출생 문제를 해결하기 위한 중요한 접근법으로, 유럽 5개국의 사례는 우리에게 깊은 영감을 준다. 이들 나라에서 시행되고 있는 여러 돌봄 정책과 정부와 종교 단체의 협력 모델은 우리 사회가 저출생 문제를 해결하는 데 도움이 되는 좋은 방향을 제시한다.

영국은 지역사회와 종교 기관이 손을 맞잡고 아동과 노인을 동시에 돌보는 통합 모델을 운영하고 있다. 프랑스는 가족 중심의 정책과 종교 단체의 협력을 통해 저소득층 가정을 따뜻하게 지원하고 있다. 독일의 다세대 센터는 아동과 노인이 함께 어울릴 수 있는 공간을 제공하여 세대 간의 상호작용을 촉진한다. 이탈리아는 가족과 공동체 중심의 돌봄 문화를 소중히 지켜가며, 종교 기관이 가족 간의 유대를 강화하는 프로그램을 운영하고 있다. 헝가리는 조부모 육아휴가 제도를 통해 조부모가 손자녀를 돌보는 데 실질적인 지원을 제공하며, 이러한 정책을 통해 조부모를 위한 지원 체계를 더욱 확고히 할 수 있다.

이처럼 해외 사례를 바탕으로 세대 간 돌봄을 더욱 강화하고, 저출생 문제 해결에 적극적으로 나서는 것이 절실하다. 정부가 세대 간의 유대감을 깊게 하고, 모든 세대가 함께 행복한 사회를 만들어 가기 위해 힘쓴다면, 우리는 분명히 의미 있는 변화를 이끌어낼 수 있을 것이다.

2024년 CTS는 〈저출생 극복을 위한 글로벌 프로젝트〉 특집 다큐를 방영했다. 이 다큐와 함께 『나무를 심는 사람』을 떠올리지 않을 수 없다. 주인공 엘 제아르 부피에는 매일 나무를 심었고, 수십 년 후 황무지는 푸른 숲으로 변했다. 저출생 위기는 거대한 파도이자 황무지이기도 하다.

 행복한 출생과 든든한 미래는 결코 저절로 찾아오지 않는다. 이제 우리는 정부와 기업, 종교 단체, 특히 한국교회와 함께 저출생 위기의 파도를 넘고, 황무지를 숲으로 바꾸는 일에 함께 참여해 보는 것이 어떨까.

참고자료

CTS특집 다큐. 저출생 극복을 위한 글로벌 프로젝트, 1~4부

GLOBAL SOCIAL POLICY BRIEF, 「영국 노인 돌봄 제도의 위기」, Nov. Vol. 44, 2016.

Part-time Day-care for Babies & Toddlers in France, 프랑스 정부 문서

「영국 정부의 최근 무상 보육 확대 배경과 개혁 발표를 둘러싼 논의와 쟁점」국제사회보장리뷰 2024 봄호 Vol. 28 pp.108~119

강지원·이세미, 「아동·청소년 돌봄 정책 현황 분석」, 2015.07.

도남희·전지원·김문정 「아동 돌봄의 사회경제적 가치에 대한 인식 제고 방안」, 2019.04.

박선권, 「프랑스 인구위기의 사회적 구성 및 가족정책의 시사점」, 국회입법조사처, 2024.09.25.

블랑시 르비앙[프랑스 EHESP(보건고등연구소) 교수], 클로드 마르탱[프랑스 국립과학연구원(CNRS) 연구교수], 「프랑스의 장기요양제도와 사회적 돌봄 French Social and Long Term Care」

신옥주, 「저출산 인구위기와 헌법」, 헌법재판연구 제10권 제1호(2023. 6.), 103~148.

신윤정, 「프랑스 영유아 보육 정책 현황과 시사점」보건·복지 ISSUE & FOCUS, 제151호(2012-32).

여성가족부 연구보고 2021-13, 「아이돌봄지원사업 분석 및 개선방안 연구」, 2021.09.

이동선, 「성평등 관점에서 코로나19의 아동돌봄 불평등 쟁점과 시사점」,2020.12

이정원·최효미·이혜민, 「아이돌봄 서비스 수요 분석 및 대응방안 연구」, 육아정

책연구소 연구보고 2018-06

인요한 최고위원/국민의힘 국회의원 주최, '종교시설 활용 아동돌봄 관련 법안개정 토론회', 2024.11.01.(금) 10시 국회 제2세미나실

장혜경, 「주요 선진국의 가족정책 비교 연구:영국, 프랑스, 호주, 핀란드를 중심으로」, 경제·인문사회연구회 협동연구 총서 06-18-02, 연구보고 06-R12-1

조성호, 「일·가정 양립 지원 제도의 도입, 인식 및 활용 격차에 관한 분석」,보건복지포럼 [2024. 11.] DOI: 10.23062/2024.10.7.

최윤경, 「코로나19와 아동의 교육·보육·돌봄(ECEC) 전략」, 2020.12.

미주

1. Global Population Statistics, 2024
2. UN Department of Economic and Social Affairs (UN DESA)
3. IPCC, Climate Change 2021: The Physical Science Basis.
4. https://web.archive.org/web/20130115002956/http://timesofoman.com/News/Article-6210.aspx
5. UK Parliament Reports: 영국의 정치 구조와 정책 변화에 대한 의회 보고서.
6. 브렉시트와 관련된 연구 논문: EU 이민자의 변화와 영국 정치적 도전 과제를 다룬 학술 자료.
7. 영국 통계청(Office for National Statistics, ONS): 인구 통계 및 고령화 관련 데이터.
8. UK Household Survey, 2023
9. HM Revenue and Customs (HMRC). "Child Benefit: What is Child Benefit?"
10. UK Government, Universal Credit childcare costs
11. HM Revenue and Customs. "Childcare Support Options." https://www.gov.uk/help-with-childcare-costs
12. UK Government. "Tax-Free Childcare." https://www.gov.uk/tax-free-childcare
13. Department of Work and Pensions. (2023). "Universal Credit and Child Tax Credit Policies."
14. https://www.gov.uk/child-maintenance-service
15. UK Government. "Maternity Leave and Pay." (www.gov.uk)
16. https://www.gov.uk/paternity-pay-leave
17. Department for Business, Energy & Industrial Strategy, "Shared Parental Leave and Pay: Guidance for Employers and Employees," 2023.
18. https://www.thetimes.com/business-money/entrepreneurs/article/

	shared-parental-leave-we-need-to-do-more-to-encourage-dads-to-take-time-off-enterprise-network-x8mwbdzld?utm_source=chatgpt.com&region=global
19	https://educationhub.blog.gov.uk/2024/01/02/how-to-apply-for-30-hours-free-childcare-and-find-out-if-youre-eligible/
20	National Foundation for Educational Research. "Extended Services in Schools." 2023.
21	UK Government. "Specified Adult Childcare Credits." https://www.gov.uk
22	Grandparents Plus. "The Role of Grandparents in Childcare." 2023
23	Age UK (2024). "Intergenerational Care and Its Benefits." Age UK Website
24	https://timebanking.org/
25	https://www.churchofengland.org/about/archbishops-commissions/families-and-households/love-matters-final-report-commission?utm_source=chatgpt.com
26	https://www.standrewsmaghull.com/contact-details/
27	https://theunionchurch.com/
28	Church of England Education Office (2022). Supporting Families Through Childcare: A Guide to Church-Led Initiatives.
29	https://www.manchester.anglican.org/faithlife/youth/children/
30	https://www.salvationarmy.org.uk/early-years
31	https://stpauls-nursery.com/
32	〈연합뉴스〉 오진송 기자, 2024.01.21
33	프랑스 의회 공식 홈페이지 (https://www.assemblee-nationale.fr/)/프랑스 정치 제도 분석 논문 (Journal of French Politics, 2023)
34	UNESCO. 〈French Language and Multilingualism.〉
35	Jones, Colin. The Cambridge Illustrated History of France. Cambridge University Press, 1999.
36	Institut national de la statistique et des études économiques
37	박선권, 〈프랑스 인구위기의 사회적 구성 및 가족정책의 시사점〉, 2024.09.25., 국회입법조사처
38	The Telegraph, "Macron announces birth leave and infertility measures," UK News Website, 2024.01.16
39	Dumont, G. (2020). Family Policy in France: Historical Context and Modern Reforms.

40 https://www.caf.fr
41 MSA.fr
42 "Housing Allowance Systems in France: A Study of APL" (OECD, 2022)
43 NSEE. (2023). "Natality Statistics and Family Policies in France"
44 French Ministry of Finance. (2023). "Quotient Familial and Tax Incentives for Families"
45 https://www.insee.fr/en/
46 (OECD. (2022). "Family Policies and Economic Sustainability in Developed Nations". Paris: OECD Publishing.)
47 https://pmc.ncbi.nlm.nih.gov/articles/PMC5603296/
48 Brunet, J. P. (1995). Les premières institutions pour la petite enfance en France. Paris: PUF.
49 Fuchs, R. (1992). Childhood in the Nineteenth Century France. Cambridge University Press.
50 French Ministry of Education (1881). Introduction of Free Primary Education.
51 French Ministry of Education (1989). Introduction of the UN Convention on the Rights of the Child.
52 허정임 〈프랑스 방과후돌봄서비스 현황 및 운영체계 연구〉 한국 EU학 연구 제27권 제3호 2022.12 51 – 76 (26쪽)
53 European Commission: "Education and Training Monitor 2020 – France"
54 Jean-Baptiste-Firmin Marbeau의 〈어린이집 설립과 역사적 배경〉
55 〈보건복지 Issue&Focus〉151호에 실린 '프랑스 영유아 보육 정책 현황과 시사점'(신윤정 연구원)
56 https://blog.papouillefrance.com/structure-daccueil-pour-la-petite-enfance-une-panoplie-de-choix-pour-repondre-aux-besoins-des-familles
57 https://yourfriendinparis.com/childcare-in-france/:~:text=%E2%80%8CHalte%20garderie:,few%20half%2Ddays%20per%20week.
58 https://www.info.gouv.fr/actualite/200-000-nouvelles-places-en-creche-dici-a-2030
59 프랑스의 대표적인 민간 보육 기업
60 https://fr.wikipedia.org/wiki/Babilou
61 France: National Strategy for the Prevention and Fight Against Poverty

62 CAF, Caisse d'Allocations Familiales
63 https://www.lemonde.fr/ 2022 아카이브
64 https://oak.go.kr/central/journallist/journaldetail.do?
65 https://www.leszastuces.com/intergeneration-definition-finalites-et-enjeux
66 https://www.esf-scienceshumaines.fr/blog/post/l-intergenerationnel-entretien-avec-carole-gadet.html
67 Boutang, J. (2023). "Intergenerational Housing and Family Solidarity in France." Journal of Family Studies.
68 OECD (2023). "Women in the Workforce: Challenges and Opportunities in Europe."
69 https://www.esf-scienceshumaines.fr/blog/post/l-intergenerationnel-entretien-avec-carole-gadet.html
70 CSA Research. (2023). "Loneliness and Intergenerational Connections Report"
71 Petits Frères des Pauvres. (2023). "Intergenerational Activities and Social Solidarity
72 Le Pari Solidaire. (2023). "Promoting Intergenerational Solidarity through Shared Housing."
73 "Centres Intergénérationnels en France: Une Nouvelle Façon de Renforcer les Liens Sociaux,".
74 5OSA는 특정 주제, 특히 건축, 도시 디자인, 혁신적인 공공 공간 사용 사례와 관련된 프로젝트와 아이디어를 다루는 웹사이트이다.
75 Oeuvre des Creches Parisiennes 공식 보고서
76 https://bellan.fr/actus/creche16e:~:text=Le%20Multi%2DAccueil%20du%20Point,r%C3%A9pondant%20%C3%A0%20des%20normes%20environnementales
77 https://www.apprentis-auteuil.org/
78 https://www.secours-catholique.org/
79 Bundeszentrale für politische Bildung. (2024). "Deutsche Politik: Struktur und Herausforderungen." https://www.bpb.de
80 Statistisches Bundesamt (Destatis). (2024). "Migration und Integration in Deutschland." https://www.destatis.de
81 UNESCO World Heritage Centre. (2024). "World Heritage in Germany." https://whc.unesco.org
82 Pew Research Center. (2024). "Europe's aging population and the rise of

populism." https://www.pewresearch.org

83 BMFSFJ (Bundesministerium für Familie, Senioren, Frauen und Jugend
84 https://www.spd-landesgruppe-niedersachsen.de/2018/01/15/elterngeld-plus-kommt-gut-an/
85 공식 세제 혜택 및 가족 정책 개요 (https://www.bundesfinanzministerium.de)
86 세제 공제 및 자녀수당 통계 자료 (https://www.destatis.de)
87 https://www.vlh.de/wissen-service/steuer-abc/wie-funktioniert-das-mit-dem-kinderfreibetrag.html 2024.11.25.
88 https://www.bundesfinanzministerium.de
89 https://www.berlin.de/sen/jugend/jugend-und-familienpolitik/familienpolitik/gute-kita-gesetz/
90 https://www.bild.de/politik/inland/familienministerin-paus-einstieg-in-die-kindergrundsicherung-kommt-66a0e750c95c382c5f77fd30?
91 OECD Family Database (https://www.oecd.org/social/family/database)
92 https://www.berlin.de/sen/jugend/jugend-und-familienpolitik/familienpolitik/gute-kita-gesetz/
93 ibid.
94 https://www.caritas-pb.de/kinder-jugend-familien/kita-schule/schulbetreuung/halbtagsbetreuung/
95 https://www.berlin.de/sen/jugend/familie-und-kinder/kindertagesbetreuung/kindertagespflege/
96 https://www.reuters.com/world/europe/germany-leaves-womens-labour-power-untapped-2024-07-31/
97 https://familienportal.de/familienportal/familienleistungen/elternzeit/faq/was-ist-elternzeit--124702
98 https://www.destatis.de/DE/Themen/Arbeit/Arbeitsmarkt/Qualitaet-Arbeit/Dimension-3/flexible-arbeitszeiten.html:~:text=%22Flexible%20Arbeitszeit%22%20liegt%20vor%2C%2D%20freie%20Gestaltung%20der%20Arbeitszeit.
99 https://www.bundestag.de/dokumente/textarchiv/2024/kw17-pa-arbeit-arbeitszeit-996224:~:text=April%202024%2C%20haben%20sich%20Arbeitgeberverb%C3%A4nde,statt%20einer%20t%C3%A4glichen%20H%C3%B6chstarbeitszeit%20ausgesprochen.

100 ibid.
101 https://www.hrworks.de/lexikon/vertrauensarbeitszeit/:~:text=Vertrauensarbeitszeit%3A%20Definition.-,Was%20ist%20Vertrauensarbeitszeit%3F,f%C3%BCr%20einen%20bestimmten%20Zeitraum%20vor.
102 https://www.heise.de/en/news/Home-office-rate-down-slightly-IT-professionals-remain-frontrunners-9779024.html
103 https://www.destatis.de/DE/Themen/Arbeit/Arbeitsmarkt/Qualitaet-Arbeit/Dimension-3/flexible-arbeitszeiten.html:~:text=%22Flexible%20Arbeitszeit%22%20liegt%20vor%2C,%2D%20freie%20Gestaltung%20der%20Arbeitszeit.
104 https://www.mehrgenerationenhaeuser.de/
105 https://kinderleicht.berlin/kreativhaus-berlin/
106 Federal Ministry for Family Affairs, Senior Citizens, Women and Youth. (2023). "Elterngeld and Parental Leave in Germany."
107 https://www.quaeker-nbh.de/
108 https://www.region-stuttgart.de/en/articles/the-multi-generational-house/
109 https://www.katholisch-in-koeln.de/netzwerk-familienzentren/familienzentren/index.html
110 https://www.abendblatt.de/hamburg/harburg/article214153013/Kita-zu-Besuch-im-Wohnpark-Aussenmuehle.html
111 https://bravo.etoday.co.kr/view/atc_view/14159
112 https://www.netzwerk-familie.at/
113 ibid.
114 https://www.berliner-stadtmission.de/weitblick/netzwerk-fuer-familien
115 https://www.familien-nordkirche.de/xx-netzwerkarbeit/netzwerk-familien-ok/
116 https://www.nordkirche.de/nachrichten/nachrichten-detail/nachricht/familien-brauchen-unterstuetzung-und-neue-soziale-netzwerke
117 https://www.ekd.de/
118 https://www.ekd.de/mit-familien-fuer-familien-77203.htm:~:text=Die%20Evangelische%20Familienerholung%2erm%C3%B6glicht%20Familien,Kombination%20aus%20Erholung%20und%20Bildung.
119 https://www.amka.de/

120 https://www.bayern.de , Süddeutsche Zeitung, "Familienförderung in Bayern," 2022.
121 European Commission. (2023). Hungary Country Report. Retrieved from https://ec.europa.eu
122 Central Statistical Office of Hungary. (2024). Population Data 2024. Retrieved from https://www.ksh.hu
123 Freedom House. (2023). Nations in Transit 2023: Hungary. Retrieved from https://freedomhouse.org
124 https://www.safeinhungary.gov.hu/en/family/family-care/
125 Hungarian Family Policy Report, 2024
126 EU Social Policy Database, 2024.
127 https://www.ksh.hu/?lang=en
128 Eurostat, 'Marriage and Divorce Statistics 2024'
129 https://factorial.it/blog/quali-sono-le-detrazioni-figli-a-carico/2025
130 https://www.cadiai.it/persone-in-crescita/
131 Casa delle Generazioni 프로그램 참여자 인터뷰, 2023년 조사, 밀라노 시 보고서
132 "Trento Regional Family Support Policy Annual Report, 2023."
133 Firenze, family policy report 2023
134 https://www.comune.bologna.it/servizi-informazioni/centro-per-le-famiglie
135 https://fbcrome.com/preschoolers/
136 https://www.ancelledelsantuario.net/public/home-page